ulmer

Ursel Bühring
Bernadette Bächle-Helde

HEILKRAFT VON OBST & GEMÜSE

Iss Dich gesund
mit Farben
und Vitalstoffen

Inhalt

Einfach gesund essen

Organe unterstützen

Obst und Gemüse von A bis Z

Service

„Tu deinem Leib etwas Gutes, damit deine Seele Lust hat, darin zu wohnen."

(Teresa von Avila, 1515–1582)

Wir essen gern. Schmecken muss es, Leib und Seele stärken und ein Wohlgefühl hinterlassen. Essen nährt uns – und hält uns gesund. Im besten Falle macht schon die Zubereitung Spaß, nicht umsonst sind Kochsendungen im Fernsehen so beliebt. Aber das Besondere, wenn auch eigentlich das Uralte, worum es in diesem Buch geht, ist dieses bald 2500 Jahre alte Wort von Hippokrates von Kos (460–370 v. Chr.): „Eure Nahrungsmittel sollen eure Heilmittel sein und eure Heilmittel eure Nahrungsmittel." Das ist nach wie vor gültig, nur teilweise vergessen. Mit unserem Buch wollen wir diesem Vergessen auf die Spur kommen und die Heilkraft aus der Küchenapotheke wieder aufleben lassen. Es geht hier vor allem um Gemüse und Obst, das in der Region wächst und jeder kennt. Gesunde tolle Kochrezepte gibt es viele, und auch wir haben welche im Angebot. Aber dieses Buch bietet mehr: Es erkundet die Heilkräfte von Gemüse und Obst und empfiehlt heilkundliche Rezepte – Küchenapotheke eben. Solche Rezepturen müssen einfach sein, sonst macht man sie nicht. Wir stellen bewusst genau solche Rezepte vor und wollen Mut machen, sie selbst auszuprobieren.

Der Impuls zu diesem Buch entstand aus Gesprächen mit Landfrauen, Bauerngärtnerinnen, Kräuterpädagoginnen und Teilnehmerinnen unserer Heilpflanzenkurse. Sie bauen in ihrem Garten nicht nur gezielt Heilkräuter als Medizin an, sie nutzen auch Gemüsepflanzen und Obst für Heilzwecke. Sie pflanzen Meerrettich an, um mit diesem pflanzlichen Antibiotikum gut vor Erkältungen geschützt zu sein, oder schwören auf Kohl – als Wickel bei Arthrose. Alle bekundeten sie großes Interesse nach mehr Informationen. Von der Idee beflügelt, heilkundliches Wissen über Gemüse- und Obstarten zusammenzutragen, machten wir uns an unser „Küchenapotheken-Buch". Das Ergebnis halten Sie in der Hand.

Den Ausdruck „Nahrung als Medizin" gibt es weltweit, das Wissen um die Heilwirkung der Nahrungsmittel ist in anderen Kulturen weit mehr verbreitet als bei uns. Auf unseren vielen Pflanzen-Reisen entdeckten wir beispielsweise in Singapur ein „Kräuter-Restaurant mit Arzt", wo chinesische Gourmet-Kochkunst mit traditionellem Kräuterwissen vereint wird. Dort fühlt ein auf Kräuter spezialisierter Arzt zuerst den Puls, beurteilt Pupille und Zunge und spricht darauf seine ärztliche Empfehlung fürs „Therapie-Essen" aus. Der medizinisch geschulte Koch stellt Getränke und Speisen zusammen, und es beginnt ein mehrgängiger therapeutischer Genuss: Ginsengsuppe mit Sellerie zur Normalisierung des Blutdrucks, gedünstete Birnenschnitze in Weißdornsoße zur Herzkräftigung – köstlich, verträglich, appetitlich garniert. Während einer Studienreise nach China suchten wir eine Klinik auf, bei der das Essen ganz selbstverständlich Teil der Therapie ist und individuell für jeden Patienten zubereitet wird. Genauso übrigens wie bei Ayurveda-Kuren in Sri Lanka oder Indien. Auf solche Art gesund bleiben oder wieder werden, ist in anderen Ländern ganz alltäglich. Langsam hält heilkräftiges Diätessen auf Gourmetniveau auch in deutschen Kliniken Einzug.

Aber auch Sie selbst können viel für die eigene Gesundheit und die Ihrer Familie tun: „Vorbeugen ist besser als Heilen!" Wo sonst passt dieser Spruch besser als bei der täglichen Gesundheitsvorsorge mit Gemüse und Obst? Ganz nach dem Motto:

Mit Genuss gesund werden und bleiben!

In diesem Sinne alles Gute!
Ihre

Bernadette Bächle-Helde

Einfach gesund essen

„Der Weg zur Gesundheit führt durch die Küche, nicht durch die Apotheke", sagte Sebastian Kneipp. Es ist tatsächlich so: Ein Teil der Medizin wächst im Gemüsebeet oder hängt im Obstbaum. Und manchmal kann „die tägliche Portion Heilkraft" aus dem Garten oder vom Wochenmarkt den Gang zur Apotheke sparen.

Früher nutzte man ganz selbstverständlich das eigene Obst und Gemüse zum Gesundbleiben und natürlich auch im Krankheitsfall. Viele kennen noch einfache Heilanwendungen aus der Küche wie Zwiebelwickel bei Ohrenschmerzen, und klar: „5 am Tag“ (meint 5 Portionen Gemüse und Obst täglich) hält gesund und versorgt unseren Körper mit ausreichend Vitaminen, Mineralstoffen und Co. – das wissen viele. Aber Obst und Gemüse bewusst als Heilpflanze einsetzen? Da fehlt oft fundiertes Hintergrundwissen über die Heilkraft unserer Nahrung. Heilkräuter, die kennt man, aber Heil-Gemüse, Heil-Obst? Dabei entwickeln doch alle Pflanzen, nicht nur Heilkräuter, wehrhafte Stoffe gegen Bakterien, Viren oder Pilze, die wir nutzen können. Oder Farbstoffe, die Zellen und Gefäße schützen und Krebs vorbeugen (Seite 41) – ja, Pflanzen heilen mit Duft und Farbe! Heilpflanzen sind sie alle. Es gilt, sie wieder zu nutzen! Aber vor dem Nutzen steht das Wissen – und dazu soll unser Buch dienen. Vielleicht als Einladung zu einer täglichen Portion „Gemüse-Medizin“, von der man satt wird, die schmeckt, die gesund und ohne Nebenwirkungen ist.

Seltener krank durch pflanzenbetonte Ernährung

Studien haben gezeigt, dass Menschen, die sich vorwiegend pflanzenbetont ernähren, ein geringeres Krankheitsrisiko haben. Viel-Gemüse-Esser leben länger und besser, sie erkranken seltener an Zivilisationserkrankungen wie Arteriosklerose, Herzinfarkt, Bluthochdruck, Krebs, Rheuma, Gicht, Diabetes oder Makuladegeneration. Wegweisende Publikationen benennen eindeutig gesundheitliche Vorteile, mit denen eine ausgewogene vegetarische Ernährungsweise belohnt wird – ja, Obst und Gemüse können zu einer Verbesserung, Linderung oder Heilung von Krankheiten beitragen! Eine bewusste Ernährung mit reichlich Obst, Gemüse, Vollkornprodukten, Hülsenfrüchten, Nüssen und Pflanzenölen senkt laut einer groß angelegten Studie aus England das Risiko für Herz-Kreislauf-Erkrankungen um 15–35 %. Die Lebensmittelzukunft ist pflanzlich, und die gesundheitsfördernden Eigenschaften einer pflanzenbetonten Ernährung sind unbestritten. Das hat viel mit ihren sekundären Pflanzenstoffen zu tun (Seite 18).

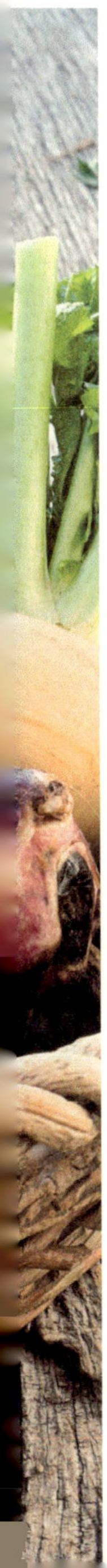

Heil-Gemüse? Ja, es funktioniert!

Dass Nahrung gesund – oder auch krank – machen kann, interessiert die Wissenschaft heute mehr und mehr. Und zwar so sehr, dass auf Wissenschaftskongressen auf internationalem Niveau vegetarische Ernährung als therapeutische Intervention zum Thema wird. Denn das wünscht sich der Mensch: Beim und durchs Essen gesund werden. „Pflanzenesser“ tragen ein um 50 % geringeres Risiko als „Allesesser“, an Bluthochdruck zu erkranken. Blutdrucksenken kann sogar richtig gut schmecken: Nüsse, Hülsenfrüchte und Beeren, Rote Bete, Tomaten, Möhren, Sellerie und Co. können den Blutdruck – und das ist nachgewiesen – zumindest etwas senken. Solche Beispiele finden Sie in diesem Buch – nicht als Heilversprechen, sondern als Mut- und Lustmacher, der eigenen Gesundheit mit (Ess-)Genuss Gutes zu tun.

Und noch eine weitere gute Nachricht: Studien haben ergeben, dass es nie zu spät ist für eine Ernährungsumstellung. Kleine Änderungen, konsequent und langfristig umgesetzt, reichen oft schon. Positive Auswirkungen, wie die Senkung erhöhter Blutdruck-, Gewichts- und Blutfettwerte, sind dann schon nach wenigen Tagen oder Wochen messbar. Ein Beispiel zum Thema Übergewicht: Es sollten üppige Damen einer Versuchsgruppe täglich 3 Äpfel zusätzlich zu ihrer normalen Ernährung genießen. Nach 12 Wochen hatten sie durchschnittlich jeweils 1,2 kg an Gewicht verloren und Blutfett- und Blutdruckwerte waren verringert. Und das Ganze nebenwirkungsfrei!

DER „GUTE TAG“ FÜR IHRE GESUNDHEIT

Vielleicht hilft Ihnen bei der Umsetzung die Idee des „guten Tages“: Einmal in der Woche (wenn das für Sie zu oft ist, dann einmal im Monat) ernähren Sie sich so richtig gesund. Besorgen Sie dafür möglichst viele Produkte, die keine Zutatenliste haben (eben weil keine weiteren Zutaten drin sind), und genießen Sie eine Fülle an persönlichem Lieblingsobst und -gemüse. Vielleicht möchten Sie Ihre Tage nach Farben ordnen: heute der „Gelbe Tag“, das nächste Mal der „Rote Tag“ – Beispiele für farbig-gesundes Essen finden Sie ab Seite 22. Wenn Ihnen der „gute Tag“ dann Spaß macht, dürfen es mit der Zeit auch mehrere Tage werden. Kleine Ziele, kleine Schritte genügen schon.

Warum in die Ferne schweifen ...? Superfood „von hier" gibt es zuhauf.

Trends in der Ernährung: ein kritischer Blick

Begriffe wie Superfood oder Functional Food setzen sich neben Fast Food, Slow Food, Raw Food usw. hierzulande mehr und mehr fest, deshalb im Folgenden eine kleine Begriffsbestimmung.

SUPERFOODS

Jeder spricht von Superfood, denn ein gesunder Lebensstil liegt im Trend: Superfoods sollen ungeahnte Vitalität bringen, jung halten und das Altern verzögern – die Versprechen sind groß. Superfoods gibt es seit Urzeiten, wenn man den Begriff als pflanzliche Kraftpakete aus der Natur mit einer Vielfalt an wertvollen Vitalstoffen definiert. Das „Neue" an dieser neuen Bezeichnung ist, dass man damit bevorzugt bei uns bisher unbekannte Pflanzen meint, wie Goji- oder Acaibeeren, Chiasamen, Norialgen oder Moringapulver. Wahre Wundermittel aus dem Ausland also, mit einem größeren gesundheitlichen Nutzen als andere Nahrungsmittel? Gar „teure Gesundheit"? Hier darf man kritisch hinterfragen: Müssen es wirklich weit gereiste Lebensmittel sein? Nichts gegen Gojibeeren (die übrigens auch bei uns gedeihen). Aber wie wäre es mit Superfoods aus unserer Heimat direkt vor der Haustür, aus dem

Garten oder vom Markt, frisch und ohne lange Transportwege? Lein- statt Chiasamen, Heidel- oder Holunderbeeren statt Acaibeeren? Wie wäre es mit chlorophyllhaltigem Grünzeug wie Löwenzahn, Brennnessel, Petersilie, Spinat, Salat? Oder mit Kohl in jeglicher Form, vor allem auch fermentiert zu Sauerkraut, oder Kernig-Nussigem (Walnüsse, Kürbis- oder Traubenkerne)? Was halten Sie von Himbeeren, Erdbeeren, Brombeeren und anderen Beeren? Sie alle sind unverarbeitete Lebensmittel voller hochwertiger Nährstoffe in höchster Qualität – super Foods eben! Wer regional und saisonal einkauft, wie wir es hier im Buch empfehlen (mehr dazu ab Seite 13), hat frisches Gemüse und Obst mit den am meisten verfügbaren Inhaltsstoffen. Vollreif geerntet, können weder eine zu lange Lagerung noch Transportwege die hohe Nährstoffdichte zunichtemachen. Probieren Sie es aus! Nur eines wäre falsch: Eine ungesunde Ernährung mit Superfoods, welcher Art auch immer, ausgleichen zu wollen.

FUNCTIONAL FOOD UND NAHRUNGSERGÄNZUNGSMITTEL

Als Functional Food bezeichnet man „Nahrungsmittel mit gesundheitlichem Zusatznutzen", also Lebensmittel, die mit zusätzlichen Inhaltsstoffen (Nahrungsergänzungsmitteln) angereichert wurden. Die Medizin kommt hier aus dem Super- oder Drogeriemarkt und verspricht werbewirksam positive Effekte auf Gesundheit, Fitness, Schlankheit, Jungbleiben und vieles mehr. Dazu zählen auch speziell aufbereitete, „optimierte" Babynahrung, Energy- und Elektrolytdrinks oder zuckrige A-C-E-Säfte mit einem hohen Gehalt an Antioxidantien. Oder Süßigkeiten, die mit Vitaminen oder Mineralstoffen angereichert wurden und deshalb „gesund" sein sollen (unterm Strich aber Zuckerzeugs bleiben). Für viel Geld wird viel Gesundheit versprochen. Von der Überversorgung mit einzelnen Zusatznährstoffen, Allergien, Unverträglichkeiten und neuen, noch unbekannten Risiken spricht man lieber nicht. Es klingt so praktisch: Einfach weiter unser Fastfood genießen, es muss ja schnell gehen und simpel sein, und ein paar Drogeriemarkt-Päckchen ersetzen, was fehlt. Seien Sie wachsam und schauen Sie genau hin. „Gesund" im Sinne von wirtschaftlich erfolgreich macht es sicher die Lebensmittelindustrie – aber ob Sie auch dazu gehören?

In diesem Zusammenhang ein Wort zu Nahrungsergänzungsmitteln (Supplemente). Deren Zusatz macht wie gesagt aus Lebensmitteln Functional Food, es gibt sie aber auch solo als Vitamin- oder Mineralstoffpräparate in konzentrierter Form. Sie versprechen Gesundheit, Energie und Vitalität und füllen ähnlich wie Functional Foods in Supermarkt und Drogerie die Regale. Sie boomen, auch wenn es den meisten Menschen gar nicht an Magnesium, Calcium oder Vitaminen mangelt – schließlich gibt es frisches Obst und Gemüse übers ganze Jahr. Verbraucherschützer raten, nichts wahllos einzunehmen, sondern therapeutisch abklären zu lassen, ob es dem Körper an etwas mangelt.

Wechselwirkungen von Essen und Medikamenten

Dass manche Medikamente mit anderen Medikamenten Wechselwirkungen entfalten, ist mittlerweile bekannt. Weniger vielleicht, dass es auch Wechselwirkungen zwischen Arznei- und Lebensmitteln gibt. Dabei reagieren nach heutigem Wissensstand mehr als 315 Arzneistoffe auf Nahrungs- und Genussmittel. Das bedeutet laut Deutschem Apothekerverband, dass es bei 12,5 % aller Medikamente zu unerwünschten Nebenwirkungen kommen kann. Entweder wirken dann die Medikamente zu schwach, gar nicht – oder zu stark. Das bekannteste Beispiel dafür ist Grapefruitsaft, dessen Furanocumarine im Darm das Enzym CYP3A4 hemmen, das für den Abbau bestimmter Medikamente wichtig ist. Dadurch wird es zwar einerseits besser bioverfügbar, wirkt dafür aber stärker – was zu Nebenwirkungen führt (selten werden die pharmakologischen Substanzen auch reduziert in ihrer Wirksamkeit). Da diese Eigenschaften bis zu 24 Stunden anhalten, nützt auch ein zeitlicher Abstand zwischen Medikamenteneinnahme und dem Genuss von Grapefruit nichts.

Wer Medikamente einnehmen muss und die Risiken kennt, kann sich vor Einnahmefehlern schützen und schädliche Wirkungen vermeiden. Solche Wechselwirkungen betreffen vor allem Cholesterin- und Blutdrucksenker, Psychopharmaka, Immunsuppressiva, Antiarrhythmika und Chemotherapeutika. Wenn Sie im Beipackzettel Ihres Medikamentes lesen, „darf nicht mit CYP3A4-Hemmern kombiniert werden“ heißt das: Nicht mit Grapefruit und Co. kombinieren! Die Furanocumarine kommen auch in anderen Zitrusfrüchten, außer in Orangen, vor. Auch quercetinhaltige Zwiebeln, Grünkohl oder Grüntee sind CYP3A4-Hemmer, wie auch die furanocumarinreichen Sellerieknollen und Pastinaken, vor allem wenn diese mikrobiell belastet sind – ein weiterer Grund für Bio-Gemüse! Bei Unsicherheit fragen Sie Ihren Arzt oder Apotheker.

Wechselwirkungen gibt es auch mit anderen Nahrungsmitteln wie Kaffee, Milch, Käse, Joghurt, mit vielen Gemüsesorten und Ballaststoffen. Manche Antibiotika darf man nicht mit Milch und anderen sehr calciumhaltigen Speisen oder Getränken einnehmen, Vitamin K (reichlich in Kohlgemüsen, Bohnen, Erbsen, Spinat und Salat) schwächt die Wirkung von Blutverdünnern ab; zwar bei einer abwechslungsreichen(!) Kost nicht wesentlich – aber Sie sollten dann bitte keine reine Kohldiät durchführen. Übrigens, auch auf reichlichen Genuss von Gojibeeren und Cranberrysaft sollten Sie verzichten, wenn Sie Blutverdünner einnehmen müssen. Kaffee und Tee kann anregende Arzneien verstärken und beruhigende Herz- oder Schmerzmittel abschwächen. Und wer Entwässerungsmedikamente einnimmt, muss mit Lakritze vorsichtig sein. Ballaststoffreiche Lebensmittel wie Hülsenfrüchte verzögern oder reduzieren die Wirkung von Schmerzmitteln, Antidepressiva, Zink-, Magnesium- oder Eisenpräparaten und von Penicillin – deshalb sollten Sie solche Medikamente um zwei Stunden zeitlich versetzt einnehmen.

Grapefruitsaft kann den Abbau von Medikamenten im Körper hemmen.

Denn natürlich gibt es sinnvolle Anwendungen in bestimmten Situationen (beispielsweise Folsäure in der Schwangerschaft).

Nahrungsergänzungsmittel sind angesiedelt zwischen Nahrungsmitteln und Medikamenten. Rechtlich gelten sie als Lebensmittel, müssen registriert, aber nicht wie Arzneimittel amtlich zugelassen werden. Sie dürfen in Deutschland keinen therapeutischen Nutzen erfüllen. Auf der anderen Seite gelten sie für gesunde Personen, die sich normal ernähren, als überflüssig (auch wenn die Hersteller anderes behaupten). Es gibt ein paar Regeln für Nahrungsergänzungsmittel: Werbung, die Gesundheit verspricht, ist verboten (wird in der Praxis aber von Verbraucherzentralen immer wieder beanstandet) und das Wort „Nahrungsergänzungsmittel" muss auf der Packung stehen sowie eine Empfehlung fürs Einnehmen – samt Warnung, diese nicht zu überschreiten. „Viel hilft viel" lassen Experten nicht gelten, „zu viel" erst recht nicht. Denn hochdosierte isolierte Zusatznährstoffe können dosisabhängig die Gesundheit sogar schädigen – das ist belegt. Zwischen gut und gefährlich ist der Unterschied bekanntlich häufig nicht sehr groß.

Die Natur ist der Chemie immer voraus. Nährstoffe aus naturbelassenen Lebensmitteln haben andere Wirkungen, als wenn sie einem technologischen Prozess unterworfen wurden. Sekundäre Pflanzenstoffe wirken im Komplex mit anderen Inhaltsstoffen. Sie können aber, wenn isoliert und einzeln eingenommen, ihre gesundheitsfördernde Wirkung verlieren oder gar schädlich wirken. Essen Sie doch einfach natürlich gesund!

Gesund hält uns eine ausgewogene obst- und gemüsereiche Ernährung in ihrer Gesamtheit, ohne die Risiken einer Überdosierung oder von Wechselwirkungen einzeln hochdosiert zugeführter Substanzen. Darin enthalten sind in natürlicher Form Vitamine, Mineralien, Spurenelemente, Ballaststoffe, Antioxidantien und alles, woran unser Organismus seit Jahrtausenden gewöhnt ist, was er gut verdauen und vertragen kann – und was garantiert tausendmal besser schmeckt als irgendwelche Zusatzstoffe. Man nennt das Food Synergie – die beste Voraussetzung für gute Gesundheit. Für Genießer gibt es sowieso nichts Lustvolleres als frisches „Grün- und Buntzeug" voll köstlicher Aromen.

Das Beste auf den Tisch: biologisch, regional und saisonal

Vor 100 Jahren war es nicht nur im ländlichen Raum üblich, dass viele Familien einen kleinen Garten bewirtschafteten und sich mit Gemüse

Aus dem eigenen Garten ist das Gemüse stets regional und saisonal.

und Obst selbst versorgten. Bei einem übergroßen Apfelsegen wurde einfach mit dem Nachbarn getauscht, der seiner üppigen Salaternte nicht Herr wurde. Es wurde umgegraben, ausgesät, gepflegt und gejätet – und natürlich geerntet. Und selbstverständlich: Es wurde nicht gespritzt. Die Schnecken wurden eingesammelt, Missernten durch Schädlinge in Kauf genommen. Mal gab es in einem Jahr eine gute Birnenernte, dafür gab es von den Möhren weniger. Jedes Jahr fiel die Ernte unterschiedlich aus, so auch der Speiseplan.

Die alten Obst- und Gemüsesorten waren robuster gegen die Widerstände der Natur als es die neu gezüchteten Sorten häufig sind; sie bringen zwar hohe Erträge – aber nur, wenn Spritzmittel Schädlinge fernhalten. Eine regionale, saisonale und biologische Küche (wenn auch nicht als diese zertifiziert) war eine Selbstverständlichkeit.

REGIONAL LIEGT NAHE

Globalisierung, bessere Konservierungsmethoden, günstige Transporte, niedrige Löhne in ärmeren Ländern – Gemüse und Obst aus der Ferne ist ohne Probleme lieferbar und oft sogar günstiger als unser eigenes. Man vergleiche nur einmal den Preis für eine Banane mit dem für einen Apfel! Die Umweltbelastungen durch den Transport der vermeintlich günstigen Waren sind enorm. Besonders Ware, die mit dem Flugzeug transportiert wird, trägt den Schatten eines hohen Kohlenmon-

Regionaler Feldsalat versorgt uns auch im Winter mit vielen Vitalstoffen.

oxid-Ausstoßes. Ein Apfel aus Südamerika verbraucht 500-mal mehr Energie als ein Apfel vom Bodensee, Kartoffeln aus Israel 200-mal mehr als die vom regionalen Bauern. Der Verbrauch von Dieselkraftstoff und die damit verbundene Belastung durch Abgase und Feinstaub durch die LKW-Transporte quer durch Europa sind gigantisch.

Ob im deutschen Winter unbedingt Erdbeeren aus Spanien und Paprika aus Mexiko auf Ihren Speiseplan gehören, müssen Sie selbst entscheiden. Aber ein Blick auf die Felder der Region lohnt: Einheimisches Wintergemüse wie Feldsalat und Grünkohl strotzt nur so vor Inhaltsstoffen und muss nicht quer über den Erdball gefahren oder geflogen werden. Ein weiterer Vorteil: Die „Regionalen" sind nicht nur frischer, sie können durch die kurzen Wege auch reif geerntet werden und stecken daher voller Aroma, müssen nicht nachreifen und sind deshalb auch inhaltsstoffreicher. Vor allem Früchte mit Pflanzenfarbstoffen, beispielsweise Tomaten oder Erdbeeren, enthalten im ausgereiften Zustand deutlich mehr gesunde Carotinoide. Gleichzeitig unterstützen Sie damit die Bauern in Ihrer Region.

Aber woher weiß ich, ob regional wirklich regional ist? Noch gibt es kein einheitliches Siegel für eine Regionalkennzeichnung. Einzelne Produkte erkennen Sie an den eigenen Logos der Bundesländer oder an den Regionalzusammenschlüssen, beispielsweise die faire Milch aus dem Schwarzwald. Allerdings gibt es bislang keine einheitlichen Kriterien für diese Kennzeichnungen. Kaufen Sie auf dem Markt, im Hof- oder Bioladen Ihres Vertrauens oder überzeugen Sie sich beim Landwirt vor Ort selbst davon, woher das Gemüse stammt und wo das Obst wächst. Super sind auch Abo-Kisten vom Bio-Gemüsebauern, die Sie sich regelmäßig liefern lassen können.

Oder Sie bauen Obst und Gemüse selber an. Im eigenen Garten, auf dem gepachteten Ackerstück, auf dem Balkon. Sogar in der Stadt: Urban Gardening ist voll im Trend. Selbst, wenn es nur einen kleinen Teil des Bedarfs deckt: Die Freude über die selbst geernteten regionalen Schätze ist unbezahlbar.

SAISONAL – EINE GUTE WAHL

Alles zu seiner Zeit, nicht alles zu jeder Zeit. Sehen Sie es einmal so: Die Vorfreude auf die nächste Saison mit neuen Genüssen kann so schön sein! Die ersten Erdbeeren im Mai, erntefrische Äpfel im Sommer, junge Kartoffeln, herbstlichen Rosenkohl oder frostgesüßten Grünkohl ... Wie gut wir es doch haben, dass es die Jahreszeiten gibt, die uns ein abwechslungsreiches Obst- und Gemüsejahr bescheren!

EINKAUFSTIPPS

- » Bevorzugen Sie Bio-Ware aus dem nahen Umfeld: aus Ihrem Land, wenn möglich sogar aus der Region.
- » Wenn Sie regional einkaufen, haben Sie meist automatisch die saisonalen Früchte im Korb.
- » Probieren Sie Neues! Es gibt zu jeder Zeit herrliche Gemüse- und Obstsorten: Gerade im Winter stehen vitaminreicher Salat (Zuckerhut, Chicorée) und Wurzelgemüse (Pastinake, Topinambur) zur Verfügung.
- » Ein Einkauf auf dem regionalen Markt, direkt beim Bauern im Hofladen oder per Abo-Kiste verhindert lange Transportwege und die damit verbunden Kosten und Umweltbelastungen.
- » Vermeiden Sie generell Ware, die mit dem Flugzeug transportiert werden muss, wie Erdbeeren im Winter. Falls es doch exotische Genüsse sein sollen, die in unseren Breiten nicht wachsen, z.B. Bananen, bevorzugen Sie Waren, die mit dem Schiff transportiert werden – das ist umweltschonender als das Einfliegen.
- » Achten Sie auf bewährte Bio-Siegel. Bio-Gemüse enthält mehr wertvolle Inhaltsstoffe und weniger Schadstoffe und Nitrat.
- » Entdecken Sie die Lust am Gärtnern und genießen Sie selbst angebautes Obst und Gemüse.

Wenn Sie beim Obst- und Gemüsekauf auf regionale Ware achten, erhalten Sie in der Regel automatisch saisonale Sorten. Vorausgesetzt, der Bauer auf dem Markt kauft nichts dazu und betreibt auch keinen aufwendigen Treibhausanbau. Fragen Sie einfach nach. Aus ökologischer Sicht ist es unsinnig, beispielsweise Salat in energieaufwendigen Treibhäusern anzubauen, wo es doch bei uns wunderbare winterharte Sorten wie Feld- oder Endiviensalat gibt. Zudem darf saisonales Gemüse und Obst in der Sonne und eben nicht im Gewächshaus reifen, das hat eine deutlich positive Auswirkung auf Geschmack und Inhaltsstoffe. Was wann Saison hat, finden Sie oft als Mitnehm-Kalender im Bioladen oder auf dem Markt, oder Sie werden im Internet fündig (Tipps dazu im Service auf Seite 214).

BIOLOGISCH IST SINNVOLL

Fast jeder hat es im Hinterkopf: Für eine gesunde Ernährung ist es wichtig, Gemüse und Obst ungespritzt zu genießen. Obst von Streuobstwiesen ist normalerweise gänzlich unbehandelt. Bio-Gemüse und Bio-Obst ist schadstoffärmer, meist auch schmackhafter und, wie Studien eindrucksvoll verdeutlichen, einfach viel gesünder. Vor allem weil die meisten wertvollen Inhaltsstoffe wie sekundäre Pflanzenstoffe oder Spurenelemente in deutlich höherer Menge direkt unter der Schale vorliegen – und die sollten Sie ohne Bedenken mitessen können! Für Bio-Landwirte bedeutet der Verzicht auf Herbizide eine nicht unerhebliche Mehrarbeit und Mehrkosten, die Bio-Produkte deshalb oft teurer machen – lohnt sich das der Gesundheit zuliebe? Studien gehen der Frage nach, ob Gemüse und Obst vom Bio-Bauern wirklich gesünder als konventionell angebautes ist. Die Antwort: Ja. Obst und Gemüse aus ökologischer Landwirtschaft enthalten deutlich weniger Nitrat und Schwermetalle wie Kadmium als solche aus konventionellem Anbau. Pestizidrückstände in Bio-Ware – sie stammen oft aus der direkten Umwelt: von Abgasen, saurem Regen, Luftverschmutzung etc. – sind um das Vierfache geringer.

Bei „Bio“ ist die Behandlung von Pflanzenkrankheiten mit natürlichen Mitteln zugelassen, also mit unbedenklichen Mitteln, die keine Rückstände auf den Pflanzen hinterlassen. Aber ist bio gleich bio? Für gute Bio-Qualität, auf die Sie sich verlassen können, stehen Bio-Labels wie Demeter, Naturland und Bioland. Sie folgen einem ganzheitlichen Ansatz: Der ganze Landwirtschaftsbetrieb muss nach biologischen, nachhaltigen und umweltschonenden Bedingungen arbeiten. Vorsicht ist dagegen geboten bei frei formulierten, nach bio klingenden (oft auch mit Fantasie-Labels geschmückten) Bezeichnungen wie „kontrollierter Anbau“ oder „naturnah“ – das ist nicht gleichbedeutend mit ökologischem bzw. Bio-Anbau.

BIO = ÖKOLOGISCH?

Ja! Tatsächlich gibt es keinen Unterschied zwischen diesen beiden Begriffen, Sie werden synonym verwendet.

Es muss nicht immer mit dem Lineal gezogen sein: Biogemüse hat den Charme des Individuellen.

Organe unterstützen

Unser ganzer Körper lebt vom Essen. Das Beste ist sicher, täglich einen großen Korb voll verschiedenstem Obst und Gemüse zu verputzen. Aber manchmal zeigen uns bestimmte Organe, das Herz, die Augen oder die Haut, dass sie Gutes besonders nötig haben. Dann gilt es, gezielt zu essen, um gesund zu bleiben.

Zellgesund essen

Wer sich mit gesundem Obst und Gemüse befasst, stößt immer wieder auf Begriffe wie freie Radikale, Antioxidantien und sekundäre Pflanzenstoffe. Was verbirgt sich dahinter?

FREIE RADIKALE

Nein, das ist keine radikal agierende politische Gruppe. Freie Radikale sind chemisch instabile, kurzlebige, unbeständige und hochreaktive Sauerstoffverbindungen, die über ein oder mehrere ungepaarte Elektronen verfügen. Das heißt, es fehlt ihnen mindestens ein Elektron. Um ihren instabilen Zustand auszugleichen, entreißen sie aggressiv und schnell anderen, intakten Molekülen ihre benötigten Elektronen. Diese Reaktion mit Sauerstoff nennt man Oxidation. Das „bestohlene" Molekül braucht nun aber seinerseits wieder ein Elektron, um komplett zu sein, und holt es sich von anderer Seite. Es ist also selbst zum freien Radikal geworden. Das kommt einer Kettenreaktion gleich – einem „oxidativen Stress".

Freie Radikale entstehen ständig: im Körper selbst oder auch durch negative äußere Einflüsse (Umweltbelastung, Rauchen, Stress usw.). Sie sind aber nicht nur schädlich, sie haben wie alles im Leben ihre Aufgabe. Beispielsweise unterstützen sie den Körper bei Stoffwechselreaktionen und der Abwehr von Erregern. Schädlich werden sie, wenn sie überhand nehmen. Dann stören freie Radikale wichtige Prozesse beim Stoffwechsel. Sie greifen Proteine, Zellwände oder die Erbsubstanz (DNS) an und führen so zu Schäden an verschiedenen Körperzellen. Die Zelle altert, entartet oder stirbt schneller. Freie Radikale gelten als Mitverursacher von Erkrankungen wie Arteriosklerose, Diabetes, Krebs, Alzheimer oder Rheuma.

ANTIOXIDANTIEN

Um den Körper vor zu vielen freien Radikalen zu schützen, hat die Natur ein komplexes Abwehrsystem entwickelt: die Radikalfänger bzw. Antioxidantien. Antioxidantien und freie Radikale sind Gegenspieler; beide werden im Körper selbst gebildet – oder von außen zugeführt – und halten sich normalerweise die Waage. Antioxidantien verhindern die Oxidation und Zellschädigung und neutralisieren so die zerstörerische Wirkung freier Radikale, deshalb nennt man sie auch Radikalfänger (Radikalenfänger). Bei einer normalen Ernährung nehmen Sie täglich genügend solcher Antioxidantien auf (Vitamin C und E, Farbstoffe wie Flavonoide und Carotinoide, Selen usw. gehören dazu). Ist aber das Verhältnis nicht ausgewogen, nehmen die aggressiven Radikale überhand und können das Organsystem schädigen. Dass dieses Gleichgewicht kippt, ist vielfach modernen Lebensgewohnheiten geschuldet: Schad- oder Kunststoffe, Alkohol oder Nikotin, Fehlernährung, Medikamente, UV-, Ozon- oder Röntgenstrahlung, chronische Entzündungen oder auch vermehrter Stress führen zu einer zunehmenden Bildung freier Radikale. Achten Sie deshalb auf eine ausreichende Zufuhr von Radikalfängern, also auf eine ausreichende pflanzliche Ernährung. Das Gute ist: Es schmeckt! In Obst, Gemüse, Nüssen, pflanzlichen Ölen und Kräutern sind Antioxidantien seit Millionen von Jahren kostenlos und in einer perfekten Mischung vorhanden. Sie wirken als Radikalenfänger entzündungshemmend, krebsvorbeugend, keimwidrig, antiallergisch, abwehrsteigernd, cholesterin- und zuckersenkend. Noch weitere Argumente gefällig? Antioxidantien sind bewährte Anti-Aging-Wirkstoffe!

SEKUNDÄRE PFLANZENSTOFFE

Davon werden Sie hier im Buch immer wieder lesen: von sekundären Pflanzenstoffen (man nennt sie auch Phytochemicals). Sekundär klingt ja erstmal nicht nach „primär", erscheint also weniger wichtig. Sie werden allerdings staunen, wie wichtig diese kleinen Stoffe sind.

Wo vor 25 Jahren höchstens Wissenschaftler von sekundären Pflanzenstoffen sprachen, sind sie heute in aller Munde. Man schenkte diesen bioaktiven Stoffen (wie Vitaminen oder Chlorophyll) früher keine Beachtung, weil sie – im Gegensatz zu den primären Inhaltsstoffen Kohlenhydrate, Eiweiß und Fett – weder Energie bringen noch lebensnotwendig erschienen. Derzeit sind an die 100 000 verschiedene Substanzen bekannt, davon 5000 bis 10 000 in der menschlichen Nahrung – allein in Weißkohl beispielsweise 49 sekundäre Pflanzenstoffe! Heute weiß man um den hohen Gesundheitswert sekundärer Pflanzenstoffe, die, wenn auch manchmal nur in kleinsten Mengen vorhanden, große Wirkungen haben. Auch arzneiliche Wirkungen: Sie sind beispielweise abwehrstärkend, keimwidrig, blutdruck- und cholesterinsenkend, antientzündlich und krebsvorbeugend. Vor allem punkten sie im Bereich „Gesunderhaltung und Vorbeugung". Die meisten sekundären Pflanzenstoffe sind ausgesprochen gute Radikalfänger, wirken also antioxidativ. Eine pflanzenbetonte Kost (Seite 22), die naturgemäß voller sekundärer Pflanzenstoffe steckt, hat wissenschaftlich nachgewiesen positive Effekte auf Herz-Kreislauf-Erkrankungen, Schlaganfall und Bluthochdruck, Krebs, Makuladegeneration, Adipositas, rheumatoide Arthritis, Asthma, Demenz und Osteoporose.

SEKUNDÄRE PFLANZENSTOFFE SIND ...

Carotinoide, Glucosinolate (Senföle), Monoterpene (ätherische Öle), Polyphenole (Flavonoide und Phenolsäuren), Phytosterine, Phytoöstrogene, Saponine und Sulfide.

Sekundäre Pflanzenstoffe sind Bestandteil unserer täglichen Ernährung und in Gemüse, Obst, Kartoffeln, Hülsenfrüchten, Nüssen und Getreide enthalten. Sie geben pflanzlichen Lebensmitteln ihre Farbe und Geschmack. Sie sind chemisch von sehr verschiedenartiger Struktur und zuerst einmal für die Pflanze selbst wichtig: zur Abwehr von Keimen oder Fraßfeinden (Gerb- oder Bitterstoffe, Alkaloide, ätherische Öle), zum Schutz vor UV-Strahlung (Pflanzenfarbstoffe) und zum Anlocken von Bestäubern (ätherische Öle). Den Schutz der Pflanze für sich selbst kann sich der Mensch zu seinem eigenen Schutz zunutze machen: vor allem als Krebs-, Zell- und Gefäßschutz. Weil sekundäre Pflanzenstoffe Pflanzen zur Abwehr dienen, sind sie meist in

Essen Sie sich farbenfroh durch das Gemüseangebot.

der Schale oder den äußeren Blättern konzentriert. Werden diese vom Menschen entfernt, z.B. durch das Schälen, geht ein Großteil dieser wichtigen Stoffe verloren.

Mit der Nahrung nehmen wir normalerweise genügend sekundäre Pflanzenstoffe auf – nur ausgesprochene Fastfood-Esser nicht. Bei der Aufnahme aus frischen, pflanzlichen Lebensmitteln gibt es auch kein Zuviel – im Gegensatz zu isolierten Pflanzenstoffen in Präparaten oder mit Zusatzstoffen angereicherten Lebensmitteln (Seite 10). Als Empfehlung gilt: „5 am Tag", also 5 Portionen verschiedenfarbiges Obst und Gemüse täglich (Seite 40).

Wenn Sie sich farbenfroh quer durchs Gemüsebeet essen – regional, saisonal und bio (Seite 13) – müssen Sie sich all die vielen unterschiedlichen komplizierten Begriffe nicht merken. Achten Sie aber bitte auf Folgendes, um möglichst viel von diesen kostbaren sekundären Inhaltsstoffen zu profitieren:

» Meistens finden sich die gesunden Substanzen in oder direkt unter der Schale (Äpfel, Birnen, Gurken, Möhren ...). Essen Sie bio, dann können Sie diese problemlos mitessen. Kurz waschen oder bürsten genügt.
» Obst und Gemüse nicht längere Zeit im Wasser liegen lassen: Leicht lösliche, wertvolle Inhaltsstoffe gehen ins Wasser über und sind dann für Sie verloren.
» Bevorzugen Sie frische und reife Ware (regional und saisonal, ohne lange Lagerung), denn sie enthält wesentlich mehr bioaktive Stoffe als zu früh geerntete und nachgereifte.
» Die Zubereitung von Obst und Gemüse beeinflusst ihre Wirksamkeit, und manchmal erhöht die Verarbeitung von Lebensmitteln (erhitzen, reiben) die Bioverfügbarkeit der

POLYPHENOLE

Eine Gruppe innerhalb der sekundären Pflanzenstoffe sind die Polyphenole, auch Phytamine genannt. Zu ihnen gehören vorrangig Phenolsäuren (Kaffee-, Ferula- und Ellagsäure) und Flavonoide, aber auch Cumarine und Lignane. Die meisten sehen, riechen und schmecken wir, weil sie Farbe, Geruch und Geschmack von Obst und Gemüse prägen. Ihre wichtigsten Eigenschaften sind der antioxidative Zell- und Gefäßschutz, Krebsvorbeugung, Nervenzellschutz, Keim- und Entzündungshemmung. Letzteres ist besonders interessant, denn nach neueren medizinischen Erkenntnissen gelten niedriggradige entzündliche Prozesse (low grade inflammations) als verstärkend bei Herz-, Kreislauf-, Krebs- und neurodegenerativen Erkrankungen.
Viel Phenolsäuren enthalten Grünkohl, Weizenvollkorn, frische Beeren, Walnüsse und Trauben. Besonders flavonoidreich sind die Schalen von Weintrauben und Äpfeln sowie Brokkoli, Endivie, Grünkohl, Zwiebeln, Tomatensaft und, etwas weniger, Säfte von Orangen, Tomaten, Äpfeln, Rote Bete sowie Roter Traubensaft und Rotwein.

Inhaltsstoffe. Betacarotin und das Carotinoid Lycopin beispielsweise nimmt der Körper aus erhitzten Möhren bzw. Tomaten besser auf als aus rohen.

» Zerkleinern Sie Obst und Gemüse erst unmittelbar vor der Zubereitung, sonst werden sie von Licht, Wärme oder Luftsauerstoff angegriffen und im Wert vermindert.
» Viele sekundäre Pflanzenstoffe (die meisten Carotinoide, Flavonoide, Phytoöstrogene, Saponine) sind hitzestabil, beim Kochen geht also nichts verloren. Die schonendste Erhitzung ist das Dampfgaren, da bleiben am meisten wertvolle Inhaltsstoffe erhalten. Andere (ätherische Öle, Senföle) vertragen Hitze nicht, bauen sich ab oder verflüchtigen sich beim Erhitzen. Auch die „Augen"-Carotinoide (Seite 23) Lutein und Zeaxanthin sind hitzeempfindlich. Am besten, Sie kombinieren Gekochtes mit Rohem, dann haben Sie ohne „Knoten im Hirn" alles Gute herausgeholt.
» Carotinoide, Vitamin A und E sind fettlöslich, geben Sie deshalb etwas Fett in die jeweiligen Speisen.
» Senföle und Saponine sind wasserlöslich und gehen ins Kochwasser: Verwenden Sie dieses daher immer mit, zu Soße, Suppen oder als Getränk.
» Bio-Tiefkühlgemüse und Bio-Säfte können Sie guten Gewissens genießen. Sie werden schonend hergestellt und liefern wertvolle sekundäre Pflanzenstoffe.
» Die meisten sekundären Pflanzenstoffe, vor allem Carotinoide, verlieren bei Sonnenlicht rasch ihre Wirkung. Schnell aufessen, sprich nach dem Einkauf nicht lange lagern, ist die beste Art, größtmöglichen Nutzen aus den wertvollen Pflanzenstoffen zu ziehen.

DIE WICHTIGSTEN PFLANZENFARBSTOFFE

Treiben Sie es bunt – essen Sie jede Woche einen Regenbogen!

Orangegelb (Carotinoide, es gibt ungefähr 700 verschiedene Verbindungen): Möhren, Kürbis, gelbe Zucchini, gelbe und orangefarbene Paprika, Pastinaken, Ananas, Aprikosen, Bananen, gelbe Pflaumen, Mirabellen, Sanddorn, Orangen, Mangos, Mandarinen, Zitronen, auch in Weiß- und Grünkohl oder Spinat, dort aber vom Chlorophyll überdeckt. Da Carotinoide über pflanzliche Lebensmittel aufgenommen und im menschlichen Organismus in Vitamin A umgewandelt werden, nennt man sie auch Provitamin A

Gelb (Flavonoide aus der Gruppe der Polyphenole, es gibt bis zu 6 500 Verbindungen): Rotkohl, Grünkohl, Brokkoli, Zwiebeln, Sellerie, grüne Oliven, Paprika, Tomaten, Endivien, Äpfel, Trauben, Pfirsiche, Aprikosen, Mirabellen, Grapefruits, Orangen, Zitronen (der Flavonoidgehalt von frischen, unverarbeiteten Lebensmitteln ist um 50 % höher als bei verarbeiteten; durch längeres Lagern nimmt der Flavonoidgehalt kontinuierlich ab)

Dunkelrot-Violett (Betalaine): Rote Bete

Rot (Lycopin aus der Gruppe der Carotinoide): Aprikose, Chilis, Tomaten, rote Paprika, Papaya, Blutorange, Hagebutten, Granatäpfel, Himbeeren, Erdbeeren, Kirschen, Rote Johannisbeeren, Preiselbeeren, Wassermelonen

Blau-Rot-Violett (Farbe abhängig vom pH-Wert; Anthozyane – sie gehören zu den Flavonoiden/Polyphenolen): Auberginen, blaue Bohnen, Lolo-Rosso-Salat, Rotkohl (Blaukraut), Rote Bete, Brombeeren, Heidelbeeren, Pflaumen, Schwarze Johannisbeeren, blaue Weintrauben, Holunderbeeren, Feigen

Grün (Chlorophyll): alle grünen Salate, Bohnen, Erbsen, Gurken, grüne Paprika, Avocados, Zucchini, Grünkohl, Spinat, Mangold, grüne Äpfel und Birnen, Limonen, grüne Weintrauben, Kiwis

DIE PFLANZE HEILT MIT FARBEN

Mit am interessantesten ist die Heilkraft der Farben. „Die Farbe tut etwas", meinte Goethe, der sich ausgiebig und wortreich mit Farben und ihrer psychischen Wirkung befasste. Die Farbe tut der Psyche gut; jeder kennt wohl das Entzücken, wenn sich in üppigen Gärten oder in der Natur die Farben überbieten – Farbe ist wie Musik für die Augen. Aber Farben tun auch dem menschlichen Organismus gut, ganz stofflich. Rot beispielsweise regt den Blutdruck an, blau senkt ihn und beruhigt.

Farben sind der Pflanzen „Sonnenschutz": Je stärker die gefährliche UV-Bestrahlung ist, umso intensiver entwickeln sie ihre Farbenpracht und schützen damit ihre Pflanzenzellen. Genau diesen Zellschutz nutzt der Mensch für seine Gesundheit. Pflanzenfarben sind Zell- und Gefäßschutz, und zwar für jede Zelle und für jedes noch so kleine Blutgefäß. Deshalb sind Farbstoffe auch so universell wirksam, denn im ganzen Körper gibt es Zellen und Gefäße. Es gilt: je bunter, desto besser.

Farben wirken vorrangig antioxidativ, zellschützend (auch radioprotektiv, schützen also vor Zellschädigung durch Strahlenexposition) und krebsvorbeugend. Außerdem beugen sie dem Alterungsprozess der Zellen vor, eine Art Anti-Aging für die Zellen.

Dazu kommt der Gefäßschutz: Flavonoide, die gelben Farbstoffe, kräftigen die unvorstellbar dünnen, elastischen kleinen Blutgefäße (Kapillare), verhindern eine unerwünschte Porosität und erhalten somit deren Spannkraft. Das geht am

GESUND ALTERN

Bringen Sie immer wieder Tomaten auf den Tisch – dann altern Sie gesünder. Das betrifft übrigens die meisten Farben aus dem Obst- und Gemüsekorb. Die farbigen Zellschützer verzögern auch den Alterungsprozess der menschlichen Zellen. Greifen Sie also zu buntem Gemüse und essen Sie sich jung!

> NOCH EIN QUENTCHEN BESSER ...
> Je mehr Sonne die Pflanzen abbekommen, desto mehr Flavonoide bilden sie. Im Frühjahr unter Folie gewachsene Pflanzen enthalten viel weniger Flavonide als im Sommer bei Sonne geerntete, Gewächshaus-Tomaten weniger als solche aus dem Freiland und Rohkost mehr als Gekochtes, deshalb Gemüse in wenig Wasser oder Fett nur sanft dünsten.

besten mit Vitamin C zusammen. Sie halten die Kapillaren gesund, dichten sie ab, wirken somit antiallergisch und entzündungshemmend. Gesunde Kapillaren sind verantwortlich für eine normale Zellatmung und sorgen für ungehinderten Stoffaustausch. Wichtig sind die Farbstoffe auch fürs Herz-Kreislauf-System: Sie wirken cholesterinsenkend, durchblutungsverbessernd, blutdrucksenkend, sie verbessern die Fließeigenschaften des Blutes und wirken herzbelebend. Nicht zuletzt verhindern Flavonoide (besonders Rutin) die Zerstörung von Vitamin C durch Oxidation und erhöhen dessen Bioverfügbarkeit.

Daran sehen Sie, wie wichtig Farben in der Ernährung sind. Eine ausgewogene pflanzenbetonte Ernährung in allen Farben des Regenbogens dient dem ganzen Körper, jeder einzelnen Zelle, den Augen, Ohren, dem Gehirn. Farben sind Antioxidantien und schützen gegen freie Radikale (Seite 18) und vieles mehr. Wie praktisch (und lecker), dass in Obst und Gemüse alles schon miteinander vereint angeboten wird (oft mehrere Farbstoffe zusammen) – und Vitamine noch dazu!

Augengesund essen

Sind Ihre Augen oft müde und überanstrengt, blendempfindlich oder brennen sie nach einem langen Arbeitstag vor dem Computer oder Fernseher? Dann brauchen sie „Nahrung", in diesem Fall Obst und Gemüse in verschiedenen Farben. Augengesund essen heißt Farben essen – „Augenfarben" essen!

Mit einer ausgewogenen Ernährung mit genügend Vitamin A, C und E und mit antioxidativen Farbstoffen, mit Zink und Selen – alles kostenlos über Pflanzennahrung erhältlich – schützen Sie Ihre Augen und beugen altersabhängigen Augenerkrankungen vor. Wie geht das? Die Netzhaut des Auges besteht aus sogenannten Stäbchen für Dämmerungs- und Dunkelsehen und Zapfen zum Scharf- und Farbensehen. In extremer Dichte befinden sie sich an einer zentralen Stelle auf der Netzhaut, der stecknadelgroßen Makula Lutea, dem sogenannten Gelben Fleck. Die Makula (Fleck) ist der Ort des schärfsten Sehens, und gelb ist der Fleck durch das Vorhandensein zweier besonderer Carotinoide: Lutein und Zeaxanthin. Das Makula-Pigment besteht ausschließlich aus ihnen, sie kommen aber auch in zahlreichen Obst- und Gemüsearten vor – Ihr Auge isst mit!

AUGEN UND FREIE RADIKALE

Augen reagieren äußerst sensibel auf intensive Sonnenbestrahlung, vor allem auf die besonders energiereichen UV-Strahlen, die empfindliche Sehzellen auf der Netzhaut schädigen können. Treffen nämlich energiereiches Licht und Sauerstoff im Auge aufeinander, können freie Radikale (Seite 18) entstehen, die ihrerseits die Sinneszellen der Netzhaut schädigen. Klug wie unser Organismus ist, hat er deshalb ein körpereigenes Schutzsystem eingebaut, um diese alltäglichen Belastungen abzufangen: Lutein und Zeaxanthin dienen ihm als Radikalfänger. Sie verhindern, dass reaktive Sauerstoffradikale zellschädigend wirken. Sie schützen die Netzhaut wie eine „natürliche Sonnenbrille", indem sie die besonders augenschädigenden blauen bis ultravioletten Anteile des Lichts absorbieren. Je älter der Mensch wird, umso mehr reduziert sich die Pigmentkonzentration im Auge. Bauen Sie also umso mehr dunkelgrünes Gemüse wie Spinat, Grünkohl oder Brokkoli, aber auch Mais in Ihre Ernährung mit ein, um ausreichend mit Lutein und Zeaxanthin versorgt zu sein.

> AUGENFUTTER
> Obst und Gemüse mit hohen Lutein- bzw. Zeaxanthingehalten:
> **Lutein:** Grünkohl und Spinat sind wahre Luteinbomben, außerdem Sellerie, Lauch, Petersilie, Brokkoli, Kopfsalat, Erbsen, Kürbis, reichlich auch in Eigelb
> **Zeaxanthin:** Mais, Grüne Bohnen, roher Spinat, Blattsalate, Grünkohl
> Lutein und Zeaxanthin muss man essen, sie können vom Körper nicht selbst hergestellt werden.

Wie gut Carotinoide ins Blut aufgenommen werden, hängt übrigens von ihrer Zubereitung ab: In rohem Gemüse sind sie noch fest in den Gemüsezellen verankert und werden eher schlecht resorbiert (nur 3–5 %). Garen Sie deshalb das Gemüse besser, so kann Ihr Körper etwa 30 % ins Blut aufnehmen. Aber bitte schonend, denn durch langes Kochen und sehr starke Hitze kann man sie auch zerstören. Carotinoide sind fettlöslich, deshalb immer etwas Fett zugeben.

AUGENERKRANKUNG IM ALTER: ALTERSBEDINGTE MAKULADEGENERATION (AMD)

Die Sinneszellen der Netzhaut haben kein eigenes Kapillarnetz zur Blutversorgung. Ihre Ernährung erfolgt über die Aderhaut (Choroidea), das ist die sogenannte mittlere Augenhaut zwischen Lederhaut (Sclera) und Netzhaut (Retina), die den Glaskörper umhüllt. Der Blutfluss dort ist der stärkste des gesamten menschlichen Körpers, man kann es sogar sehen: als „Rote-Augen-Effekt" beim Fotografieren mit Blitz. Um das einfallende Licht zu verarbeiten, braucht es umfangreiche Stoffwechselprozesse im Auge und eine besonders gute Durchblutung. Eine gesunde Netzhaut ist ausgesprochen stoffwechselaktiv und verbraucht viel Sauerstoff, um die normale Sehschärfe aufrechtzuerhalten. Mit gesunden Gefäßen, genügend Sauerstoff, Vitaminen und Nährstoffen im Blut können die Sehpigmente in der Makula ständig erneuert und verbrauchte Pigmente abgebaut werden.

Wenn im Makulabereich aber Vitaminmangel oder oxidativer Stress besteht, führt das zu einem frühzeitigen und vermehrten Absterben der Sehzellen. Sauerstoffmangel, Arteriosklerose, Stoffwechsel- und Durchblutungsstörungen (nicht nur) der Aderhaut können zu einer zunehmenden Degeneration der Netzhaut führen, der sogenannten Altersbedingten Makuladegeneration (AMD). Rauchen, Bluthochdruck, intensives UV-Licht, der hohe Blaulichtanteil bei Bildschirmarbeit oder Fernsehen und Nährstoffmangel gehören zu den Risikofaktoren. Beim älteren Menschen (ab etwa 60 Jahren) nehmen Durchblutung und Nährstoffversorgung tendenziell ab, deshalb geht der Abbaumechanismus altersbedingt langsamer vonstatten. Dann häufen sich Abfallprodukte in der Netzhaut an und behindern zunehmend die Nährstoffdiffusion. Die Anhäufung von Abfallprodukten in der Netzhaut sind Zeichen einer AMD, die der Augenarzt im Augenhintergrund erkennt, häufig sogar, bevor der Betroffene das merkt.

Am häufigsten tritt die sogenannte trockene AMD auf, oft jahrelang unbemerkt und gekennzeichnet durch Ablagerungen, die die Aufnahme und Verarbeitung der Lichtreize behindern. Das führt zu Sehstörungen mit zunehmender Sehverschlechterung, glücklicherweise aber nur selten zu schwerwiegenden Sehproblemen. In etwa 15 % der Fälle kann die trockene plötzlich in eine feuchte AMD übergehen – feucht heißt sie, weil unkontrolliert neue „undichte" Gefäße in die Makula einwachsen, aus denen Blut, Entzündungszellen und Flüssigkeit in die Netzhaut austreten und die Aufnahme und Verarbeitung von Lichtreizen stören. Diese Form ist aggressiver und führt in 80 % der Fälle zu einer deutlichen Verschlechterung des Sehvermögens; der Ort des schärfsten Sehens wird zum verschwommenen dunklen Schatten.

Da es derzeit bei der AMD keine konkrete Behandlungsmethode gibt, spielt die Vorbeugung im Anfangsstadium der trockenen AMD eine be-

Gemüse mit viel Lutein und Zeaxanthin – das unterstützt die Augengesundheit.

NOCH MEHR AUGENFUTTER

Vitamin E: wichtigstes fettlösliches Antioxidans und Bestandteil aller biologischen Membranen; schützt Zellmembranen im empfindlichen Auge vor dem Angriff freier Radikale; in Sonnenblumen- und Olivenöl (auch Olivenfrüchte), Fenchel, Tomatenmark, Rotkohl, Schwarzwurzel

Vitamin C: wichtiger Radikalenfänger, erneuert zusätzlich bereits verbrauchtes Vitamin E, deshalb immer beide Vitamine gleichzeitig „futtern"; in Äpfeln, Paprika, Kartoffeln, Fenchel, Kohl, Zitrone

Zink: transportiert u. a. das Vitamin A (Retinol) von der Leber ins Auge, wo es in das aktive Retinal umgewandelt wird, das für die Hell-Dunkel-Anpassung von Bedeutung ist; wirkt antioxidativ und unterstützt den Abbau UV-Licht-geschädigter Proteine; steigert die körpereigene Abwehrkraft; in Hülsenfrüchten, Kürbiskernen, Walnüssen

Selen: antioxidativ, wichtiger Cofaktor für Enzyme, kann schädliche UV-Strahlen in ihrer Wirkung abschwächen; in Spargel und Soja

sondere Rolle, um die Verschlechterung aufzuschieben oder zu verhindern. Zur Vorbeugung gehört vor allem „Farben-Essen“, das Essen von möglichst vielen verschiedenen Pflanzenfarbstoffen! Das Auge isst mit – es hat Hunger nach Gemüse und Obst mit Vitamin C und E, Zink, Kupfer und vor allem nach Carotinoiden (besonders Lutein und Zeaxanthin). Die Empfehlung von „5 am Tag“ (Seite 40) der Deutschen Gesellschaft für Ernährung hat speziell für die Augen eine zentrale Bedeutung, denn sie verhindert Mangelerscheinungen. Leider ist die Ernährung älterer Menschen, vor allem bei Heimverpflegung, viel zu selten darauf abgestimmt.

Untersuchungen konnten zeigen, dass eine lutein- und zeaxanthinreiche Ernährung mit 600 g Obst und Gemüse täglich die Pigmentkonzentration in der Makula wieder erhöhen kann: Essen Sie also Farben! Achten Sie zusätzlich auf UV-Schutz für Ihre Augen (Sonnenbrille), wenig Kunstlicht, entsagen Sie dem blauen Dunst und senken Sie einen erhöhten Blutdruck. Auf dass Ihre Welt bunt bleibt!

Magen-Darm-gesund essen

Die Verdauungsorgane arbeiten im Team: Was oben an Nahrung hineinkommt, vermengt der Magen mit Säure und bereitet es zur Verdauung vor für den Dünndarm. Dieser gibt Enzyme aus Galle und Bauchspeicheldrüse dazu und spaltet die großen Bestandteile so, dass sie ins Blut aufgenommen werden können. Was unverdaulich ist, dickt der Dickdarm ein, indem er Flüssigkeit zusammen mit Mineralsalzen in die Blutbahn zurückgibt. Den unbrauchbaren Teil der Nahrung scheidet er wieder aus. Das ist der eine Teil.

Im Darm sitzen aber auch 70 % unseres Immunsystems, und unsere körpereigene Darmflora schützt ebenso vor feindlichen Übergriffen. Die nützlichen Bakterien dieser physiologischen Darmflora leben in Symbiose mit ihrem Menschen und ernähren sich vom Darminhalt. Deshalb ist gute Nahrung so wichtig. Eine gesunde Darmflora stärkt das Immunsystem, beugt Allergien vor und wehrt Krankheitserreger gekonnt ab. Nicht zuletzt sitzt ein Teil unseres Gehirns im Darm – mit den gleichen Zelltypen, Botenstoffen und Rezeptoren wie im zentralen Nervensystem. Von dort, quasi „aus dem Bauch heraus“, schüttet es psychoaktive Stoffe wie den „Glücksbotenstoff“ Serotonin aus. Gesunder Darm ist gleich gute Laune!

Wenn Essen gut verdaut wird, macht es keine Beschwerden im Verdauungstrakt, weder Blähungen noch liegt es „wie ein Stein im Magen“. Damit das klappt, müssen Ihre Verdauungssäfte richtig fließen – das unterstützen Bitterstoffe, wie sie u. a. in Chicorée, Endiviensalat und Grapefruit enthalten sind. Und natürlich Ballaststoffe, das sind unverdauliche Faserstoffe, die bei Darmträgheit die Darmaktivität stimulieren und dafür sorgen, dass dieses Organ wieder „in Schwung kommt“. Sie sind keine Belastung, eher eine Entlastung für den Körper. Inulin-Ballaststoffe (z.B. in Spargel, Topinambur, Schwarzwurzeln) sorgen für eine gesunde Darmflora, „pflegen“ Ihre gesunden Bakterien dort und ver-

drängen krankmachende Keime. Pektine (v. a. Äpfel und Möhren) quellen im Darm auf, dicken den Darminhalt ein und hindern krankmachende Keime am Wachstum – ein gutes Mittel bei Durchfall. Sie sehen, für die Gesundheit Ihrer Verdauungsorgane sind viele Obst- und Gemüsesorten gewachsen, selbst gegen entzündete Magenschleimhäute oder Sodbrennen gibt es sie: z.B. Kartoffeln oder Kohl.

Hautgesund essen

Die Haut ist eine sensible Schutzhülle, die Ihr Äußeres umgibt und Sie vor Druck und Stoß, Kälte oder Hitze, UV-Strahlen, Krankheitserregern und Schmutz schützt. Ihre Haut, die von innen nach außen wächst, braucht dazu wichtige Aufbaustoffe. Die bekommt sie durch eine gesunde, vollwertige und vitalstoffreiche, pflanzenbetonte Ernährung. Deshalb macht gesund essen immer auch eine schöne Haut, das wissen Stars und Sternchen schon lange!

Besonders im Sommer ist Haut- und Sonnenschutz angesagt. Ständig der Sonne ausgesetzte Haut altert schneller, wird faltiger und trockener, und „Sonnenbrand vergisst die Haut nicht." Schenken Sie Ihrer Haut Sonnenschutz von innen. Antioxidantien wie vor allem Carotinoide schützen die Haut vor schädlichen UV-Strahlen, indem sie freie Radikale abfangen. So schädigen

Bitter und gesund: Endivien sind wie Chicorée ein wertvoller Bitterstoffspender.

VITAMINE FÜR DIE HAUT

Vitamin A ist als Radikalfänger der wichtigste Haut- und Schleimhaut-Schutzfaktor gegen alle Arten von eindringenden Keimen; es hemmt eine übermäßige Talgproduktion, lässt die Hautzellen regenerieren, schenkt Feuchtigkeit und sorgt für eine intakte Haut (auch bei Schuppenflechte, Ekzemen und Akne) und Nägel. Als Vorstufe ist es in orangefarbenem Obst und Gemüse mit Betacarotinen (Möhren, Sanddorn, Kürbis, Paprika, Quitten) enthalten und wird im Körper in Vitamin A umgewandelt. Mit Vitamin E zusammen ist die hautschützende Eigenschaft noch höher.
Vitamin C ist am Säureschutzfilm der Haut beteiligt und unterstützt die Wundheilung; es verjüngt als wichtiges Antioxidans das Hautbild und sorgt dafür, dass der Körper genügend Collagen bildet. Dadurch bleibt die Haut elastisch und verzögert Faltenbildung. Auch die Wundheilung geht bei genügend Vitamin C im Körper besser vonstatten. Ist u.a. in Kohlgemüse, Äpfeln, Sanddorn, Paprika, Zuckermelone, Schwarzen Johannisbeeren, Brennnessel, Petersilie, Kartoffeln, Mangold, Erdbeeren, Zitrusfrüchten enthalten.
Vitamin E ist der wichtigste fettlösliche Radikalfänger für die Hautpflege und hilft, Faltenbildung zu vermindern; es wirkt Alterserscheinungen der Haut entgegen und stärkt die Elastizität des Bindegewebes. Mit Vitamin C zusammen ist es noch wirksamer. Nehmen Sie „Hautkosmetik von innen“: Weizenkeimöl, Haselnüsse, Mandeln, Sonnenblumen, Avocados.
Vitamin B 3 (Niacin) unterstützt die Zellerneuerung und den Energiestoffwechsel; in Spargel, Brokkoli, Grünkohl, Hülsenfrüchte, Nüsse und Getreide.
Vitamin B 5 (Pantothensäure) fördert die Wundheilung, lindert Hautreizungen und Ekzeme; verzögert den Alterungsprozess der Haut; u.a. in Johannisbeeren, Avocados, Hülsenfrüchten, Mais, Brokkoli, Tomaten und Erdnüssen.
Zink hilft Sonnenallergie und Entzündungen nach einem Sonnenbrand vorzubeugen, unterstützt die Wundheilung; in Nüssen, Linsen und Brokkoli.

diese weniger Zellen. Carotinoide sind Spezialisten in Sachen Schutz für Haut, Schleimhaut und Augen. Besonders viel Betacarotin ist in allem, was eine orangerot-gelbe Färbung aufweist (Seite 22) – je oranger, desto mehr Betacarotin! Der Genuss von Tomaten, vor allem von Tomatenmark mit seinem hohen Gehalt des antioxidativen Carotinoids Lycopin, erhöht den körpereigenen, natürlichen Sonnenschutz auf Sonnenschutzfaktor 2–3. Leinsamen- und Walnussöl bieten wertvolle Omega-3-Fettsäuren, die Ihre Haut vor UV-Strahlung schützt. Und alle Früchte und Gemüse mit hohem Vitamin E- und C-Gehalt sind antioxidativ wirkende, hautschützende Radikalenfänger.

Denken Sie bei schöner Haut auch an Ihre Darmgesundheit! Ballaststoffreiches Obst und Gemüse binden beispielsweise im Darm Giftstoffe, die sonst Ekzeme und Akne begünstigen könnten. Ihre Haut ist nämlich auch ein Ausscheidungsorgan. Man kann sie von innen nach außen heilen, sprich sich gesund essen. Bei chronischen Hautentzündungen regt man deshalb mit einer Frühjahrskur die Entgiftungsorgane Nieren, Leber und Darm an. Dann ist die Haut als Ausscheidungsorgan entlastet, kann regenerieren – und Sie haben wieder eine schöne Haut. Übrigens: Untersuchungen ergaben, dass die günstigen Auswirkungen einer pflanzenbetonten Ernährung bereits innerhalb weniger Wochen am Hauterscheinungsbild sichtbar werden.

Aber Hautschönheit kommt nicht ausschließlich von innen. Von außen halten Sie Ihre Haut durch Licht, Luft, Wasser und eine natürliche Hautpflege gesund – das schenkt natürliche Schönheit und Wohlbefinden bis ins hohe Alter. Selbst gemachte Naturkosmetik aus Gemüse und Obst macht Spaß, ist höchst wirksam und außerdem absolut unschädlich – man kann sie sogar essen. Vor allem: Sie wissen was drin ist und was nicht. Rezepte für eine natürliche Obst- und Gemüsekosmetik finden Sie in diesem Buch, und zwar bei den Pflanzenporträts ab Seite 45.

Hautpflegendes und vor der Sonne schützendes Obst und Gemüse – die Vielfalt ist groß.

Immungesund essen

Ein gesundes Immunsystem sorgt dafür, dass Krankheitserreger, die uns ununterbrochen angreifen, vernichtet werden – möglichst bevor sie eine Infektion hervorrufen. Gesunde, vollwertige Ernährung mit viel Vitamin C aus Obst und Gemüse steigert die Widerstandsfähigkeit des Körpers. Zudem gibt es Senföle, Saponine, Phenolsäuren und ätherische Öle in Gemüse und Obst, die allesamt keimwidrig sind. Damit schützen sich Pflanzen schon seit Jahrmillionen gegen ihre Feinde (Bakterien, Viren, Pilze, Pflanzenfresser). Zwar sind solche Stoffe meist schwächer als synthetische Antibiotika, dafür sind sie gegen alle – auch antibiotikaresistente – Keime wirksam. Und wir profitieren davon! Da solche pflanzlichen Antibiotika das Immunsystem unterstützen (im Gegensatz zu synthetischen Antibiotika, die es eher unterdrücken) und keine Nebenwirkungen wie Resistenzen, Allergien oder

VORTEILE PFLANZLICHER ANTIBIOTIKA (PHYTOBIOTIKA)

- » Sie wirken gegen ein breites Spektrum an Erregern: Bakterien, Viren und Pilze.
- » Sie wirken abwehrstärkend.
- » Mit ihren komplexen Wirkmechanismen machen sie eine Resistenzbildung (die Antibiotika wirkungslos macht) nahezu unmöglich.
- » Sie schädigen die Darmflora nicht.

Damit Sie Ihre nächste Erkältung besser und schneller überstehen, essen Sie sich einfach mit Obst und Gemüse pflanzengesund. Dort sind all die Vitamine und Mineralstoffe, die ein leistungsfähiges Immunsystem braucht, enthalten. Und ebenso sekundäre Pflanzenstoffe, die schädigende Viren, Bakterien oder Pilze von Ihnen fernhalten (Seite 18).

Äpfel sind DAS immer verfügbare Rundum-sorglos-Obst für Ihr Immunsystem.

Helfer für ein starkes Immunsystem

Vitamin A wird auch Haut- und Schleimhaut-Vitamin genannt, weil es diese gesund und abwehrstark hält; aus orangefarbenem Obst und Gemüse wie Aprikosen und Möhren kann der Körper Vitamin A selbst herstellen (Seite 28).

B-Vitamine sind am Zellstoffwechsel beteiligt und unterstützen die Immunzellen; B_5 (Pantothensäure) hilft bei der Herstellung von Antikörpern (in Hülsenfrüchten und Nüssen); B_7 (Biotin) schützt die Hautbarriere (in Hülsenfrüchten, Gemüse, Nüssen).

Vitamin C ist der bekannteste Immununterstützer; es ist hitzelabil und wasserlöslich, deshalb viel roh genießen und das Kochwasser (kurze Garzeit!) mitverwenden; in Sanddorn, Hagebutten, Zitrusfrüchten, Äpfeln, Beeren, Paprika, Kartoffeln, Fenchel und Kohl.

Vitamin E unterstützt die Abwehrkräfte, weil es freie Radikale abfängt; in ölhaltigen Samen und Nüssen und den daraus hergestellten Ölen.

Eiweiß ist wichtig, weil Immunzellen aus Proteinen gebildet werden; in Hülsenfrüchten, Nüssen, Samen und Getreide. Leben Sie ausschließlich vegetarisch oder vegan, können Sie durch günstige Kombinationen (Getreide plus Hülsenfrüchte, z.B. Linsen oder Bohnen mit Vollkornreis), die Wertigkeit pflanzlicher Proteine steigern.

Mineralstoffe Calcium (in Chinakohl, Brokkoli, Fenchel, Lauch, Nüssen) und Magnesium (in Kirschen, getrockneten Aprikosen, Bohnen, Rosinen und Pflaumen) für gesunde abwehrbereite Zellmembranen.

Spurenelemente stärken die Immunabwehr; Zink (in Hülsenfrüchten, Cashew- und Walnüssen, Getreidekeimlingen, Sonnenblumenkernen, Mais): bei Zinkmangel kommt es zu Funktionsstörungen des Immunsystems; Mangan (in Hülsenfrüchten, Erdbeeren, Nüssen): Manganmangel führt zu einer erhöhten Infektanfälligkeit; Selen (in Kohlrabi, Steinpilzen, Erdnüssen) unterstützt die bakterielle Infektabwehr.

Sekundäre Pflanzenstoffe beseitigen als natürliches „Phytobiotikum" Keime auf nichtschädigende Weise: Senföle (in Meerrettich, Kohlarten, Kresse) wirken keimhemmend; Polyphenole (in Äpfeln, Birnen, Erdbeeren, Himbeeren, Kohl, Möhren, Sellerie, Tomaten, Weintrauben) aktivieren das Immunsystem; Saponine (in Hülsenfrüchten, Spargel) wirken pilzhemmend.

eine gestörte Darmflora hervorrufen, ist das Essen von Obst und Gemüse in diesem Fall geschmackvolle und vorbeugende Therapie.

Nervengesund essen

Was verbindet Essen und Gedächtnis? Vitalstoffreiches, säure- und fleischarmes Essen hilft dem Gedächtnis auf die Sprünge. Besonders die mediterrane Kost (viel Gemüse und Olivenöl) wird als „Brainfood“, als gute Speise fürs Gehirn bezeichnet.

Was fördert auf gesunde Weise die geistige Leistungsfähigkeit? Sicher kein fettreiches Fastfood. Üppiges Essen und manche Zusatzstoffe machen müde, das zeigten Studien mit Schülern: Nach Fastfood konnten sie sich wesentlich schlechter konzentrieren und die Fehlerquote war dreimal so hoch wie an Tagen mit gesunder Vollwertkost. Voll-wert ist wert-voll! Ein voller Bauch studiert nicht gern, das wissen wir schon lange: Vor geistigem Arbeiten sollte Ihre Mahlzeit leicht sein, lieber Salat, Gemüse und Obst statt Schnitzel mit Pommes oder Sahnesoße.

Da unser Gehirn 20 % unserer gesamten Energie verbraucht, müssen wir es regelmäßig mit den richtigen Energielieferanten „füttern“. Gutes Brainfood sind komplexe Kohlenhydrate, die eine gleichmäßig hohe Energieversorgung schenken und Sie auf längere Zeit konzentriert arbeiten lassen. Der Organismus zerlegt sie erst nach und nach zu Zucker – und nicht schnell, wie raffinierter Zucker oder Milchschokolade das tun, gefolgt vom berühmten „Tief“ danach (Seite 18). Solche komplexen Kohlenhydrate liefern neben Vollkorn, Hafer, Reis oder Kartoffeln besonders Hülsenfrüchte, vor allem Erbsen, Bohnen und Linsen. Zum Dessert erhöhen Erdbeeren und Heidelbeeren besonders gut die Merkfähigkeit, wie Studien zeigten. Die sekundären Pflanzenstoffe der Beeren sind Radikalfänger (Seite 18), die bei der Vorbeugung und Reparatur von neurologischen Schäden eine Rolle spielen. Anthozyane aus Heidelbeeren, Schwarzen Johannisbeeren und roten Trauben gelten als Spitzenreiter beim Radikalenfang und fördern Gedächtnis- und Lernfähigkeit: Wer jeden Tag eine Handvoll Heidelbeeren genießt, bleibt bis ins hohe Alter topfit, so Forscher einer amerikanischen Universität.

Aber nicht nur Beeren und Hülsenfrüchte sind tolle Nervennahrung. Auch Salate wirken aufs Nervensystem, nämlich beruhigend, einschlaffördernd und sogar schmerzlindernd – und in der Ruhe liegt die Kraft. Ihre Inhaltsstoffe sind hitzeempfindlich und fettlöslich – also mit gutem Öl im Salat anmachen. Sellerieknollen werden schon in alten Lehrbüchern als „Lernmittel für Studierende“, als Antistressmedizin gepriesen. Sie enthalten bis auf Vitamin B_{12} alle B-Vitamine („Nervenvitamine“) und schützen vor nervösen Störungen und depressiver Stimmung, fördern die Konzentration und sorgen für „gute Nerven“. Weintrauben mit ihrem hohen Gehalt an Vitamin C und B, Folsäure, Magnesium, Mangan und Kalium gelten als Nervennahrung. Mangos, Birnen (die auch mit ihrer Kiesel- und Phosphorsäure Gehirn- und Nervennahrung sind) und Johannisbeeren enthalten viele B-Vitamine, vor allem Niacin (B_3), das als Nervennahrung für die Zellatmung und erholsamen Schlaf verantwortlich ist. Linsen, Erbsen, Grünkohl, Walnüsse und Bananen sind reich an Tryptophan, das im Körper zu Serotonin umgewandelt wird; Serotonin sorgt für eine ausgeglichene Stimmung und beflügelt das Denkvermögen.

Bezüglich Demenz (Alzheimer-Demenz oder vaskulärer bzw. gefäßbedingter Demenz) kommen viele Studien zu dem Ergebnis, dass eine pflanzenbetonte oder mediterrane Ernährung (viel Nüsse, Tomaten, Obst, Kohl und dunkelgrünes Blattgemüse) das Demenzrisiko erheblich verringert. Schauen Sie unter „Cholesterin sen-

NERVENFUTTER

Omega-3-Fettsäuren halten die Nervenhüllen gesund; in Raps- und Walnussöl, fettreichem Fisch, Walnüssen, Trockenfrüchten.
Eiweiß ist für den Informationsfluss von einer Zelle zur nächsten wichtig; in Hülsenfrüchten, Vollkorngetreide und Nüssen. Nüsse liefern zusätzlich nervenstärkende B-Vitamine, Mineralstoffe und Antioxidantien – nicht umsonst gehören Nüsse ins „Studentenfutter“.
Magnesium ist gut in stressigen Zeiten; in Cashew- und Paranüssen, Kirschen und getrockneten Aprikosen, Bohnen, Rosinen und Pflaumen; bei Pflaumen ist es zudem das Zusammenspiel der B-Vitamine, Kupfer und Zink, das die Nerven beruhigt und die Konzentrationsfähigkeit fördert.

ken" (Seite 34) nach, was Ihre Gefäße (auch die des Gehirns) jung hält.

Auch wichtig: Viel trinken! Greifen Sie zu ungesüßten Saftschorlen, Gurkensaft (Seite 84) oder Kräutertee, dann wird der Kopf gut durchblutet und mit Sauerstoff versorgt.

Neuerdings belegten Studien mit depressiven Patienten, dass sich eine mediterrane Kost auch positiv aufs Gemüt auswirkt. Für eine gute mentale Gesundheit brauchen die Mitochondrien (Energiekraftwerke der Zellen) zahlreiche Mikronährstoffe, um einen reibungslosen Ablauf der Hirnfunktionen im energiehungrigen Gehirn zu gewährleisten. Bei einem Mangel, wie er bei Fastfood vorkommt, leiden Denkprozesse und Stimmung darunter. Auch wenn Ernährungsänderung nicht jedem Patienten zu helfen vermag: Von den Probanden der Ernährungsgruppe war anschließend jeder Dritte frei von depressiven Beschwerden. Und: Reichlich Obst und Gemüse als ergänzende Maßnahme zu Psychotherapie und Antidepressiva hat keine Nebenwirkungen!

Herz-Kreislauf-gesund essen

Der Mensch ist so alt wie seine Gefäße – nicht umsonst gelten gesunde Gefäße als Jungbrunnen. Sie versorgen tagtäglich unsere Zellen mit allem, was sie brauchen – das hält den Körper gesund und jugendlich.

Unser Herz ist mehr als eine Pumpe, aber eben auch ein muskulöses Hohlorgan. Von dort aus wird durch An- und Entspannen des Herzmuskels Blut durch den gesamten Körper gepumpt. Das geschieht über ein filigranes Netz aus Blutgefäßen, die den ganzen Körper durchziehen. Je weiter vom Herz entfernt, desto verzweigter und kleiner werden sie, bis aus Arterien winzige Haargefäße, die Kapillaren werden. Diese stellen den Übergang zwischen Arterien und Venen her und sind für den Austausch lebenswichtiger Stoffe und Stoffwechselendprodukte zwischen Gefäß, Zelle und Gewebe zuständig. Blutgefäße transportieren das Blut und halten somit die Blutzirkulation im Körper aufrecht. Sie bilden gemeinsam mit dem Herz den Blutkreislauf. Der Blutdruck stellt eine gleichmäßige Blutversorgung sicher. Sämtliche Organe, Muskeln und jede einzelne Zelle hängen vom steten Zustrom nähr- und sauerstoffreichen Blutes ab.

Solange die Blutgefäße frei von Ablagerungen und elastisch sind, können sie ihrer Aufgabe, der Versorgung des Körpers mit allen notwendigen Stoffen, wie vorgesehen nachkommen. Wenn Nährstoffe und Sauerstoff aber nicht mehr ungehindert durch die Gefäße gelangen, ist die Versorgung jeder einzelnen Zelle gestört. Das ist, als ob eine verstopfte Autobahn Lastwagen nicht mehr passieren und zu den Lebensmittelläden gelangen lässt und wir dementsprechend auch keine Le-

SO ENTSTEHEN ABLAGERUNGEN

Arteriosklerose (Gefäßverkalkung) beginnt langsam und über einen sehr langen Zeitraum. An der Gefäßwandschädigung sind vor allem LDL-Cholesterin (Seite 34) und aggressive Sauerstoffradikale beteiligt. Das LDL-Cholesterin oxidiert unter Einwirkung von Sauerstoffradikalen (das ist der Grund, warum der Genuss von Antioxidantien so wichtig ist für die Gefäß-Vorsorge). Es verändert damit seine ursprünglichen physikalischen und chemischen Eigenschaften und wird dann nicht mehr als körpereigen erkannt. Das oxidierte Cholesterin wird vom Immunsystem durch Makrophagen (Fresszellen) als Fremdkörper bekämpft und zu dicken Schaumzellen umgewandelt. In diese werden nun reichlich LDL eingelagert und nach und nach auch Enzyme, Lipoproteine (Fetteiweiße), Bindegewebe und Calcium. Dieser Prozess verursacht Entzündungsreaktionen in der Gefäßwand, und allmählich entstehen an der Gefäßinnenwand Ablagerungen, sogenannte arteriosklerotische Plaques. Es hat sich eine Arteriosklerose ausgebildet. Mit der Zeit verhärtet das Gefäß, die Gefäßwand wird starrer und dicker, das Lumen (die innere Öffnung) immer enger. Das Blut kann nicht mehr so gut durchströmen. Die starre Gefäßwand kann Blutdruckschwankungen nicht mehr ausgleichen, der Blutdruck steigt und schädigt die Gefäßwand weiter – ein Teufelskreis.

Sellerie, Walnüsse und Erbsen sind nur einige von vielen, die nervengesund auf den Körper wirken.

bensmittel mehr kaufen, zubereiten und letztendlich essen können. Ablagerungen in den Gefäßen, Arteriosklerose genannt, machen ursprünglich elastische Arterien zu einem starren Rohr und verengen sie. Das Herz hat es nun immer schwerer, das Blut gegen den erhöhten Druck anzupumpen. Es muss den Blutdruck erhöhen, mit all seinen Risiken. Besonders gefährlich wird es, wenn sich Ablagerungen an der Gefäßwand loslösen und als Thrombus im zunehmend enger werdenden Gefäßsystem ein Gefäß verschließen – das führt zu Herzinfarkt oder Schlaganfall. Übrigens: Auch erhöhte Blutfettwerte, Bluthochdruck, Übergewicht, Bewegungsmangel, Rauchen und Stress verengen die Gefäße!

Cholesterin senken

Cholesterin wird vom Körper selbst gebildet und auch durch die Ernährung aufgenommen. Cholesterin ist wichtig, denn es ist eines der Bausteine, aus denen Hormone, Gallensäuren oder Vitamin D gebildet werden. Cholesterinmoleküle bilden mit Eiweißbausteinen eine Verbindung, Fetteiweiße oder Lipoproteine genannt. Es gibt zwei Formen von Cholesterin. Man unterscheidet sie nach ihrer Dichte (Density), wie immer muss man genau hinschauen:

- Low-Density-Lipoproteine (LDL) mit niedriger Dichte und hohem Fettgehalt
- High-Density-Lipoproteine (HDL) mit hoher Dichte und geringem Fettgehalt

Zwiebeln und Bitterschokolade passen nicht gut zusammen. Beide, getrennt genossen, sind jedoch erprobte Cholesterinsenker.

LDL bezeichnet man als das „schlechte" Cholesterin (kleine Eselsbrücke: umgangssprachlich steht L für „liederlich"), weil es sich an den Gefäßinnenwänden ablagert, wenn zu viel davon transportiert wird. Solche Ablagerungen können sich verhärten, zu einem Thrombus umwandeln und sich im schlechtesten Fall lösen und einen Gefäßverschluss, gefolgt von Herz- oder Hirninfarkt (Schlaganfall) bewirken.

HDL, also das „gute" Cholesterin, ist wie ein Gegenspieler und bringt überschüssiges Cholesterin aus dem Körper zum Abbauen zur Leber, wo es über die Galle ausgeschieden werden kann. Fettablagerungen an den Gefäßwänden können so teilweise wieder rückgängig gemacht werden.

Bei erhöhten Blutfettwerten heißt die Therapie (neben einer insgesamt gesunden Lebensweise) zuerst einmal: essen. Das Richtige natürlich. Ausgewogene Ernährung, gerade auch mit Fetten, ist wichtig. „Gutes" HDL kommt aus „guten" Fetten, nämlich aus kaltgepressten pflanzlichen Fetten und Ölen mit mehrfach ungesättigten Fettsäuren: Raps-, Hanf-, Walnuss-, Soja-, Lein- und Hagebuttenkernöl, Nüsse und Hering, Lachs oder Makrele mit ihren Omega-3-Fettsäuren.

Bitterstoffe (in Chicorée, Endivie, Grapefruit, Ingwer, Löwenzahn, Rosenkohl) beeinflussen den Cholesterinwert positiv. Sie fördern die Gallensekretion, womit vermehrt Cholesterin aus dem Organismus ausgeschieden und das Cholesterin im

ESSEN FÜR GESUNDE GEFÄSSE – VORSORGE DER ANGENEHMSTEN ART

Das Tolle bei der Gefäßpflege ist, dass Sie sich durch leckeres Essen gesund halten können: je mehr buntes Obst und Gemüse, desto niedriger die Herzinfarktrate (Seite 22). Und Sie halten sich damit auch geistig fit, denn auch das Gehirn wird über Blutgefäße ernährt.

- » Eine leichte, mediterrane Ernährung mit viel Gemüse und Obst, Ballaststoffen, hochwertigen Pflanzenölen (Olivenöl), Mandeln, ab und zu Fisch ist gesund
- » Flavonoidreiche Lebensmittel (Zwiebeln und Knoblauch, Äpfel, Holunderbeeren, Kirschen, Himbeeren, Weintrauben, Tomaten, Rotkohl, Petersilie) verhindern als Radikalfänger die Oxidation von LDL und schützen damit vor Arteriosklerose
- » 1 Glas roter Traubensaft (oder 1 kleines Gläschen Rotwein) pro Tag verlängern laut Studien die Lebenszeit, erweitern die Herzkranzgefäße und mindern die Bildung von Blutgerinnseln
- » Sesamöl, Granatäpfel und Sellerie, Äpfel, Hülsen- und Zitrusfrüchte senken den Blutdruck
- » Apfelsaft und fein geriebene Äpfel sowie Mandeln, Walnüsse, Haselnüsse, Erdnüsse, Pistazien und Macadamianüsse senken die Blutfette
- » 50–100 g Haferkleie täglich senken den Blutfettspiegel
- » Phytosterinreiche Nahrung (Sonnenblumenkerne, Nüsse, Sojabohnen, Weizen, Gerste) senkt den Cholesterinspiegel, weil die Aufnahme des Nahrungscholesterins im Darm gesenkt wird
- » Zwiebeln und farbiges Obst und Gemüse senken das Herzinfarktrisiko, ebenso Grüner Tee
- » Bittermittel (u. a. in Chicorée, Löwenzahn, Ingwer oder Gelbwurz) senken laut Studien den Cholesterinspiegel
- » Das in Tomaten enthaltene Lycopin hilft als einer der stärksten Radikalfänger, die Entstehung von Arteriosklerose, Krebs, Makuladegeneration zu verhindern
- » Trost in allen Lebenslagen ist dunkle Schokolade mit hohem Kakaogehalt (mindestens 70 %). Sie senkt mit ihrem hohen Polyphenolgehalt laut einer Fülle an seriösen Studien den LDL-Cholesterinspiegel. 30 g dürfen Sie täglich genießen!

Blut gesenkt wird. Über die Gallensäuren gelangen etwa 1000 mg Cholesterin pro Tag in den Darmtrakt. Etwa ein Fünftel davon wird mit dem Stuhl ausgeschieden, der Rest wird rückresorbiert und wieder zur Synthese von Gallensäuren verwendet. Indem Bittermittel die Ausscheidung der Gallensäuren mit dem Stuhl erhöhen, senken sie den Cholesterinspiegel. Auch eine ballaststoffreiche Ernährung reduziert erhöhte Cholesterinwerte.

Ballaststoffe (in Hülsenfrüchten, Möhren, Kartoffeln, Äpfeln, Haferkleie, Getreide) wirken cholesterinsenkend, weil sie Cholesterin, Triglyzeride, Phospholipide, Gallen- und freie Fettsäuren im Darm binden und diese mit dem Stuhl ausscheiden. Die Galle enthält dann das Signal, es sei zu wenig Gallensäure im Umlauf; sie steigert ihre Aktivität und entzieht das dafür benötigte Cholesterin kurzerhand dem Blut: Der Cholesterinspiegel sinkt. Deshalb beugen ballaststoffreiche Lebensmittel einer Arteriosklerose vor.

Saponine (in Hülsenfrüchten) sorgen für weniger Aufnahme von Cholesterin aus der Nahrung und unterstützen die Ausscheidung von Abbauprodukten des Cholesterins.

Schlank essen und Diabetes

Die Zuckerkrankheit, medizinisch Diabetes mellitus genannt, ist eine der häufigsten Erkrankungen überhaupt. Laut Weltgesundheitsorganisation (WHO) gibt es weltweit rund 370 Millionen Menschen (5 % der Weltbevölkerung), die unter dieser Volkskrankheit leiden. Tendenz steigend: Man spricht von der „Epidemie des 21. Jahrhunderts". Am Anfang bleibt die Erkrankung oft unbemerkt, die ersten Anzeichen sind Müdigkeit, Durst, vermehrtes Wasserlassen und eine Anfälligkeit für Infekte und Entzündungen.
Aber was ist Diabetes mellitus genau? Der Name stammt aus dem Griechischen und bedeutet „honigsüßes Durchfließen". Das kommt daher, dass die Erkrankung früher durch Kosten des Urins erkannt wurde: Die Störung im Zuckerstoffwechsel hatte einen leicht süßlichen Geschmack zur Folge. Heute muss freilich niemand mehr Urin verkosten; durch einen kleinen Bluttropfen aus der Fingerkuppe hat man schnell den Blutzuckerwert festgestellt.

So funktioniert der Kreislauf aus Nahrungsaufnahme und Insulinproduktion normalerwei-

VERSCHIEDENE FORMEN DES DIABETES

Typ-1-Diabetes: Die Insulinproduktion funktioniert nicht ausreichend, es herrscht ein absoluter Mangel an Insulin. Ursache könnte eine Entzündung in der Bauchspeicheldrüse oder eine Fehlreaktion des Immunsystems sein. Diese Form von Diabetes kann schon im Kindesalter auftreten. Patienten müssen den Insulinmangel ein Leben lang mit Insulinspritzen ausgleichen. Zudem müssen sie immer einen Blick auf die Ernährung und ihre Aktivitäten haben, um Unter- wie Überzuckerung zu vermeiden.
Typ-2-Diabetes: Hierbei handelt es sich um eine erworbene Störung des Zuckerstoffwechsels, es spielen verschiedene Risikofaktoren eine Rolle: ungesunde Ernährung mit viel Süßem, Übergewicht (etwa 80 % der Typ-2-Patienten sind übergewichtig, Insulin wird durch Übergewicht nicht gut verwertet), mangelnde Bewegung, aber auch das Alter und erbliche Veranlagung. Früher wurde der Typ-2-Diabetes auch Alterszucker genannt. Durch eine Ernährungsumstellung mithilfe einer Ernährungsschulung hin zu einer fettarmen, ballaststoffreichen, vollwertigen und gesunden Mischkost mit viel Obst und Gemüse und regelmäßige Bewegung (durch Bewegung werden die Zellen „sensibler" für Insulin) lässt sich dieser Typ häufig regulieren. Jedoch nicht immer – dann sind Tabletten oder Insulinspritzen nötig.
Sonderformen: Neben Typ-1- und Typ-2-Diabetes gibt es noch Sonderformen des Diabetes. Frauen in der Schwangerschaft können durch die Hormonumstellung vorübergehende erhöhte Zuckerwerte bekommen oder auch Menschen, die aufgrund einer Erkrankung spezielle Medikamente wie Cortison zu sich nehmen müssen. Die Ursachen sind äußerst komplex und die Wissenschaft hat noch nicht alle Zusammenhänge erforscht.

se: Unser Körper benötigt ständig Energie, die er aus der Nahrung durch das Verbrennen von Nährstoffen gewinnt. Die am schnellsten verfügbaren Energielieferanten sind Kohlenhydrate. Einfache oder reine Kohlenhydrate wie Traubenzucker (Glucose) oder Fruchtzucker (Fructose) können vom Darm direkt ins Blut aufgenommen werden. Die meisten Zellen nehmen Glucose aber nur in Anwesenheit von Insulin auf. Das Insulin sorgt dafür, dass Glucose in die Zellen gelangen kann (vor allem in Muskel-, Leber- und Fettzellen) und dort für die Energiegewinnung nutzbar wird. Nach einer glucosehaltigen Mahl-

DER GLYKÄMISCHE INDEX

Der glykämische Index zeigt, wie schnell bestimmte Kohlenhydrate den Blutzucker erhöhen. Auch wenn die Kohlenhydratmenge gleich ist, steigt der Blutzucker bei verschiedenen Nahrungsmitteln unterschiedlich schnell an: Traubenzucker schnell (hoher glykämischer Index), ballaststoffreiche Nahrungsmittel langsam (niedriger glykämischer Index). Vollkornprodukte, Hülsenfrüchte, viele Gemüse und Früchte weisen einen niedrigen glykämischen Index auf.

Topinambur enthält sehr viel Inulin und ist damit ein ideales Diabetikergemüse.

zeit flutet Zucker im Blut an und der Insulinbedarf erhöht sich: Bei hohem Blutzuckerspiegel gibt er viel, bei niedrigem Blutzuckerspiegel weniger Insulin in den Blutkreislauf ab. Geraten diese fein abgestimmten Mechanismen aus den Fugen, lautet die Diagnose meist: Diabetes.

EMPFEHLUNGEN FÜR DIABETIKER

Immer noch halten sich bei einer Erkrankung mit Diabetes viele Vorurteile in Bezug auf die Einhaltung einer speziellen zuckerfreien Diät und Diabetiker-Lebensmittel. Die Ernährungsempfehlung für Diabetiker unterscheidet sich heutzutage nicht von der, wie sie allen Menschen zur Gesunderhaltung angeraten wird, und dazu gehören vor allem reichlich Gemüse, Obst und Vollkornprodukte (mit viel Ballaststoffen). Diabetiker können quasi alle Lebensmittel und Speisen genießen, es gibt keine Verbote – aber dafür geht es um das richtige Maß. Diabetiker müssen mehr über die Inhaltsstoffe ihrer Lebensmittel wissen als Gesunde: welche sie bevorzugt und welche eher selten, welche in großen oder kleinen Portionen verzehren sollten. Voraussetzung ist eine kompetente medizinische Beratung und Ernährungsschulung.

» Obst und Gemüse sind – bis auf wenige Ausnahmen – kalorienarm (natürlich ohne reichhaltige Dressings und Saucen serviert) und voller gesunder Inhaltsstoffe. Deshalb täglich 5 Portionen Obst und Gemüse essen („5 am Tag"), was jeweils einer Handvoll entspricht. Diabetiker sollten hierbei 3 Portionen Gemüse und 2 Portionen Obst (wegen dem mehr an Fruchtzucker) bevorzugen.
» Besonders erwähnenswert ist der Ballaststoff Inulin, er beeinflusst den Blutzuckerspiegel nicht, da er unabhängig von Insulin abgebaut wird. Inulinhaltige Obst- und Gemüsesorten sind daher besonders geeignet, z.B. Topinambur, Spargel, Schwarzwurzel und Pastinake.
» Bei den Kohlenhydraten solche vermeiden, die zu schnell ins Blut übergehen. Vollkornprodukte und Nahrungsmittel, die weniger verarbeitet sind, haben einen niedrigeren glykämischen Index (Seite 37). Das bedeutet, Getreideprodukte aus Vollkorn und Pellkartoffeln sind besser geeignet als Kartoffelbrei oder helle Nudeln.
» Große Portionen fetthaltiger Lebensmittel vermeiden, da diese sehr kalorienreich sind. Tierische Lebensmittel wie fettes Fleisch und Wurstwaren, Milchprodukte, Käse, fette Backwaren und fetthaltige Fertigprodukte nicht zu häufig essen; sie enthalten viele gesättigte Fettsäuren, die sich ungünstig auf den Cholesterinspiegel und Stoffwechsel auswirken. Pflanzliche Fette, wie in Nüssen, hochwertigen Oliven-, Walnuss- oder Leinöl, sind nicht nur für Diabetiker gesünder.
» Gut geeignet sind Lebensmittel mit Ballaststoffen, da diese die Verarbeitung von Kohlenhydraten im Darm verlangsamen und die Verfügbarkeit von Insulin verbessern. Hülsenfrüchte wie Linsen, Bohnen und Erbsen enthalten reichlich Ballaststoffe und besitzen zudem einen niedrigen glykämischen Index. Auch in allen Kohlsorten, Möhren, Schwarzwurzeln, Topinambur, Chicorée, Pastinaken und Spargel, Fenchel, Pflaumen, Aprikosen usw. finden sich viele Ballaststoffe.
» Bei den Getränken keine kalorienreichen Limonaden, Cola und Säfte trinken; der Zucker darin würde den Blutzuckerspiegel schnell zum Ansteigen bringen; alkoholische Getränke nur in Maßen. Bevorzugen Sie Wasser, Tee und Fruchtschorlen.
» Zucker ist grundsätzlich nicht verboten, darf aber nicht mehr als 5–10 % des täglichen Energiebedarfs abdecken. Also ab und zu ein Riegel Schokolade oder ein Stücken Kuchen sind in Ordnung.
» Sogenannte „Diabetiker-Lebensmittel" sind laut aktuellen Studien nicht notwendig, da ihr Nutzen nicht erwiesen ist.

„5 AM TAG"

Als Ernährungsempfehlung – für Diabetiker und andere Patienten sowie für Gesunde – wird häufig das Credo „5 am Tag" verwendet. Das heißt, die empfohlene Verzehrmenge liegt bei mindestens 5 Portionen Gemüse und Obst täglich. Wer es genauer wissen möchte, kann sich an 400 g Gemüse und 250 g Obst orientieren; andere Empfehlungen lauten 5–7 Portionen à 100 g Obst und Gemüse pro Tag – es kommt in etwa aufs Gleiche raus. Übrigens sind damit immer die Mengen im zubereiteten Zustand (also nach eventuellem Schälen, Kerngehäuse entfernen, dünsten usw.) gemeint – sprich das, was man dann auch wirklich isst. Auch wenn die Empfehlung in der Praxis leider meist unterschritten wird, Sie wissen es nun und können danach streben.

SCHLANK ESSEN – NICHT NUR FÜR DIABETIKER

Das Gute ist: Alle Obst- und Gemüsesorten, die in diesem Buch beschrieben sind, sind in ihrer Vielfalt zum Abnehmen geeignet. Wichtig ist, dass sie nicht mit fettreichen Saucen oder gehaltvollen Beilagen in Kalorienbomben verwandelt werden, sondern so naturbelassen wie möglich bleiben. Eine gute Wahl sind ballaststoffreiche Lebensmittel, besonders die Hülsenfrüchte Erbsen, Bohnen und Linsen, außerdem Schwarzwurzeln, Spargel, Topinambur, Chicorée, Sellerie und Äpfel: Sie machen satt, aber nicht dick! Beim Abnehmen ist wichtig, dass Sie viel Flüssigkeit zu sich nehmen. Auch Gemüse und Obst, vor allem Gurke, Zucchini, Sellerie, Apfel, Birne, Chicorée und Spinat, enthalten recht viel Wasser, das unterstützt das Abnehmen und macht schneller satt.

Krebsvorbeugend essen

Bei Krebs spielt die Ernährung eine wichtige Rolle, auch wenn keine Ernährungsweise einen eindeutigen Schutz garantiert. Doch die allermeisten bioaktiven Substanzen in Pflanzen beugen dem Krebsgeschehen vor. Südeuropäer, die dreimal so viel Gemüse essen wie wir Deutschen, erkranken wesentlich seltener an Krebs; auch Vegetarier haben ein deutlich geringeres Erkrankungs- und Mortalitätsrisiko. Das Risiko, an Krebs zu erkranken, hängt von vielen Faktoren ab: einer genetischen Veranlagung, dem Lebensalter, der Ernährung, Umwelteinflüssen, übermäßigem Alkohol- oder Nikotingenuss und mehr. Wie Krebs entsteht, ist ein komplexer Vorgang: Eine gesunde Zelle wird geschädigt und Erbinformationen in der Zelle werden verändert, die Reparatur schlägt fehl und sie entartet; das nennt man die Initiation. Das Immunsystem erkennt die entartete Zelle nicht, sie verbleibt und überlebt im Organismus. Die Krebszelle vermehrt sich, schließt sich für ihre eigene Ernährung ans Blutsystem an, und letztlich vergrößert sich der Tumor und bildet Metastasen (Tochtergeschwülste). Krebsfördernde Substanzen tragen dazu bei, dass sich Zellen mit genetischem Schaden unkontrolliert zu einem Tumor vermehren.

Die relativ lange Zeit seiner Entwicklung bietet gute Möglichkeiten zur Vorsorge. Wissenschaftler schätzen, dass durch eine überwiegend aus pflanzlichen Lebensmitteln bestehende Ernährung das Risiko, an Krebs zu erkranken, erheblich reduziert werden kann. Und zwar mit ihren bioaktiven Substanzen: sekundäre Pflanzenstoffe, Ballaststoffe, Vitamine, Mineralstoffe,

KOHLGERICHTE UND GEMÜSESAFT GEGEN KREBS

Essen Sie mehr Kohl, Krebszellen verabscheuen Kohl! Besonders viele vor Krebs schützende Stoffe sind in Brokkoli, Rosenkohl, Grün-, Weiß- und Rotkohl enthalten. Empfohlen wird der Verzehr von 5 oder mehr Portionen Kohlgemüse pro Woche. Tipp: Kohl nur kurz kochen und gut kauen, damit sich die krebshemmende Wirkung voll entfaltet. Außerdem soll der regelmäßige Genuss von Möhren-, Tomaten- oder Spinatsaft laut Studien das Risiko für Schäden an der Erbinformation verringern.

KREBSVORBEUGUNG AUF DEM SPEISEPLAN

Ballaststoffe (Inulin, Pektin, komplexe Kohlenhydrate; in Apfel, Schwarzer Johannisbeere, Him- und Erdbeere, Möhre, Kartoffel, Grün-, Rosen-, Blumenkohl und in Hülsenfrüchten) steigern das Volumen des Darminhalts und verringern dadurch die Konzentration krebserregender Inhaltsstoffe, genauso deren Kontakt mit der Darmschleimhaut und – weil sie die Karzinogene direkt binden – auch deren Verweildauer im Darm.

Phytosterine und Saponine werden nur in geringem Maß vom Körper aufgenommen und entfalten ihre Wirkung hauptsächlich im Verdauungstrakt. Sie hemmen die Wachstumsrate von Tumorzellen im Dickdarm und reduzieren das Darmkrebsrisiko, denn sie verlangsamen die Vermehrung der Tumorzellen. Dadurch bleibt den körpereigenen Reparaturmechanismen mehr Zeit, einen Schaden an der Erbsubstanz zu beseitigen; Saponine in Hülsenfrüchten (wichtigste Quelle für krebsabwehrende Saponine!) und Spinat; Phytosterine v. a. in Samen und Nüssen.

Carotinoide fördern den Informationsfluss zwischen den Zellen – bei beeinträchtigter Kommunikation geraten Wachstum und Differenzierung der Zellen außer Kontrolle, sodass sie sich ungesteuert vermehren.

Antioxidantien (Vitamin C und E, Pflanzenfarbstoffe, Phenolsäuren, Selen uvm.) beugen Krebs vor, weil sie freie Radikale (Seite 18) abfangen.

Polyphenole (in fast allen Nahrungspflanzen, besonders in Apfel, Grüntee, Grünkohl, dunkler Schokolade, Zwiebel) sind zellschützende Antioxidantien und hindern das Krebszellwachstum. Essen Sie bitte „bio": Biologisch angebautes Obst und Gemüse mit Schale enthält 20–70 % mehr Polyphenole als konventionelle Ware, auch Freilandware ist polyphenolreicher als Pflanzen aus dem Gewächshaus. Sie aktivieren Entgiftungsenzyme und binden Kanzerogene, die somit nicht mehr schädlich sein können.

Senföle (in allen Kohlarten, in Brunnenkresse, Meerrettich, Senf) gehören zu den bekanntesten Krebsvorbeugern.

Fettsäuren und Substanzen in fermentierten Lebensmitteln wie Sauerkraut oder Sauermilchprodukten. Solche krebsvorbeugenden Verbindungen können über verschiedene Mechanismen in das Krebsgeschehen eingreifen: z.B. dem körpereigenen Reparaturdienst helfen, Schäden an Zellen zu kitten, bevor diese bösartig werden, oder die Bildung neuer Blutgefäße stören, mit denen sich ein Tumor versorgt. Sekundäre Pflanzenstoffe (Phenolsäuren, Glucosinolate, Sulfide, Seite 18) können verhindern, dass sich inaktive Vorstufen krebserregender Stoffe (Prokarzinogene) in die aktive Form (Karzinogene) umwandeln. Wahrscheinlich lagern sie sich an Enzyme an und blockieren diese für weitere Reaktionen, oder sie verhindern, wie Vitamin C und E, die Bildung von krebserregenden Nitrosaminen (Seite 42), die bei der Lebensmittelzubereitung oder im Verdauungstrakt des Menschen aus Aminen und Nitrit entstehen. Sekundäre Pflanzenstoffe regen Entgiftungsenzyme an, die schon aktivierte Karzinogene wieder lahmlegen. Gerade Phenolsäuren wie Ellag-, Ferula- und Kaffeesäure greifen in die Krebsentstehung ein, indem sie sich an bereits aktivierte Karzinogene binden und sie somit ausschalten. Carotinoide, Polyphenole und Flavonoide können sich an die DNS im Zellkern anlagern, an die sonst Karzinogene gebunden würden. Hierdurch schützen sie die Erbinformation vor Veränderungen und greifen somit in die Anfangsphase der Krebsentstehung ein. Immer ist es ein komplexes Ineinandergreifen verschiedener Faktoren. Schützen Sie sich vor Krebs durch reichlich „buntes" Obst und Gemüse (mindestens 500 g/Tag), Hülsenfrüchte und Vollkornprodukte, dann haben Sie eine gesunde Grundlage. Eine Grundlage, die das Krebsrisiko reduziert, wie Pariser Forscher 2018 festgestellt haben: „Zu viel Fertigessen erhöht das Krebsrisiko". Das allgemeine Krebsrisiko ist umso größer, je höher der Anteil verarbeiteter Nahrungsmittel (Fischstäbchen, abgepackte Snacks, Limo) ist. Neue Studien belegen es: Vegetarische Kostformen senken das Krebsrisiko um 10 bis 30 % – und die vor Krebs schützenden Substanzen befinden sich nur in Pflanzen! Die beste Ernährung für uns und für den Planeten ist also eindeutig eine pflanzenbasierte, vollwertige Ernährung: Lassen Sie sich Ihr Obst und Gemüse schmecken!

Kohl – hier der milde Spitzkohl – ist überaus wertvoll bei der Krebsvorbeugung.

Nitrat – gefährlich oder gesund?

Nitratreiches Blattgemüse wie Spinat und Mangold wird seit Jahrzehnten als problematisch angesehen, vor allem aufgrund der Nitrosaminverbindungen, die daraus entstehen können. In letzter Zeit aber häufen sich Erkenntnisse über die physiologische Rolle von Nitrat und seinen Stoffwechselprodukten (z.B. Nitrit und reaktive Stickstoffverbindungen wie Stickstoffmonoxid) und über die gesundheitsfördernden Eigenschaften von Nitratverbindungen. Manchmal gilt es, alte Wahrheiten neu zu überdenken.

Nitrat ist wichtig. Zuerst einmal für Wachstum und Gesundheit von Pflanzen, für die es eine gute Stickstoffquelle aus dem Boden ist, um Aminosäuren zu bilden und gut wachsen zu können. Sie bunkern Nitrat in Wurzeln und Blättern und bauen es bei viel Sonnenschein zu Proteinen auf. „Lichtarme" Wintergemüse (Rucola, Rote Bete, Spinat, Radicchio, Kohl oder Mangold) sind deshalb reicher an Nitrat als Gemüse, das von der Sonne verwöhnt wurde.

Nitrat als solches ist nicht gefährlich. Es kann aber im Körper und während der Lagerung des Gemüses durch Bakterien zu Nitrit umgebaut werden, das eine höhere Toxizität aufweist. Nitrit kann sich zusammen mit Aminen zu Nitrosaminen umbauen; letztere gelten als krebserregend. Die Nitrosaminbildung unterbleibt aber, wenn Nitrat mit Vitamin C, Vitamin E oder Polyphenolen zusammen aufgenommen wird – wie es Obst und Gemüse in ausreichender Menge „kostenlos" mitliefern. Deshalb wird die Nitrataufnahme durch Vitamin-C-reiches Gemüse anders bewertet als über gepökelte Fleischwaren mit den Zusatzstoffen Nitrat bzw. Nitrit. Sollte man sicherheitshalber dennoch lieber nicht so viel Gemüse essen? Das Bundesinstitut für Risikobewertung empfiehlt Verbraucherinnen und Verbrauchern, den Gemüseverzehr keinesfalls einzuschränken, sondern auf eine abwechslungsreiche Auswahl zu achten, weil die Vorteile einer gemüsereichen Ernährung mögliche Risiken durch leicht erhöhte Nitrat- und Nitritgehalte bei Weitem überwiegen. Übrigens: Waschen von Gemüse und Kochen kann den Nitrat-und Nitritgehalt senken, da sich die Verbindungen gut im Wasser lösen.

In den letzten Jahren wurden in Studien zunehmend gesundheitsfördernde Effekte von Nitrat beobachtet: Nitratreiche Nahrung verbessert die Durchblutung und Regeneration der Magenschleimhaut und beugt damit der Bildung von Magengeschwüren vor, verbessert die Sauerstoffzufuhr im Herzen und im Gehirn und macht sogar sportlich leistungsfähiger. Sie senkt den Blutdruck, entspannt die Gefäße und fördert die Zahngesundheit. So zeigte eine Studie, dass nitratreiche Gemüsesäfte aus Rucola und Spinat die Zahngesundheit bei chronischer Zahnfleischentzündung fördern – das zeigte sich schon nach 2 Wochen.

Man nimmt an, dass nitratreicher Gemüsesaft den natürlichen Umbau von Nitrat über Nitrit zu Stickstoffmonoxid stimuliert. Und zwar so: Nahrungsnitrat wird im Magen und Dünndarm rasch aufgenommen und ungefähr ein Viertel davon übers Blut zu den Speicheldrüsen im Mund transportiert. Im Mund- und Rachenraum und in den Zahnzwischenräumen wandeln dort vorkommende Bakterien Nitrat in Nitrit um, das keimwidrig wirkt und die Zahnfleischentzündung lindert. Dieses Nitrit geht vom Magen-Darm-Trakt ins Blut über und regt die Bildung von Stickstoffmonoxid an. Stickstoffmonoxid ist eine Verbindung, die die Gefäße weitet und somit blutdrucksenkende Effekte hat. Es wirkt durchblutungsfördernd und verbessert die Versorgung mit Sauerstoff und Nährstoffen. Stickstoffmonoxid gilt als „Blutverdünner", der die Verklumpung der Blutplättchen vermindert. Es wirkt antibakteriell, tötet Keime ab und beugt Entzündungsvorgängen vor.

Nitrat und Kinder – was macht Nitrat gefährlich?

Nitrat hemmt die Jodaufnahme in die Schilddrüse, wobei eine aktuelle Studie keinen Zusammenhang fand zwischen Nitratbelastung und Schilddrüsenveränderungen. Kritischer sieht es mit Nitrit aus: Dieses hemmt den Sauerstoff-

Spinat ist ein bekanntes nitrathaltiges Blattgemüse.

transport im Blut, indem es das dafür zuständige Hämoglobin (roter Blutfarbstoff) in den roten Blutkörperchen umwandelt zu Methämoglobin, das den Sauerstoff nicht mehr transportieren kann. Das führt zu einer Art „innerem Ersticken“ und ist vor allem für Säuglinge bedrohlich. Bei Säuglingen ist im Gegensatz zu Erwachsenen ein bestimmtes Enzym (Methämoglobinreduktase) mit schützender Wirkung noch nicht aktiv genug. Deshalb gibt es speziell für die Zubereitung von Säuglingsnahrung einen Grenzwert für Trinkwasser (10 mg Nitrat/l).

Um der Sicherheit Ihres Babys zu genügen, sollten Sie möglichst nitratarme Gemüse aus Bio-Anbau verwenden und Gemüse der Saison. Nitratreiches Gemüse nicht lange lagern und nicht wieder aufwärmen, da sich sonst Nitrit bildet. Blattrippen, Stiele und Strunkansätze entfernen, sie sind am nitrathaltigsten, und das (nitrathaltige) Kochwasser fortschütten. Reichen Sie immer Vitamin-C-reiches Obst oder Gemüse wie Äpfel, Kartoffeln, Fenchel, Brokkoli, Hagebutten, Schwarze Johannisbeeren, Erdbeeren, Zitrusfrüchte dazu, das verhindert die Bildung von Nitrosaminen.

NITRAT, NITRIT, NITROSAMINE: WAS IST WAS?

Nitrat ist ein natürlicher Bestandteil des Bodens und für Pflanzen eine essenzielle Stickstoffquelle für den Aufbau von Aminosäuren; wird in der Landwirtschaft als Dünger eingesetzt, wovon Blatt- und manche Knollengemüse besonders viel anreichern. Bio-Gemüse enthält aufgrund natürlicher organischer Düngung weniger Nitrat.
Nitrit ist ein Zwischenprodukt bei der Versorgung der Pflanzen mit Stickstoff. Mikroorganismen in oder auf pflanzlichen Lebensmitteln können Nitrat in Nitrit umwandeln (deshalb einmal zubereiteten Spinat nicht warm stehen lassen; und nur dann wieder aufwärmen, wenn Sie ihn nach der Zubereitung gleich kühl gestellt hatten). Als Kalium- oder Natriumsalz ist es ein bedeutender Lebensmittelzusatzstoff für gepökelte Fleisch-und Wurstwaren (Bestandteil des Pökelsalzes, Höchstmengen wurden gesetzlich festgelegt), das ihnen ihre rosa Farbe schenkt, Mikroorganismen hemmt und konservierend wirkt.
Nitrosamine entstehen in Verbindung von Nitrit und Aminen (vor allem bei der Verarbeitung gepökelter Fleischwaren) und sind krebserregend (eine einzige Zigarette allerdings enthält zehnmal mehr Nitrosamine als die tägliche durchschnittliche Aufnahme durch Gemüseverzehr).
Stickstoffmonoxid kann im sauren Milieu aus Nitrit entstehen (wird aber auch von der innersten Wandschicht der Blutgefäße, dem Endothel, produziert); unterstützt unsere Makrophagen (Fresszellen) als hochwirksame Waffe in der Immunabwehr, beeinflusst die Wundheilung positiv, unterstützt den Informationsfluss unter Nervenzellen und wirkt antientzündlich, gefäßerweiternd, gefäßentspannend und dadurch blutdrucksenkend.

Obst und Gemüse

VON A BIS Z

Äpfel, runde Gesundheitspakete

Überall gilt der Apfel als Symbol – für Fruchtbarkeit, Liebe und Vollkommenheit, für Erkenntnis und Versuchung im Paradies. Was früher Göttern geweiht war, ist heute Teil der heilkräftigen Hausapotheke.

Apfel Malus sylvestris var. domestica

DIE PFLANZE

Unser Kulturapfel gehört zu den Rosengewächsen; sein Urahn war ein dorniger Wildling mit kleinen Kernfrüchten und schon unseren Vorfahren zu herb. Wohl deshalb wurden Äpfel bereits vor 5000 Jahren im Nildelta gezüchtet und veredelt. Heute kennt man an die 30000 Apfelsorten.

DAS IST DRIN

Äpfel sind reich an Nährstoffen und arm an Kalorien. Sie punkten mit viel Pektin (bis 30%) und Ballaststoffen, Fruchtzucker, Gerbstoffen, Flavonoiden (Quercetin – am meisten in der Sorte 'Pink Lady'), Mineralien, Spurenelementen und Fruchtsäuren, außerdem mit den Vitaminen A, B, C und E und in der Schale mit essenziellen Fettsäuren. Besonders viel Vitamin C enthalten alte Sorten wie 'Boskoop', 'Berlepsch', 'Bohnapfel', 'Glockenapfel', 'Gravensteiner', 'Goldparmäne' oder 'Ontario'.

EINKAUFEN UND LAGERN

Kühl lagern, nicht zu trocken und nicht mit Kartoffeln oder Früchten zusammen, weil Äpfel Ethylen ausgasen, ein hormonartiges Gas, das deren Reife fördert. Sommeräpfel immer gleich verbrauchen, pflückreife Herbstäpfel bis zu 2 Wochen aufbewahren (nur nicht im Kühlschrank; falls doch, dann höchstens in Gefrierbeuteln). Winteräpfel sind Lageräpfel und sollen vor der Genussreife noch liegen; sie schmecken ab Dezember am besten. Um welche Art von Äpfeln es sich bei der gekauften Sorte handelt, dazu fragen Sie doch einfach die Marktfrau Ihres Vertrauens.
Bei Apfelsaft wählen Sie nur naturtrüben ohne Zuckerzusatz, nur dieser enthält alle gesundheitsfördernden Stoffe.

ZUBEREITEN

Essen Sie Äpfel immer vollreif! Noch unreife Früchte enthalten schwerverdauliche Stärke, die erst in Zucker umgewandelt werden muss. Essen Sie nur ungespritzte und ungewachste Bio-Äpfel. Denn dann können Sie die Schale mitessen – in und direkt unter der Schale sitzen die meisten Vitamine (der Gehalt an Vitamin C ist hier sechsmal höher als im Fruchtfleisch).

BITTE BEACHTEN

Bei Neuzüchtungen ist die Allergieneigung höher als bei alten Sorten. Deren reich vorhandene Polyphenole inaktivieren das Apfelallergen und verhindern, dass allergieauslösende Eiweißstoffe vom Körper aufgenommen werden. Bei neuen Sorten wurden diese herausgezüchtet, damit die Früchte vermeintlich besser schmecken.
Wenn Sie keine rohen Äpfel vertragen, probieren Sie sie (kurz) gekocht. Dabei werden die allergieauslösenden Eiweißbausteine verändert. Zwar wird auch Vitamin C etwas abgebaut, aber Äpfel besitzen viele andere gesunde hitzestabile Inhaltsstoffe.

SO WIRKEN ÄPFEL

Äpfel helfen bei Schlaflosigkeit, Gicht, Übergewicht, Kopfschmerzen, Magenschleimhautentzündung, Durchfall oder Verstopfung. Regelmäßig gegessen beeinflussen sie den gesamten Organismus positiv, fördern die Eisenaufnahme und entspannen. Die quercetin- und Vitamin-C-haltigen Äpfel fördern die körpereigene Abwehrkraft, gehen Viren an den Kragen, neutralisieren freie Radikale, beugen grauem Star und der Entstehung von Demenz und Krebs vor. Geriebene Äpfel und Apfelschalentee begünstigen durch ihre basischen Bestandteile die Ausscheidung von Harnsäure bei Gicht. Erwärmter Apfelsaft ist ein gutes Mittel bei Erkältungen mit Heiserkeit und Husten.

PEKTINE – MEDIZIN GEGEN DURCHFALL UND MEHR

Sie werden es aus Ihrer Kindheit kennen: Ein Apfel, auf einer Glasreibe ganz fein gerieben, lindert Durchfall. Das Reiben setzt die Pektine frei – je feiner, desto mehr Pektin. Pektin quillt im Darm, dickt den zu flüssigen Darminhalt ein und lindert so Durchfall. Pektine binden aber auch Gifte, krebsauslösende Stoffe, Krankheitskeime, selbst radioaktive Elemente (Kobalt, Strontium). Bei Verstopfung hilft Apfel ebenfalls! Diesen „einfach so“, aber gut gekaut essen und 1 Glas Wasser dazu trinken. Die Pektine binden das Wasser an sich, nehmen an Volumen zu und regen mit den Ballaststoffen zusammen den Darm an.
Pektine hemmen außerdem eine abnorme Darmflora. Unsere physiologischen Darmbakterien „lieben“ Nahrung mit Pektin, ihre Zahl nimmt schnell zu und verdrängt krankmachende Keime. Wenn Sie 1–3 Tage lang ½–1 kg Äpfel essen, feinst gerieben mitsamt Schale, pflegen Sie Ihre natürlichen Darmbakterien – gut besonders bei Reizdarm oder nach Antibiotikaeinnahme. Zudem schützen und regenerieren Pektine die Darmschleimhaut; das lindert Entzündungen und das Leaky-Gut-Syndrom (die Barrierefunktion der Darmschleimhaut reicht nicht mehr aus).

CHOLESTERINSENKER UND GEFÄSSPFLEGER

Experten zählen Äpfel zu den Top 5 der natürlichen Cholesterinsenker (neben Grüntee, Olivenöl, Knoblauch und Leinsamen)! Apfelpektine binden im Darm Gallensäuren und entziehen dem Körper dadurch Cholesterin, die Leber muss bei ihrer Gallensäurebildung nun auf körpereigene Cholesterinreserven zurückgreifen. Das senkt die Blutfettwerte. Zudem verhindern ihre antioxidativen Farbstoffe die Oxidation des Cholesterins in eine schädliche Variante. Kein erhöhter Cholesterinspiegel bedeutet ein geringeres Risiko für Herz-Kreislauf-Erkrankungen. Täglich 3 fein geriebene Äpfel (das macht 10–15 g Apfelpektin) essen, das senkt den Cholesterinspiegel um 10–20 %. Studien ergaben, dass auch 75 g getrocknete Apfelringe täglich diesen Effekt haben und dass 1 Glas Apfelsaft täglich die Oxidation des LDL-Cholesterins im Blut erheblich reduziert. Solch eine Apfeldiät beugt auch Arteriosklerose, Herz-Kreislauf-Erkrankungen und Bluthochdruck vor.

VOR UND NACH DER FASTENKUR

Rund ums Fasten stehen Äpfel an erster Stelle. Sie versorgen den Organismus mit reichhaltigen Nährstoffen ohne ein Zuviel an Kalorien, halten und bringen die Verdauung in Schwung. Da der Pektingehalt den Insulinspiegel nicht zu schnell und intensiv ansteigen lässt, verhindert das Heißhungerattacken. Bei Diabetes stellt sich durch die längere Verweildauer der Nahrung ein verminderter Glucose- und Insulinanstieg ein und somit ein „Insulinspareffekt“.

APFELKUREN

Zum Gesundbleiben einmal monatlich 3 Tage lang ausschließlich geriebene Äpfel essen (so viel Sie mögen).
Zur Gewichtsreduzierung legen Sie 1–2 Apfeltage pro Woche ein: 1,5–2 kg Äpfel auf 5 Portionen verteilt (bei nur 750–1 000 Kalorien).
Bei Verstopfung morgens nüchtern 2 rohe Äpfel gut kauen (Wasser dazu trinken), bis der Stuhl normal ist.

JUNGBRUNNEN APFELESSIG

Apfelessig versorgt den Körper mit all seinen wichtigen Vitaminen, Mineralien und Spurenelementen in einer für den Organismus bestens verfügbaren Form.
Innerlich: 1 EL Apfelessig mit 1 TL Honig auf ½ Glas warmes Wasser frühmorgens nüchtern trinken. Bei Verstopfung, Haut- oder rheumatischen Erkrankungen kurweise 3 Wochen lang, mehrmals im Jahr.
Äußerlich: Gurgeln mit verdünntem Apfelessig (3 TL auf 1 Glas warmes Wasser) lindert Heiserkeit und Mundschleimhautentzündung. Ganzwaschungen mit Apfelessigzusatz erhalten den natürlichen Säureschutzmantel der Haut.

Apfel-Rezepte

Geriebener Apfel für die Darmgesundheit und mehr

Mit ihrer großen Oberfläche und dem hohen Bindevermögen wirken die Apfel-Pektine schleimhautschützend und entzündungshemmend und helfen der entzündeten Darmschleimhaut beim Heilen.

FÜR I PORTION
» mehrere Äpfel, z.B. Sorte 'Boskop'
» evtl. Zimtpulver

Bei akutem Durchfall einen Apfel schälen und ganz fein auf der Glasreibe reiben, etwas Zimtpulver (das entkrampft) darüberstreuen. Dazu Kräutertee trinken, um den Flüssigkeitsverlust auszugleichen.
Zur Darmentgiftung, bei nicht-akutem Durchfall oder bei empfindlichem Darm 1–3 Tage lang als einzige Kost ½–1 kg Äpfel, mitsamt Schale feinst gerieben, essen. Wer Apfelpüree nicht verträgt, kann es leicht erwärmen, das macht es verdaulicher – so zubereitet könnten es auch Apfelallergiker einmal probieren. **Bei nicht-akutem Durchfall** normalisiert sich der Stuhl meist schon am zweiten Tag.
Bei rheumatischen Beschwerden: Frisch geriebenen Apfel in ein Tuch wickeln und dieses auf die betroffene Stelle legen. Wenn diese entzündlich, rot, heiß und geschwollen ist: einfach kalt auflegen; bei chronischen Beschwerden über Wasserdampf leicht erwärmt.

Bratapfel bei Husten und Heiserkeit

Ein geniales, wohlschmeckendes und wirksames Hausmittel: Honig wirkt wundheilend, die Butter fettet Hals und Rachen, der Apfel ist gesund.

» 1 Apfel pro Person (z.B. 'Boskop')
» Butter
» Honig

- Kerngehäuse ausstechen, dabei den Apfel ganz lassen. Apfel mit Butter füllen und im Ofen weich braten. Etwas abkühlen lassen, nach Belieben Honig hinzufügen.
- Auch lediglich angebratene Apfelscheiben, mit Honig beträufelt und warm gegessen, lindern Heiserkeit.

Apfeltee

Wenn Sie die ganzen Heilkräfte des Apfels trinken möchten, dann bereiten Sie diesen duftenden Tee zu. Er ist zugleich ein leckerer alkoholfreier Winterpunsch.

FÜR ETWA I LITER TEE
» 3–4 Äpfel, mit Schale klein geschnitten
» Gewürze nach Belieben: Zimt, Sternanis, Vanille, Kardamom, Fenchel, direkt vor der Zubereitung zerkleinert

- Alle Zutaten mit gut 1 l Wasser zum Kochen bringen und 15–45 Minuten köcheln lassen; eventuell Wasser nachgießen, denn der Tee wird beim Kochen immer konzentrierter.
- Sie können dafür gut schon ältere, etwas schrumpelige „Winteräpfel" verwenden.

BITTE BEACHTEN
Vor dem Schlafengehen keine rohen Äpfel essen (schwer verdaulich). Kranke sollten Äpfel nur gekocht genießen.

Apfelwürzsuppe

Eine schnelle Suppe, die an kalten Wintertagen wärmt und ein behagliches Gefühl hinterlässt – nicht nur im Bauch, sondern auch bei Stress und Kopfweh.

FÜR 4 PERSONEN
» 3 Äpfel, mit Schale klein geschnitten
» 500 ml Apfelsaft
» 350 ml Möhrensaft
» Gewürze nach Belieben: Zimt, Sternanis, Kardamom, Gewürznelke, Vanille, Ingwer, Honig

Alle Zutaten 10 Minuten köcheln lassen, pürieren und abschmecken.

Apfelwürzsuppe

Die „Alles-aus-Äpfeln"-Kur

Diese seit Langem bewährte Kur hilft, gesund zu bleiben. Auch als Entlastungstag hilfreich, um eine Ernährungsumstellung einzuleiten – vor allem bei chronischen Erkrankungen wie Gicht, Herz-, Gefäß-, Darm- oder Hauterkrankungen, Bluthochdruck, erhöhten Blutfettwerten, Übergewicht oder Migräne.

» ein ganzer Korb kleiner Äpfel (alte Sorten)
» Apfelsaft, naturtrüb (oder frisch gepresst)
» Apfelschalentee, 5 EL getr. Schalen pro Liter
» Apfelmus
» Zitrone
» Honig

Morgens 1 Glas lauwarmen Apfelsaft mit dem Saft ½ Zitrone und 1 TL Honig schluckweise trinken.
Vormittags 1–2 Äpfel essen, roh und mit Schale, gut „eingespeichelt".
Mittags warmen Apfelschalentee trinken, mit etwas Honig gesüßt.
Nachmittags 3–4 rohe Äpfel mit Schale essen, etwas später 1–2 Gläser Apfelsaft trinken.
Abends 1 Teller warmes Apfelmus mit etwas Honig genießen.
Bei der „kleinen" Entlastungskur mit 1 Apfeltag pro Woche: über den Tag verteilt ausschließlich 6 Äpfel mit Schale essen.

Apfel-Kosmetik

Macht die Haut zart und rein, schenkt ihr Feuchtigkeit, strafft und tonisiert sie und stabilisiert die kleinen Blutgefäße bei Couperose.

» ½–1 geschälter Apfel
» 1–2 TL flüssiger Honig, Sahne, Ei oder Zitronensaft

Gesichtswasser: Den Apfel reiben, den Saft durch ein Sieb pressen und als Tonic verwenden. Erfrischt und aktiviert müde Haut.
Maske: Den nach dem Auspressen übrig behaltenen „Apfelbrei" je nach Hautbeschaffenheit mit Zitrone (bei fettiger Haut) bzw. Sahne, Honig oder Ei (bei trockener Haut) vermengen, aufs Gesicht auftragen. Nach 20 Minuten mit dem Apfel-Gesichtswasser abtragen.

Aprikosen, weich und samtig

Gelborange, samtig, äußerst süß und lecker, das ist die Aprikose. Viele Frauen wünschen sich eine reine, weiche Haut – samtweich wie Aprikosen. In China steht sie deshalb als Sinnbild für Jugend, Fruchtbarkeit und für schöne Mädchen.

Aprikose *Prunus armeniaca*

DIE PFLANZE

Die Aprikose gehört wie viele Steinobstsorten zur Familie der Rosengewächse. Sie liebt die Wärme; Hauptanbaugebiete sind Türkei, Frankreich und Italien. Aber auch in unseren Regionen wächst sie – zumindest dort, wo es schön warm ist.

DAS IST DRIN

Aprikosen besitzen außergewöhnlich viel Provitamin A, ein Carotin. Zudem sind die Vitamine B_1, B_2, B_5 (Pantothensäure) und C enthalten. Weiterhin die Mineralstoffe Kalium, Phosphor und Calcium sowie Folsäure und Eisen. Interessant ist der Gehalt an Salicylsäure, da es nur wenige Obstsorten mit diesem Inhaltsstoff gibt. Flavonoide (Quercetin), Anthozyane und Fruchtzucker sind ebenfalls in der Frucht verfügbar.

EINKAUFEN UND LAGERN

Heimische Aprikosen gibt es von Juli bis September. Kaufen Sie möglichst reife und frische Früchte. Diese gibt es in der Saison in den Weinbaugebieten, aber auch unbehandelte Aprikosen aus Italien oder Frankreich sind empfehlenswert. Sie lassen sich kurzzeitig gut transportieren. Bei kühler Zimmertemperatur sind reife Aprikosen nur wenige Tage haltbar – genießen Sie sie daher am besten frisch oder frieren Sie sie ein.

ZUBEREITEN

Unreife Früchte schmecken bitter und mehlig; erst in der Reife offenbart die Aprikose ihr saftiges Aroma. Der optimale Zeitpunkt, in Aprikosen zu schwelgen, ist, wenn sich das Fruchtfleisch leicht eindrücken und sich gut vom Stein lösen lässt.
Sie können Aprikosen roh essen (dann sind sie am gesündesten), aber auch mit ihnen backen, sie einlegen oder dörren. Die wichtigsten Inhaltsstoffe sitzen unter der Schale, deshalb diese mit verwerten. Aprikosengerichte kommen in der Regel ohne Zuckerzusatz aus, da die Früchte von Natur aus süß sind.

BITTE BEACHTEN

Die Aprikose besitzt einen großen Stein mit mandelförmigem Samen. Wird er zerstoßen, entfaltet er ein Marzipanaroma. Vorsicht: Der Kern von unveredelten Wildaprikosen enthält Amygdalin, eine Blausäureverbindung, und kann Vergiftungserscheinungen hervorrufen. In der Krebstherapie wurden diese Kerne einige Zeit als Wundermittel gehandelt, dies konnte allerdings wissenschaftlich nie bestätigt werden. Das Bundesinstitut für Risikobewertung rät, nicht mehr als 1–2 Kerne am Tag zu essen. Die im Lebensmittelhandel erhältlichen süßen Aprikosenkerne stammen von veredelten Sorten mit wenig Amygdalin und sind wie das gesunde Aprikosenkernöl unbedenklich.

SO WIRKEN APRIKOSEN

Mit ihren gesunden Inhaltsstoffen, vor allem ihren Vitaminen und dem Betacarotin, bereichern Aprikosen besonders in den Sommermonaten unseren Obstsalat. 6 Aprikosen am Tag decken den kompletten Tagesbedarf eines Erwachsenen an Carotinoiden, wie dem wertvollen Provitamin A.

AUGENPFLEGE

Eine schöne, sonnige Farbe hat sie, die Aprikose. Das liegt am auffällig hohen Gehalt an Provitamin A, dem Carotin, das für eine gute Sehkraft sorgt. Carotin wird auch „Augenvitamin“ genannt; es stärkt die Zellen in der Netzhaut und ist deshalb besonders wertvoll für Menschen, die in der Dämmerung oder bei Nacht nicht mehr so gut sehen. Auch wenn Sie häufig unter trockenen Augen leiden, sollten Sie viele Aprikosen essen, denn das hautfreundliche Carotin beugt Bindehautentzündungen vor, unterstützt die Hell-Dunkel-Anpassung der Netzhaut und verbessert so das Sehen in Dämmerung und Dunkelheit. Wenn Sie besser sehen wollen: Essen Sie viel Obst in „Augenfarben“ (Seite 23), wie Aprikosen, Möhren und Rote Bete – sie alle sind (nicht nur) für die Augen gesund!

RUNDUM SCHÖN: HAUT, HAARE UND NÄGEL

Der Genuss von Aprikosen wirkt sich äußerst pflegend auf Haut, Haare und Nägel aus. Das Provitamin A sorgt für einen rosigen Teint und die Kombination aus den Vitaminen B_1, B_2 und den Mineralstoffen Kalium, Phosphor und Calcium stärkt die Haut. Diese Inhaltsstoffe sind wichtige Grundbausteine für Nägel und Haare. Bei regelmäßigem Genuss wird der positive Einfluss deutlich sichtbar. Übrigens: Calcium ist nicht nur ein wichtiger Baustein für Haare und Nägel, sondern auch für die Knochen.

SALICYLSÄURE FÜR DEN MAGEN-DARM-TRAKT

Äußerst interessant ist der Gehalt an Salicylsäure (früher eine Vorstufe des Medikaments Aspirin) in Aprikosen. Bekannt ist Salicylsäure vor allem für ihre fiebersenkende und schmerzlindernde Wirkung bei Erkältungskrankheiten. Sie wirkt aber auch entzündungshemmend und antibakteriell. Diese Eigenschaft ist nützlich für den Magen-Darm-Trakt, weil so Krankheitserreger in saurem Milieu wenig Überlebenschancen haben und Fäulnisbakterien gestoppt werden.

IMMUNSTÄRKUNG

Die Aprikose ist zwar nicht die Frucht mit den höchsten Werten an Vitamin C (Schwarze Johannisbeere und Apfel schlagen sie um Längen), aber in der Kombination mit ihren B-Vitaminen und Mineralstoffen leistet sie ihren Beitrag zur Stärkung des Abwehrsystems. Vitamin A befeuchtet die Schleimhautoberflächen und aktiviert die Abwehrzellen des Körpers, die Vitamine des B-Komplexes unterstützen ebenso die Bildung von Abwehrzellen und allesamt regen sie so die körpereigenen Abwehrkräfte an. Die verschiedenen enthaltenen Antioxidantien, Anthozyane und Flavonoide – sie befinden sich vor allem unter der Schale – wirken sich positiv auf das Herz-Kreislauf-System aus und spielen zudem eine Rolle in der Krebsvorbeugung.

Aprikosen-Rezepte

Aprikosen-Smoothie

Dieser feine Smoothie stärkt Ihr Immunsystem und ist zudem gut für die Augengesundheit.

FÜR 2 PERSONEN
» 250 g Aprikosen, ohne Stein
» 2 Bananen
» 200 g Naturjoghurt
» 500 ml Orangensaft
» 1 EL Zitronensaft

Eine Aprikosenhälfte zur Dekoration aufbewahren, alle anderen Aprikosen und die Bananen in einen Mixer geben. Mit Joghurt, Orangensaft und Zitronensaft auffüllen und mixen. In Gläser verteilen und mit einer fein geschnittenen Aprikosenscheibe dekorieren.

Aprikosenquark

Dieses Dessert begeistert alle Nascher. Zudem pflegt es Magen und Darm und stärkt Ihr Immunsystem.

FÜR 4 PERSONEN
» 15 Aprikosen, ohne Stein in mundgerechte Stücke geschnitten
» 100 g Zucker
» 1 Päckchen Vanillezucker
» 200 ml Sahne
» 500 g Quark
» 5 Butterkekse
» evtl. 20 cl Aprikosenschnaps

Aprikosenstücke mit Zucker, Vanillezucker und auf Wunsch mit Aprikosenschnaps vermengen und etwas ziehen lassen. In der Zwischenzeit die Sahne steif schlagen und unter den Quark heben. Die Früchte auf kleine Dessertschälchen verteilen, die Quark-Sahne-Mischung daraufgeben. Kurz vor dem Servieren die Butterkekse zerbröseln und darüberstreuen.

Aprikosen-Ziegenkäse-Aufstrich

Hier kommt eine tolle Kombination aufs Brot: gesunde Aprikosen für die Augen, Tomatenmark für den Sonnenschutz und Ziegenfrischkäse für den cremigen Genuss.

FÜR 4 PERSONEN
» 250 g Ziegenfrischkäse
» 50 g Tomatenmark
» 20 ml Aprikosenkernöl, alternativ Olivenöl
» 200 g Aprikosen, ohne Stein, fein gewürfelt
» Salz, Pfeffer

Ziegenfrischkäse mit Tomatenmark und Öl verrühren. Die Aprikosenstückchen hinzugeben und unterrühren. Mit Salz und Pfeffer abschmecken. Passt gut zu Crackern oder Baguette.

Aprikosen-Maske

Eine Gesichtsmaske für sensible Haut: Sie mildert Rötungen und pflegt trockene, gereizte Haut.

» 2 Aprikosen, entsteint
» 1 EL Aprikosenkernöl
» 50 g Quark

Alles miteinander pürieren und auf Gesicht und Dekolleté auftragen. 20 Minuten einwirken lassen, danach gründlich abwaschen.

Je nach Bedarf anwenden oder eine einwöchige Kur machen, dann einmal am Tag auftragen (Maske täglich frisch zubereiten).

Marillenknödel

Dieser süße Klassiker schmeckt nicht nur, er ist auch gut für Haut, Haare, Nägel, Herz und Knochen.

FÜR 10 KNÖDEL
» 250 g Magerquark
» 200 g Mehl
» 1 Ei
» 1 TL Zitronensaft
» 10 Aprikosen
» 1 Prise Salz
» 50 g Butter
» 2 EL Semmelbrösel
» 1 EL Zucker

Quark, Mehl, Ei und Zitronensaft zu einem glatten Teig verrühren. Im Kühlschrank für etwa 1 Stunde ruhen lassen.

Aprikosen nur hälftig einschneiden und so entsteinen, dass sie ganz bleiben; die Aprikosenhälften wieder zusammenklappen.

Den Teig zu einer Rolle formen und in 10 gleiche Teile teilen. Je eine Portion Teig in der Hand zu Fladen drücken und eine Aprikose hineinlegen; Teig gut verschließen und die überlappenden Teigränder zusammendrücken. Danach in Salzwasser etwa 20 Minuten köcheln lassen, bis sie von selbst nach oben steigen (eine Alternative ist das Garen im Dampfgarer).

Butter in einem Topf zerlassen, Semmelbrösel und den Zucker dazugeben und vorsichtig bräunen. Wenn die Knödel gar sind, diese darin wälzen.

Marillenknödel

Aprikosen-Hautcreme

Pflegt trockene Haut: Die B-Vitamine und Mineralstoffe der Aprikose werden durch die Schleim- und Gerbstoffe von Ringelblume und Rose unterstützt.

» 2 Aprikosen, entsteint
» 100 ml Mandelöl
» 10 g frische oder getrocknete Rosenblüten
» 10 g frische oder getrocknete Ringelblumenblüten
» 15 g Sheabutter
» 10 g Bienenwachs

Aprikosen pürieren. Das Mandelöl vorsichtig im Wasserbad erwärmen, die Ringelblumen- und Rosenblüten darin ausziehen. Das Öl darf dabei nicht zu heiß werden oder gar sieden, Blüten im Öl immer wieder umrühren. Nach etwa 10 Minuten das Öl durch ein Sieb abseihen, die Blüten ausdrücken und wegwerfen.

Sheabutter und Bienenwachs vorsichtig ins warme Öl einrühren, bis es sich auflöst. Zum Schluss die sehr fein pürierten Aprikosen unterheben. In kleine Döschen oder Gläser abfüllen, abkühlen lassen und verschließen. Im Kühlschrank aufbewahren und innerhalb von 2 Wochen aufbrauchen – als Gesichtscreme und Körperlotion.

Birnen, Früchte der Götter

Die Birne war einst der Venus und der Aphrodite geweiht. Der griechische Dichter Homer pries in seiner Odyssee die Birne gar als „Geschenk der Götter". Und die römische Göttin des Obstsegens, Pomona, wachte besonders über die Birnen-Bauern.

Birne Pyrus communis

DIE PFLANZE

Die Birne ist wie der Apfel ein Rosengewächs. Ihre Heimat liegt im Kaukasus, von dort aus gelangte sie durch Völkerwanderungen nach Europa. Es gibt viele Sorten, die meist die typische Birnenform haben – aber nicht alle, manche sind auch rund.

DAS IST DRIN

Die Frucht besteht zu einem Großteil aus Wasser (etwa 85 %). Hervorzuheben ist der hohe Anteil an Vitamin C und Vitaminen des B-Komplexes. Zusätzlich enthält sie die Vitamine A und K, Folsäure, Kiesel- und Phosphorsäure. Beachtenswert ist der Kaliumgehalt, zudem sind Kupfer, Magnesium, Natrium, Calcium, Eisen und wertvolles Zink enthalten. Des Weiteren Fruchtzucker, Saccharose und Glucose sowie verdauungsanregende Ballaststoffe und Pektine.

EINKAUFEN UND LAGERN

Birnen sind Sommerfrüchte, die ersten reifen im Juli. Spät reifende Sorten können Sie aber auch bis in den Oktober hinein ernten. Da wie bei anderen Früchten die besonders wertvollen Inhaltsstoffe direkt unter der Schale sitzen, sind ungespritzte Birnen in Bioqualität das Allerbeste. Glücklich ist, wer Birnen selbst im Garten pflücken kann, denn sie sind nicht lange lagerfähig. Achten Sie deshalb beim Einkauf darauf, dass sie beim Drücken etwas nachgeben, aber nicht zu stark. Sind sie noch sehr hart, können Sie sie 2–3 Tage zum Nachreifen lagern. Verströmen sie den typischen Birnenduft, bitte rasch verarbeiten bzw. aufessen.

Birnen können Sie gut durch Einkochen oder Trocknen im Dörrapparat konservieren. Beim Trocknen bleibt ein großer Teil der Vitamine und Mineralstoffe erhalten.

ZUBEREITEN

Birnen isst man am besten frisch, als Snack zwischendurch. Essen Sie sie, wenn Sie Heißhunger auf Süßes haben: statt Schokolade eine Birne! Für viele klappt der Tausch, denn die Birne ist wunderbar süß – und gesund. Klassisch verwendet man die Früchte in Nachspeisen, Kuchen und Torten. Unbekannter sind sie als Beilage zu pikanten Gerichten, z.B. Birnen-Chutney zu Käsegerichten. Den leicht sauren Geschmack mildern Gewürze wie Ingwer oder Zimt, die obendrein noch die Verdauung fördern.

BITTE BEACHTEN

Birnen sollten reif sein! Unreife, harte Birnen belasten den Verdauungstrakt. Schon Hildegard von Bingen wusste im 12. Jahrhundert: „Unreife Birnen erzeugen Blähungen und Beklemmungen." Es kann sein, dass Menschen mit empfindlichem Magen, die von Grund auf bereits zu Blähungen neigen, auch reife Birnen nicht gut vertragen.

SO WIRKEN BIRNEN

Birnen sind säurearm und honigsüß, schonen die Zähne, sättigen sehr schnell und fördern mit ihrem hohen Ballaststoffgehalt die Verdauung. Deshalb sind sie Bestandteil vieler Diäten und für säureempfindliche Menschen und Babys sehr bekömmlich, eine richtige Schonkost. In neueren Studien gibt es Hinweise, dass Birnen mit ihrem hohen Anteil an sekundären Pflanzenstoffen, genauer gesagt Polyphenolen, sehr wirkungsvoll den Blutdruck senken.

BIRNEN GEBEN ENERGIE

Birnen sind hervorragende Energielieferanten, das rührt vom hohen Anteil an Fruchtzucker her. Im Vergleich zum Apfel enthält die Birne dagegen nur wenig Säure – gute Nachrichten also für alle Süßschnäbel, denen viele Apfelsorten zu sauer sind. Wer nun sagt: „Fruchtzucker macht dick!" liegt in diesem Fall falsch. Birnen enthalten gerade einmal 55 kcal/100 g. Übrigens: Diabetiker können ruhig ab und zu zur Birne greifen, da der Fruchtzucker nur langsam resorbiert wird.

FÜR HERZ UND IMMUNSYSTEM

In Birnen sind alle B-Vitamine vorhanden, die der Körper braucht. In Kombination mit Folsäure wirken diese stärkend auf Herz und Kreislauf. Auch beeinflussen die B-Vitamine hohe Homocystein-Werte positiv. Homocystein ist eine Aminosäure; liegt sie in erhöhtem Maße im Körper vor, kann das eine Schädigung der Blutgefäße zur Folge haben.
Die herausragende Kombination der Inhaltsstoffe, insbesondere von Folsäure und anderen B-Vitaminen, wirkt an der Produktion von Glückshormonen mit – somit fördert Birnengenuss die gute Laune. Der hohe Vitamin-C-Gehalt schützt im Herbst vor den ersten Erkältungskrankheiten. Zu Recht gilt die Birne als gesunde Zwischenmahlzeit – gut fürs Immunsystem und gut fürs Herz.

FÜR EIN GUTES GEDÄCHTNIS

Schon vor 100 Jahren haben Ärzte älteren Menschen und Schulkindern zur Gedächtnisstärkung eine Birnenkur verordnet. Dazu sollten die Betreffenden, idealerweise im Herbst, wenn es Birnen und die ersten Walnüsse gibt, 1 Woche lang jeden Tag 1 kg saftige, reife Birnen und 5 Walnüsse essen. Birnen stärken die Gedächtnisleistung und fördern die Konzentration, verantwortlich dafür sind vor allem ihr Vitamin A und die Vitamine des B-Komplexes, ihre Kiesel- und Phosphorsäuren. Die Vitamine der Birne werden hervorragend ergänzt durch die Omega-3-Fettsäuren und Vitamine in der Walnuss (Seite 189).

ENTGIFTUNG UND VERDAUUNG

Birnen werden durch ihren hohen Wasseranteil schnell verdaut, sie verbleiben nur kurz im Magen und liefern die gelösten Vitalstoffe rasch in den Darm. Sie haben auch eine reinigende Wirkung, da Stoffwechselprodukte vermehrt ausgeschieden werden. Und noch ein weiterer positiver Nebeneffekt: Wer immer wieder Birnen isst, hat keine Probleme mit Verstopfung, denn sie sorgen für eine regelmäßige Darmentleerung. Besonders verdauungsfördernd sind getrocknete Birnen aus dem Reformhaus oder Bioladen, die vor dem Verzehr über Nacht in 1 Glas kaltem Wasser eingeweicht wurden. Nehmen Sie morgens die Früchte mitsamt dem Wasser zum Frühstück ein. Bei täglicher Einnahme regt das die Verdauung ohne Nebenwirkungen an.

FERMENTIERTER SAFT FÜR DEN MAGEN

Helicobacter pylori ist ein berüchtigtes Bakterium, das viele Menschen im Magen haben und das zu einer verstärkten Sekretion von Magensäure führt. Es wird verantwortlich gemacht für einen großen Teil der Magenschleimhautentzündungen und sogar für Magengeschwüre. Fermentierter Birnensaft (Rezept Seite 56) hemmt das Wachstum dieses Bakteriums, die Darmflora beeinträchtigt er dagegen nicht – im Gegenteil, aufgrund der Fermentation und seinem Gehalt an Milchsäurebakterien kann der Saft die Funktionen der nützlichen Darmbakterien sogar fördern.

Birnen-Rezepte

Birnen-Chutney

Birnen-Chutney

Dieses Chutney beruhigt die Nerven und sorgt für gute Konzentration. Nebenbei kommt die Verdauung in Schwung.

FÜR 4 KLEINE GLÄSER

» 400 g Birnen, ohne Schale in Stücke geschnitten
» 100 g brauner Zucker
» 1 rote Zwiebel, gewürfelt
» 1 kleines Stück frischer Ingwer, fein gehackt
» 1 EL Olivenöl
» abgeriebene Schale und Saft einer Bio-Orange
» 1 Lorbeerblatt
» 1 Prise Chilipulver
» 2 TL Zitronensaft
» 3 EL Apfelessig
» Salz

Birnenstücke mit dem braunen Zucker vermischen. Zwiebel und Ingwer in Öl andünsten, die gezuckerten Birnen dazugeben. Orangenabrieb und -saft, Lorbeerblatt und Chili hinzugeben. Gut umrühren und im geschlossenen Topf bei niedriger Temperatur 15 Minuten köcheln lassen.

Zitronensaft und Apfelessig zugeben, mit Salz abschmecken. Heiß in saubere Gläser füllen und verschließen. Passt gut zu Käse und Gegrilltem.

Fermentierter Birnensaft

Mit diesem Saft können Sie, regelmäßig eingenommen, das Magenbakterium Helicobacter pylori eindämmen und eine erhöhte Magensaftsekretion reduzieren.

FÜR ETWA 1 LITER

» 1 l Birnen-Direktsaft oder selbst entsafteter Birnensaft
» 200 ml Sauerkrautsaft oder Brottrunk

Den Birnensaft in eine saubere Flasche füllen, den Sauerkrautsaft oder Brottrunk als Starterkultur hinzufügen. Nicht verschließen, damit Gärgase entweichen können. An einen warmen Ort stellen. Nach 2–3 Tagen ist die Fermentation abgeschlossen – erkennbar daran, dass keine Luftbläschen mehr aufsteigen.

Kurweise (bis zu 3 Wochen lang) täglich 1 Glas (200 ml) davon genießen, idealerweise nach dem Frühstück. Kann auch vorbeugend eingenommen werden.

Hutzelbrot

Dieses altbewährte Rezept ist seit Urzeiten ein typisches Festtagsgericht in Schwaben. Es bringt die Verdauung auf Trab und beugt Verstopfung vor.

FÜR 1 GROSSES ODER 2 KLEINE BROTE
» je 200 g getrocknete Birnen, Feigen und Äpfel
» 100 g Rosinen, Korinthen oder Sultaninen
» 1 Päckchen Trockenhefe
» 40 g Zucker
» 500 g Dinkelmehl
» 200 g Roggenmehl (Type 1050)
» 10 g Vanillezucker
» je 150 g Walnüsse und Haselnüsse, gehackt
» 150 g Mandeln, geschält und gehackt
» 750 ml warmes Wasser
» 3 EL Zitronensaft
» etwas Zitronenabrieb
» 2 TL Lebkuchengewürz (Zimt, Nelke, Sternanis)
» 1 Prise Salz

Die getrockneten Früchte ungefähr 3 Stunden in warmem Wasser einweichen, dann durch ein Sieb abseihen, dabei das Einweichwasser auffangen. Hefe und Zucker mit etwas Einweichwasser verrühren, dann aus allen Zutaten (außer dem Einweichwasser) einen festen, geschmeidigen Teig kneten. Falls er zu fest ist, etwas Einweichwasser dazugeben. Den Teig mit einem Tuch abgedeckt etwa 1 Stunde an einem warmen Ort gehen lassen.

Backofen auf 200 °C Ober-/Unterhitze vorheizen. Den Teig auf zwei Kastenformen verteilen oder in eine größere Kuchenform füllen. 50 Minuten backen. Damit es glänzt, kann das Brot nach dem Backen im warmen Zustand mit dem Einweichwasser bepinselt werden.

Gute-Laune-Müsli

Dieses Birnenmüsli fördert die Ausschüttung von Glückshormonen, stärkt die Nerven und ist unerhört gesund, es reinigt von innen her und regt die Verdauung an.

FÜR 2 PERSONEN
» 100 g Dinkel- oder Roggenkörner, geschrotet
» 2 Birnen
» 1 Apfel
» 2 EL gehackte Walnüsse
» 1 EL geschrotete Leinsamen
» 1 EL Leinöl
» 125 g Naturjoghurt

Die geschroteten Körner über Nacht in so viel Wasser einweichen, dass alles knapp aber gut bedeckt ist. Am nächsten Morgen das Obst klein schneiden und unter die Körner heben. Die restlichen Zutaten unter das Müsli mischen.

TIPP: Lässt sich mit anderen Früchten der Saison variieren.

Birnen-Fenchel-Salat

Dieser Salat schmeckt angenehm frisch. Nebenbei kommt durch Fenchel und Birnen die Verdauung in Schwung.

FÜR 2 PERSONEN
» 2 Birnen, ohne Schale in Stücke geschnitten
» 1 Fenchelknolle, in feine Scheiben geschnitten (Fenchelgrün beiseite gelegt)
» 1 kleine Zwiebel, gewürfelt

FÜR DAS DRESSING
» 1 EL Olivenöl
» 2 EL Apfelessig
» 1 EL Zitronensaft
» 2 EL Naturjoghurt
» Salz, Pfeffer

Fenchel- und Birnenstücke sowie Zwiebelwürfel vermengen. Die Dressingzutaten verrühren und abschmecken und unter die Fenchel- und Birnenstücke heben. Gern mit etwas Fenchelgrün garnieren.

Bohnen, vielseitige Eiweißquelle

Bohnen werden weltweit als Grundnahrungsmittel angebaut. Ursprünglich stammen sie aus Süd- und Mittelamerika. Es gibt über 700 Sorten, und in jedem Land ein anderes typisches Bohnen-Nationalgericht: vom amerikanischen Chili con carne über die andalusische Bohnensuppe bis hin zum deutschen Grüne-Bohnen-Salat.

Grüne Bohne *Phaseolus vulgaris*

Ackerbohne *Vicia faba*

DIE PFLANZE

Als Bohnen bezeichnet man einerseits die runden oder nierenförmigen Samen, andererseits auch die umgebende Hülse mit den Samenansätzen. Die Grüne Bohne, auch Gartenbohne oder Fisole genannt, wächst je nach Sorte als Stangen- oder Buschbohne – hier isst man die Hülse mitsamt der jungen, unreifen Samen darin. In Europa weit verbreitet ist außerdem die Ackerbohne. Sie wird auch als Dicke Bohne, Saubohne oder Puffbohne bezeichnet. Bei der Ackerbohne verzehrt man nur die Bohnenkerne, frisch oder getrocknet. Sie ist nicht direkt mit der Grünen Bohne verwandt, sondern gehört einer anderen Pflanzengattung an; beide werden aber als Bohne bezeichnet. Alle, auch Kidney-, Feuer- und Sojabohnen, gehören zur Familie der Hülsenfrüchte. Die Sortenvielfalt ist enorm.

DAS IST DRIN

Bohnen, insbesondere die Bohnenkerne, sind vor allem Eiweißlieferanten (21–24 %) mit vielen Aminosäuren, beispielsweise Arginin. Zudem sind sie reich an Kohlenhydraten und an Nukleinsäuren (proteinähnliche Substanzen, die als Lebensbaustein für alle Zellen gelten). Außerdem enthalten beide Bohnensorten Mangan, Calcium, Magnesium, Folsäure und Vitamine der B-Gruppe. In der Ackerbohne, besonders in getrockneter Form, ist der Gehalt an Eisen, Kalium, Vitamin B_3 (Niacin) und Vitamin B_5 (Pantothensäure) relativ hoch. Auch Provitamin A, das zu den Carotinoiden zählt, und die Vitamine A und C – allesamt Antioxidantien – sind in Grünen Bohnen sowie in Ackerbohnen enthalten. Zudem sind Ballaststoffe (Pektine und Zellulose), Wasser und Lektine vorhanden. Insgesamt sind Ackerbohnen durch ihren höheren Eiweiß-, Kohlenhydrat- und Mineralstoffanteil nährstoffreicher als Grüne Bohnen.

EINKAUFEN UND LAGERN

Grüne Bohnen schmecken am besten frisch, dann sind sie besonders zart und lecker. Bohnen aus Freilandanbau sind von Juni bis Oktober erhältlich. Achten Sie beim Einkauf darauf, dass sie beim Durchbrechen knacken, dann sind sie besonders frisch. Sie halten wenige Tage im Gemüsefach Ihres Kühlschranks und lassen sich gut einkochen und auch einfrieren.

Die Ackerbohnenkerne, allermeist in getrockneter Form im Handel, können Sie gut auf Vorrat einkaufen. Falls Sie eigene Pflanzen im Garten haben, können Sie die Bohnenkerne auch frisch kochen. Zuvor müssen Sie allerdings die Hülse entfernen. Dunkel und trocken aufbewahrt, sind sie über Monate hinweg haltbar. Im Naturkostladen können Sie auch Bohnenmehl kaufen. Es wird aus getrockneten Ackerbohnen hergestellt und eignet sich sehr gut als Eiweißlieferant; es ist also besonders für Vegetarier und Veganer eine gute Wahl. Bohnen sind allerdings nichts für Rohköstler, denn sie müssen immer erst gekocht werden!

ZUBEREITEN

Entfernen Sie bei den Grünen Bohnen die spitzen Enden und kochen Sie sie je nach Sorte 10–15 Minuten. Sie können sie auch in etwas Fett dünsten – so eignen sich die jungen zarten Bohnen wunderbar als Salat oder Gemüse.

Die getrockneten Bohnenkerne der Ackerbohne werden je nach Sorte 45–120 Minuten gekocht. Bei frischen Ackerbohnen genügt eine Kochzeit von 25–35 Minuten.

Empfindliche Menschen reagieren auf Bohnengerichte mit Gasbildung, das heißt mit Blähungen. Dafür verantwortlich sind die Dreifachzucker Stachyose und Raffinose; diese werden im Dickdarm von Darmbakterien zersetzt, wobei Gase (Blähungen) entstehen. Entgegenwirken können Sie, indem Sie die Gerichte mit Koriander, Oregano, Bohnenkraut oder Kümmel würzen. Da Stachyose und Raffinose wasserlöslich sind, weichen Sie getrocknete Bohnen vor dem Kochen ein paar Stunden in Wasser ein. Schütten Sie dann das Einweichwasser weg und kochen sie mit frischem Wasser – so können Sie Blähungen vermeiden. Positiver Nebeneffekt: Die Kochzeit der Bohnen verkürzt sich durch das vorhergehende Einweichen.

BITTE BEACHTEN

Alle Bohnen – sowohl Grüne als auch Ackerbohnen und alle anderen Bohnensorten – dürfen nicht roh gegessen werden. Im Rohzustand enthalten sie das Protein Phasin, ein Lektingemisch, das die roten Blutkörperchen verklebt und zu schwerem Durchfall und Erbrechen führen kann. Beim Kochen wird es zerstört und Sie können sich die Bohnen ohne Bedenken schmecken lassen.

Eiweißreiche Ernte aus dem eigenen Garten

Grüne Bohnen

SO WIRKEN BOHNEN

Bohnen werden schon seit Jahrhunderten als besonders sättigendes Grundnahrungsmittel auf der ganzen Welt angebaut, in ihnen steckt ein unglaubliches Potenzial. Durch ihren hohen Eiweiß- und Kohlenhydratgehalt sind sie äußerst gesunde Energielieferanten, sie senken den Blutdruck, Blutzucker und Cholesterin, beugen Arteriosklerose und Folgeerkrankungen wie Herzinfarkt vor und helfen überraschenderweise richtig gut beim Abnehmen.

STOFFWECHSELFREUNDLICH UND FÜR DIABETIKER GEEIGNET

Bohnen, besonders die getrockneten Ackerbohnen, sind reich an Kohlenhydraten. Da diese aber erst nach und nach im Dünndarm aufgenommen werden, steigt der Blutzuckerspiegel nur langsam an. Das bedeutet, Bohnen haben einen niedrigen glykämischen Index (Seite 37). Deshalb sind sie für Diabetiker eine ideale Kohlenhydratmahlzeit. Ihre Ballaststoffe sorgen zudem für eine lang anhaltende Sättigung und eine gute Verdauung, indem sie Wasser aus dem Darm an sich binden und die Stuhlausscheidung fördern.

EISENMANGEL VORBEUGEN

Getrocknete Bohnenkerne enthalten recht viel Eisen und sind deshalb besonders wertvoll bei Eisenmangel. 100 g Bohnen (das entspricht einer Bohnen-Hauptgericht-Portion) enthalten 10 mg Eisen, das deckt den Tagesbedarf eines erwachsenen Menschen. Geben Sie dem Bohnengericht noch einige Tropfen Zitronen- oder Orangensaft hinzu, denn das enthaltene Vitamin C erhöht die Eisenaufnahme signifikant: Es wandelt das dreiwertige pflanzliche Eisen in die zweiwertige Form um und macht das Eisen so besser für die Aufnahme in den Körper verfügbar. Der Folsäuregehalt in Bohnen ist zudem wertvoll in der Schwangerschaft und Stillzeit.

SCHUTZ FÜR HAUT UND SCHLEIMHAUT

Die hautwirksamen Vitamine in Bohnen, Niacin und Pantothensäure, schützen Haut und Schleimhaut, indem sie aktiv am Zellstoffwechsel der Haut beteiligt sind. Das Niacin, auch Vitamin B_3 genannt, unterstützt die Zellerneuerung. Die Pantothensäure ist vor allem am Aufbau der Fettsäuren beteiligt, die essenziell für eine intakte Haut sind. Deshalb wird der Verzehr von Bohnen bei Hautreizungen, trockener Haut und Ekzemen empfohlen. Zudem wurde festgestellt, dass Bohnen auch bei Haarausfall und schuppigen Haaren wirksam sind. Durch die Beteiligung am Fettsäurestoffwechsel wirken die Vitamine der B-Gruppe dem Austrocknen und der Brüchigkeit von Haaren entgegen.

BEKANNT UND BEWÄHRT: BOHNEN FÜR DIE VERDAUUNG

Durch den hohen Wassergehalt und den Anteil an Ballaststoffen, wie Pektinen und Zellulose, punkten vor allem Ackerbohnen mit verdauungsfördernden Eigenschaften. Ballaststoffe haben eine starke Quellfähigkeit, die die Darmbewegung anregt. Und weil die Verdauung schneller vonstattengeht, werden schädliche Stoffe, die während des Verdauungsprozesses durch Bakterien, Enzyme und Gallensäuren entstehen, auch schneller ausgeschieden. Je weniger krebserregende Stoffe der Körper aufnimmt, desto weniger können diese im Organismus Schaden anrichten. Zudem enthalten Acker- und Grüne Bohnen verschiedene Antioxidantien, u. a. Carotinoide und Mangan, die in dieser Kombination schädigende freie Radikale unwirksam machen und damit das Krebsrisiko senken können.

CHOLESTERINSPIEGEL UND BLUTDRUCK SENKEN

Neben dem Schutz vor Krebserkrankungen spielen die Hülsenfrüchte auch bei der Vorbeugung von Herzinfarkt und Schlaganfall eine große Rolle. Wieder sind es die Ballaststoffe: Ihre bindenden und stuhlfördernden Eigenschaften verhindern die Aufnahme von überschüssigem Cholesterin in das Blut und senken so ganz natürlich den Cholesterinspiegel.
In ihrem pflanzlichen Eiweiß ist die Aminosäure Arginin enthalten. Arginin senkt den Blutdruck und regt die Entwässerung an, indem die Freisetzung von Stickstoffmonoxid angekurbelt wird. Stickstoffmonoxid entspannt die glatte Muskulatur des Herzes und der Blutgefäße. Die Gefäße weiten sich, was erhöhten Blutdruck senken hilft, und die Durchblutungsleistung wird verbessert. Und das alles mit „ein paar Böhnchen"!

Ackerbohnen

Bohnen-Rezepte

Bohnen mit Tomaten

Diese feine Kombination füllt den Eiweißvorrat auf. Zusammen mit Knoblauch und Olivenöl entfaltet sich eine gefäßschützende Wirkung, die einer Gefäßverkalkung vorbeugt.

FÜR 2 PERSONEN
» 2 EL Olivenöl
» 2 Knoblauchzehen, in feine Scheiben geschnitten
» 400 g Grüne Bohnen, quer halbiert
» 3 Tomaten, gewürfelt
» Salz, Pfeffer
» 3 Stängel Basilikum, klein geschnitten

Öl in einer Pfanne erhitzen, Knoblauchscheiben hineingeben und unter Rühren andünsten. Die halbierten Bohnen hinzugeben, kurz mitbraten. Etwas Wasser hinzugeben und das Ganze zugedeckt 10–15 Minuten köcheln lassen. 2 Minuten vor Ende der Garzeit die gewürfelten Tomaten hinzufügen. Mit Pfeffer und Salz abschmecken und das Basilikum unterrühren.

Dazu passen Vollkornreis oder Kartoffeln.

Bohnen mit Tomaten

Power-Bohnen-Mandelpaste

Eine energiereiche und abwechslungsreiche Mahlzeit für Power im Alltag.

FÜR 4 PERSONEN
» 350 g Weiße Bohnen, gekocht (aus Glas bzw. Dose oder selbst gemacht)
» ½ Orange, geschält
» 100 g Mandelmus
» 40 ml Orangensaft
» Thymian, frisch oder getrocknet
» Salz, Pfeffer

Die gegarten Bohnen zusammen mit der Orange und dem Mandelmus im Mixer fein pürieren. Mit dem Orangensaft zu einer geschmeidigen Paste verrühren – je nach Festigkeit etwas mehr oder weniger Saft hinzugeben. Mit Thymian, Salz und Pfeffer abschmecken.

Passt super zu Fladenbrot oder Gegrilltem.

Bohnen-Nudel-Topf

Eine interessante Kombination, die den Eisenhaushalt auffrischt – und auch Kindern gut schmeckt.

FÜR 2 PERSONEN
» 200 g Grüne Bohnen, quer halbiert
» 200 g Kartoffeln, geschält und gewürfelt
» 150 g Dinkelnudeln
» 6 EL Basilikum-Pesto
» Salz, Pfeffer
» 1 kleines Stück frischer Parmesan
» 1 Stängel Petersilie, fein gehackt
» 1 TL Zitronensaft

Bohnen und Kartoffeln zusammen in kochendem Wasser bissfest garen. Parallel dazu die Nudeln nach Packungsanweisung in Salzwasser kochen. Beim Abgießen 50–80 ml Nudelwasser auffangen und je nach gewünschter Konsistenz unter das Pesto rühren. Die Bohnen, Kartoffeln und Nudeln hinzugeben und gut vermengen. Mit Salz und Pfeffer würzen und mit frisch geriebenem Parmesan und Petersilie bestreuen.

Sommersalat mit Ackerbohnen

Ein leichter Salat für laue Grillabende. Macht satt und lässt den Blutzucker nicht aus den Fugen geraten.

FÜR 4 PERSONEN
» 1 kg Ackerbohnen (Dicke Bohnen), frisch in den Schoten, oder 250 g getrocknete Weiße Bohnen
» 1 Schalotte, gewürfelt
» 2 Tomaten, gewürfelt
» 1 Gurke, gewürfelt
» 2 EL Essig
» 1 EL Olivenöl
» Salz, Pfeffer

Frische Bohnen aus den Schoten lösen, in etwas Salzwasser nur 5 Minuten kochen, dann die äußere Haut ablösen. Getrocknete Bohnen über Nacht (14 Stunden) in kaltem Wasser einweichen, abgießen. In frischem Wasser aufkochen und 1,5 Stunden garen, sodass sie noch nicht zerfallen, abgießen und abkühlen lassen. Schalotten-, Tomaten- und Gurkenwürfel vermengen. Aus Essig, Öl, Salz und Pfeffer ein Dressing zubereiten und über die Gemüsemischung geben. Die erkalteten Bohnen unterrühren, abschmecken – fertig ist ein wunderbar sättigender Sommersalat!

Bohnenmehlwickel nach Hildegard von Bingen

Diese äußerliche Auflage eignet sich zur Linderung von Hauterkrankungen wie Ekzemen oder zur Nachbehandlung von Gürtelrose. Niacin und Pantothensäure der Bohne sind an der Regeneration der Haut beteiligt. Fenchel wirkt antibakteriell.

» 5 EL Bohnenmehl (Bioladen)
» 1 EL Dinkelmehl
» 1 EL gemahlene Fenchelsamen

Alle Zutaten mischen und mit etwas heißem Wasser zu einem geschmeidigen Brei verrühren. Den noch heißen Brei etwa 1 cm dick auf ein Küchenpapier streichen und zu einem Päckchen falten, sodass das Papier auf einer Seite nur einlagig ist. Vorsichtig die Temperatur testen! Noch gut köperwarm auf die betroffene Stelle auflegen. Mit einem Tuch oder einer Binde fixieren. Die Auflage kann so lange liegen bleiben, wie sie als angenehm empfunden wird.

Chicorée, aus der Dunkelheit

Die Belgier gelten als die Entdecker des gebleichten Chicorées: Bei einer allzu üppigen Zichorienwurzel-Ernte sollen belgische Bauern überschüssige Wurzeln zur Lagerung in der Erde vergraben haben. Beim Ausgraben fanden sie große, schmackhafte Triebe vor.

Chicorée Cichorium intybus

DIE PFLANZE
Der Chicorée stammt von der Gemeinen Wegwarte, der Zichorie ab und gehört zur Familie der Korbblütler. Die Wurzeln der Zichorienpflanze werden im Herbst ausgegraben und von den Blättern befreit. Sie werden dann aufrecht, Kopf an Kopf und dicht an dicht, in einen Eimer oder ein passendes Treibgefäß gestellt, dann wird etwas warmes Wasser hineingegossen. Damit der Chicorée so schön hell wird, braucht er zum Treiben absolute Dunkelheit und wird deshalb mit einer lichtundurchlässigen Folie oder einem umgedrehten Eimer abgedeckt. In einem Raum mit 16–18 °C wachsen innerhalb von 3–4 Wochen Sprosse, die Sie als Chicorée-Kolben aus dem Supermarkt kennen.

DAS IST DRIN
Der Chicorée zählt zu den kalorien- und fettärmsten Gemüsesorten überhaupt. Beachtenswert ist der hohe Wasseranteil (um die 95 %). Chicorée ist reich an Vitamin A, Betacarotin, Vitamin B_1, B_2 und Vitamin C sowie Kalium und Calcium. Außerdem enthält er Magnesium und die Spurenelemente Zink, Eisen und Phosphor. Der bittere Geschmack kommt vom Bitterstoff Lactucopikrin. Zudem ist Chicorée reich an Ballaststoffen, vor allem an Inulin.

EINKAUFEN UND LAGERN
Testen Sie beim Einkauf, ob die Kolben fest sind, intakte weißliche Blätter haben und eine gelbliche Spitze. Lassen Sie Chicorée mit braunen Stellen und unschönen Außenblättern liegen. Auch eine starke Grünfärbung ist kein gutes Zeichen für Qualität. Eine kühle und lichtgeschützte Lagerung ist für ein paar Tage im Gemüsefach des Kühlschranks möglich, bis maximal 1 Woche. Wichtig ist vor allem die dunkle Lagerung, damit Chicorée seine vornehme Blässe behält.

ZUBEREITEN
Die Zubereitung ist einfach: Lösen Sie die Blätter vom Strunk und waschen Sie diese unter fließendem Wasser. Wenn Ihnen der Geschmack zu bitter ist, können Sie den Strunk keilförmig herausschneiden, in ihm befinden sich die meisten Bitterstoffe. Aber bedenken Sie: In der Bitterkeit liegt die meiste Heilkraft! Deshalb ist es besser, den Bittergeschmack abzumildern und das Gemüse mit etwas Fruchtsaft oder Honig, Äpfeln, Mandarinen oder Orangen zu verfeinern – so bleibt die Gesundheitswirkung erhalten.
Chicorée eignet sich roh für Salate und gegart als Gemüse oder überbacken im Auflauf. Damit die weiße Farbe erhalten bleibt, können Sie dem Salat oder dem Kochwasser einige Spritzer Zitronensaft hinzugeben.

SO WIRKT CHICORÉE

Chicorée ist ein Multitalent! Das besonders kalorienarme Gemüse ist frisch und auch gegart eine gesunde Delikatesse. Der bittere Geschmack ist seine Stärke, damit unterstützt er die Verdauung. Aber auch die positiven Eigenschaften auf den Cholesterinspiegel und seine gesundheitsfördernden Eigenschaften in Bezug auf Haut und Haare machen Chicorée zu einem besonders gesunden Gemüse.

BITTERSTOFFE FÜR MAGEN UND DARM

Seinen bitteren Geschmack verdankt der Chicorée u. a. dem Bitterstoff Lactucopikrin, früher auch Intybin genannt. Bitterstoffe generell und genauso die bitteren Inhaltsstoffe im Chicorée sind ausnehmend wirksam für die Verdauung. Sie regen die Produktion der gesamten Verdauungssäfte an, vom Speichelfluss über die Magensekretion bis hin zu den Säften von Galle und Bauchspeicheldrüse – das aktiviert auch die Darmperistaltik und wirkt sich positiv auf die Stuhlausscheidung aus. Bitter regt über eine geregelte Verdauung auch die Entgiftung an, unterstützt von den im Chicorée enthaltenen Ballaststoffen. Verdauungssäfte unterstützen auch die Produktion von Hormonen und Enzymen, die die Nahrungsaufnahme im Körper erst möglich machen. Außerdem werden der Appetit und die Blutbildung angeregt.
Insgesamt haben Bitterstoffe einen positiven Einfluss auf viele Vorgänge im Körper und gelten generell als Stärkungsmittel.

ANTI-AGING

Die Wissenschaft hat festgestellt, dass Chicorée Altersfältchen mindern kann. Da wundert es kaum, dass Anti-Aging-Kosmetika mit Chicoréeextrakten entwickelt wurden. Es scheint an seiner optimalen Kombination an Vitaminen und sekundären Pflanzenstoffen zu liegen, die als Radikalfänger die Haut so jugendlich schön macht – wie sympathisch: schön durch Chicoréegenuss! Unterstützt wird diese positive Wirkung auf die Haut durch den hohen Wasseranteil im Chicorée. Dadurch werden Giftstoffe verstärkt aus dem Körper ausgeschieden.

STARK FÜRS IMMUNSYSTEM

Die vielfältigen Vitamine und Spurenelemente im Chicorée sorgen dafür, dass der Körper Erkältungserregern und Grippeviren bestmöglich standhält. Gerade in Zeiten von kalter, unangenehmer Witterung, in der die Erkältungserreger sehr aktiv sind, ist Chicorée-Zeit. Damit können Sie aktiv, auch in Kombination mit anderen Wintersalaten, Äpfeln, Orangen und Wintergemüse wie Pastinake, Mangold und Feldsalat, für eine ausreichende Vitaminzufuhr sorgen. Damit Sie gesund durch den Winter kommen!

UNTERSTÜTZUNG BEI DER GEWICHTSABNAHME

Chicorée ist ideal zum Abnehmen, da er wenig Kalorien enthält und sehr schmackhaft zubereitet werden kann. Die Ballast- und Bitterstoffe sorgen für eine gute Verdauung und Entgiftung, was bei einer Diät zur Gewichtsreduzierung von großer Bedeutung ist. Das Inulin bindet zudem Säuren an sich und wirkt harntreibend – ein weiterer Pluspunkt beim Entgiften. Die gut aufeinander abgestimmten Inhaltsstoffe senken außerdem einen erhöhten Cholesterinspiegel. Alles spricht also für den Chicorée – nicht nur beim Abnehmen!

Chicorée-Rezepte

Stärkende Bitterstoff-Kur

Diese Kur ist ideal für den Winter: zur Stärkung des Immunsystems, Unterstützung beim Abnehmen und zur Verdauungsförderung. Damit kann Ihnen die kalte Jahreszeit nichts anhaben!

FÜR 1 PERSON
» 500 g Chicorée, in kleine Stücke geschnitten
» 300 g Möhren oder Rote Bete

• Die Zutaten mit einer hochwertigen Saftpresse (Kaltentsafter) auspressen – fertig. Der Saft muss frisch zubereitet und frisch getrunken werden, da er nicht lange haltbar ist.
• Kurweise 3 Wochen lang über den Tag verteilt 100 ml des Safts trinken.

Bitterstoff-Auflauf

Dieser bitter-milde, sahnige Auflauf ist gut für Darm und Galle.

FÜR 2 PERSONEN
» 400 g Chicorée
» Olivenöl
» 150 g fettarmer Gouda, gewürfelt
» 100 g magerer luftgetrockneter Schinken, in Streifen geschnitten
» 100 ml Sahne
» 100 ml fettarme Milch
» 2 Eier
» Salz, Pfeffer
» Muskat
» 1 EL fein gehackte Petersilie

• Chicorée längs halbieren, Strunk herausschneiden. Eine Auflaufform einölen und die Chicorée-Hälften mit der Schnittfläche nach oben hineinlegen. Mit Käsewürfeln und Schinkenstreifen belegen.
• Sahne, Milch und Eier verquirlen, mit Salz, Pfeffer, Muskat würzen. Sahne-Eier-Masse über die Chicoréehälften gießen. Im vorgeheizten Backofen bei 200 °C Ober-/Unterhitze 30 Minuten backen. Mit Petersilie garnieren.

Anti-Aging-Smoothie

Dieser angenehm herb-fruchtige Drink sorgt für schöne Haut und eine gesunde Konstitution.

FÜR 2 PERSONEN
» 1 Chicorée
» 2 Orangen, geschält
» 1 Banane, geschält
» 4 getrocknete Aprikosen

• Den Strunk des Chicorées herausschneiden. Chicorée und Obst grob zerschneiden und alle Zutaten zusammen in einen Mixer geben und mit etwas Wasser oder Orangensaft fein pürieren. Je nach gewünschter Konsistenz noch etwas mehr Wasser oder Saft hinzugeben.

Gesichtsmaske für eine schöne Haut

Diese Gesichtsmaske verlangsamt den Alterungsprozess der Haut und wirkt erfrischend.

» ½ Chicorée
» 1 EL Magerquark
» evtl. 1 TL Lein- oder Aprikosenkernöl

• Beim Chicorée den Strunk entfernen und zusammen mit dem Quark pürieren. Bei sehr trockener Haut Leinöl oder Aprikosenkernöl hinzugeben. Die Masse im Gesicht und auf dem Dekolleté verteilen. Nach etwa 15 Minuten mit lauwarmem Wasser abwaschen. Bei regelmäßiger Wiederholung bleibt die Haut schön und frisch.

Chicorée mit Dip

Dieser kalorienarme Snack ist eine leichte, gesunde Zwischenmahlzeit und toll als Vorspeise!

FÜR 4 PERSONEN
» 2 Chicorées
» 250 g Magerquark
» 250 g Joghurt
» 2 EL Zitronensaft
» 4 Stängel Petersilie, gehackt
» 1 Knoblauchzehe
» Salz, Pfeffer
» 1 TL Currypulver

Die Chicoréeblätter vom Strunk streifen, auf einem großen, flachen Teller wie Sonnenstrahlen verteilen. Die übrigen Zutaten im Mixer pürieren, abschmecken und in die Mitte des Tellers geben. Die Chicoréeblätter in den Dip tunken und genießen.

Vitaminreicher Wintersalat

Die tolle Kombination der bitterstoffreichen Chicoréeblätter mit den immunstärkenden Früchten ist ideal, um gesund durch den Winter zu kommen.

FÜR 4 PERSONEN
» 400 g Chicorée
» 1 Orange oder Grapefruit, geschält und gewürfelt
» 1 Apfel, gewürfelt
» 50 g Walnüsse, gehackt

FÜR DAS DRESSING:
» 4 EL weißer Balsamico-Essig
» 2 EL Walnussöl
» 2 EL Orangensaft
» 1 TL Zitronensaft
» 2 TL Honig
» 2 Stängel Petersilie, fein gehackt
» Salz, Pfeffer

Den Strunk des Chicorées entfernen bzw. sehr klein schneiden, Chicoréeblätter in mundgerechte Stücke schneiden und mit Orangen- und Apfelwürfeln vermischen. Die Dressingzutaten verrühren, abschmecken und über die Chicorée-Obst-Mischung geben. Mit Walnusskernen bestreuen.

Vitaminreicher Wintersalat

Erbsen, grünes Kraftwerk

Erbsen sind seit Jahrtausenden Grundnahrungsmittel und können eindeutig mehr als Prinzessinnen den Schlaf rauben. Die Vereinten Nationen haben 2016 zum Internationalen Jahr der Hülsenfrüchte erklärt – Erbsen als wertvolle Eiweißquelle sollte man weltweit besser nutzen.

Erbse, Zuckerschote, Kefe

Pisum sativum

DIE PFLANZE

Erbsen sind wie Bohnen und Linsen Schmetterlingsblütler. Bei uns verwendet man entweder Pal-, Schal- oder Trockenerbsen – Sattmacher mit viel Stärke. Oder Markerbsen, sie sind zarter und süßer und schmecken direkt aus dem Garten am besten. Zuckererbsen (Zuckerschoten, Kefen) sind (jung geerntet) süß, mit zarter essbarer Hülse.

DAS IST DRIN

Kein anderes pflanzliches Lebensmittel ist so nährstoffreich wie Hülsenfrüchte (70 kcal/100 g). Und keines hat so viel Protein (viel Arginin, Lysin). Das fettarme, aber ballaststoff- und faserreiche Gemüse versorgt den Körper mit den Vitaminen A, B_1, B_2, Folsäure, C und E und bietet eine bedeutende Menge an Mineralstoffen (Kalium, Calcium, Magnesium, Jod und Zink), Saponinen und Lecithin. Außerdem Farbstoffe wie Carotin, Lutein und Zeaxanthin sowie Phytosterine, Chlorophyll, Purine und Stachyose.

EINKAUFEN UND LAGERN

Achten Sie beim Einkauf auf glatte, grün glänzende Schoten ohne gelbe Stellen. Frisch geerntete Erbsen sind kaum lagerfähig, frisch zubereitet schmecken sie am besten und sind am gesündesten. Im Kühlschrank können Sie sie 1–2 Tage lagern; länger aufbewahrt werden sie mehlig-bitter. Sie lassen sich – zuvor kurz blanchiert und kalt abgeschreckt – auch einfrieren. Mark- und Zuckererbsen lassen sich nicht trocknen. Getrocknet sind Palerbsen kühl, trocken und lichtgeschützt jahrelang haltbar. Tiefkühl-Erbsen sind ohne Einschränkung gut; im Gegensatz zu Erbsen in Konservendosen, die lassen Sie besser im Regal stehen.

ZUBEREITEN

Zarte grüne Erbsen und junge Zuckerschoten können Sie roh genießen. Kurz gedünstet sind sie aber besser verdaulich, eine Prise Zucker erhält die leuchtend grüne Farbe. Auch lecker: kurz angebraten, in Reisgerichten, Currys und Salaten. Trockenerbsen (für sämige Suppen und Erbspüree) in der dreifachen Menge Wasser über Nacht einweichen – das vervielfacht ihr Volumen – dann kochen. Salz im Kochwasser macht das Gemüse schneller weich, weil es die Zellstrukturen auflockert. Säure (Essig, Zitrone) verhärtet sie – deshalb Saures erst zum Ende der Garzeit zugeben.

SO WIRKEN ERBSEN

Erbsen sind gesund. Weil ihre Kohlenhydrate in komplexer Form als Zucker und Stärke vorliegen, steigt der Blutzucker nur langsam. Die grünen Kullern senken einen erhöhten Cholesterin- und Triglyzeridspiegel, denn ihre Ballast- und Faserstoffe binden die Gallenflüssigkeit schon im Darm und scheiden sie mitsamt dem Stuhl aus. Ein niedriger Blutfettspiegel senkt das Risiko für Herz-, Kreislauf- und Gefäßkrankheiten. Erbsen sorgen mit ihrem Ballaststoffreichtum für eine gute Verdauung und gelten mit ihrem Vitamin-B_1-Gehalt als „Nervenpfleger". Sie gehören zu den pflanzlichen Lebensmitteln mit dem höchsten Eiweißgehalt und sind daher gerade für Vegetarier ein wichtiges Grundnahrungsmittel. Sollen Erbsen als „Fleischersatz" dienen, geben Sie Getreide, Reis oder Mais dazu; sie gleichen wichtige Aminosäuren, die den Erbsen fehlen, aus. Junge grüne Erbsen sind sehr gut verdaulich und gelten als Schonkost für Kranke und Kinder. Nicht zuletzt profitieren Ihre Augen von Erbsen, und zwar von den netzhautschützenden Eigenschaften ihrer Farbstoffe Lutein und Zeaxanthin. Diese sind Radikalfänger und Zellschützer und beugen als Lichtschutzfaktoren Altersbedingter Makuladegeneration (AMD, Seite 25) vor.

MIT HÜLSENFRÜCHTEN ABNEHMEN

Kanadische Wissenschaftler haben herausgefunden, dass Erbsen beim Abnehmen helfen. Probanden, die täglich etwa 130 g Hülsenfrüchte aßen, nahmen über einen Zeitraum von 6 Wochen im Schnitt 300 g ab, allein durch den zusätzlichen (!) Verzehr von Hülsenfrüchten. Vielleicht, weil Hülsenfrüchte so besonders satt machen, denn die Studienteilnehmer fühlten sich bei 1 Portion Hülsenfrüchte pro Tag voller als üblich. Wahrscheinlich isst man dann insgesamt einfach weniger. Dieser erhöhte Sättigungsfaktor spielt bei Übergewicht eine entscheidende Rolle: schneller satt, weniger Hunger, weniger Energiezufuhr durch reichhaltiges Essen! Wer auf solche Weise sein Körpergewicht normalisiert, beugt damit Folgeerscheinungen wie Diabetes mellitus, Arteriosklerose oder Bluthochdruck vor. Also greifen Sie zu!

ERBSEN ALS KREBSBLOCKADE

Einerseits beugen die Ballaststoffe in Erbsen Krebs vor, weil sie kanzerogene Inhaltsstoffe im Darm binden und ausscheiden. Andererseits enthalten sie reichlich Chlorophyll, das ihnen ihre schöne grüne Farbe schenkt. Es ist für Pflanzen lebensnotwendig und setzt bei der Photosynthese Sonnenlicht in Energie um. Chlorophyll ist ein Antioxidans, wirkt antibakteriell und stärkt das Immunsystem. Chlorophyll kommt in verschiedenen Formen vor, u. a. als Chlorophyllin. Neue Forschungen untersuchen dessen antikarzinogene Eigenschaften: Chlorophyllin kann aufgrund seiner speziellen Molekülstruktur krebserregende Stoffe im Körper binden, sodass diese dem Körper nicht mehr schaden können. Es soll sogar im Vernichten von Darmkrebszellen um ein Vielfaches wirksamer sein als ein synthetisches Präparat und Krebszellen töten, indem es die Zellteilungsphase blockiert. Auch wenn Sie wahrscheinlich nicht täglich Erbsen essen möchten – die grünen Gesundheitskügelchen vermehrt bei Mahlzeiten einzubeziehen, lohnt sich auf alle Fälle.

BITTE BEACHTEN

Erbsen enthalten Purine, das sind Proteinverbindungen, die im Körper zu Harnsäure abgebaut werden und den Harnsäurespiegel im Blut erhöhen. Bei Menschen mit Gicht ist die Harnsäureausscheidung gestört, daher sollten sie mit Erbsen sparsam umgehen – wobei laut Studien pflanzliche Lebensmittel mit Purin viel weniger belastend sind als tierische. Blähungen nach Erbsengenuss kommen bei empfindlichen Personen vor; das liegt am unverdaulichen Kohlenhydrat Stachyose. In diesem Fall das Einweichwasser nicht weiter verwenden, denn Stachyose geht ins Wasser über. Bohnenkraut, Fenchel, Majoran oder Kümmel verbessern die Verträglichkeit.
In rohen Samen finden sich Substanzen, die in großen Mengen giftig sind. Deshalb Hülsenfrüchte (bis auf zarte frische Erbsen und Zuckerschoten) immer gekocht verzehren.

Erbsen-Rezepte

Erbsen-Curry

In diesem Gericht haben Sie gleich zwei Erbsensorten: die Markerbsen und die Zuckerschoten. Das bedeutet doppelte Gesundheit und eine gute Portion Eiweiß.

FÜR 4 PERSONEN
» je 1 TL gemahlener Koriander, Kreuzkümmel, Kurkuma (Gelbwurz)
» 2 EL Öl
» Chilipulver nach Wunsch
» 400 ml Kokosmilch
» 550 g Kartoffeln, geschält und gewürfelt
» 200 g Möhren, geschält und gewürfelt
» 1 Zwiebel, fein gehackt
» 1 Knoblauchzehe, fein gehackt
» 250 g Erbsen
» 150 g Zuckerschoten
» 1 pflaumengroßes Stück Ingwer, fein gewürfelt
» 3 EL Zitronensaft
» Salz, Pfeffer

Koriander und Kreuzkümmel im Öl anrösten, Kurkuma, Chili und Kokosmilch zugeben. Kartoffeln, Möhren, Zwiebel und Knoblauch darin 10 Minuten weich dünsten, Erbsen, Zuckerschoten und Ingwer zugeben und weitere 5–10 Minuten garen. Abschmecken mit Zitronensaft, Salz und Pfeffer. Dazu passt Reis.

Erbsensuppe mit Wasabi

In Winterzeiten hilft diese scharfe Suppe, Erkältungen und den „Hunger auf mehr" zu vertreiben.

FÜR 4 PERSONEN
» 250 g grüne Trockenerbsen, über Nacht in viel Wasser eingeweicht
» 1 pflaumengroßes Stück Ingwer, fein gewürfelt
» 1 Teebeutel Fencheltee
» 3–5 TL Wasabipaste
» abgeriebene Schale und Saft einer Bio-Zitrone
» Salz, Pfeffer
» 1 Tomate, fein gewürfelt
» etwas Petersilie, fein gehackt
» 3–5 EL Sauerrahm

Erbsen abgießen, gut abspülen und in 1 l Wasser aufkochen, dabei den Schaum abschöpfen; mit Ingwer und dem Fenchelteebeutel zusammen 1 Stunde lang köcheln.
Teebeutel entfernen, Wasabipaste einrühren und die Suppe fein pürieren; evtl. mit Wasser verdünnen. Fein geriebene Zitronenschale zugeben und mit Zitronensaft, Salz und Pfeffer abschmecken.
In Suppentellern mit Tomatenwürfelchen, Petersilie und einem Klecks Sauerrahm garnieren.

Erbsenschaumsuppe

Diese Suppe aus frischen Markerbsen beschert Ihnen wertvollste Aminosäuren und bietet wohlschmeckenden Schutz gegen Krebs.

FÜR 4 PERSONEN
» 1 kleine Zwiebel, fein gehackt
» 2 EL Butter
» 600 g Erbsen
» 900 ml Gemüsebrühe
» Salz, Pfeffer
» 100 ml Sahne
» evtl. Greyerzer Käse, gerieben
» evtl. frische Pfefferminzblätter, fein gehackt

Zwiebel in Butter andünsten, Erbsen zufügen und mit der Brühe ablöschen. 10 Minuten köcheln lassen, danach pürieren.
Mit Salz und Pfeffer würzen, Sahne steif schlagen und unterheben. Die Suppe auf Schalen verteilen und auf Wunsch mit Käse und Pfefferminze bestreut servieren.

Grüner Erbsen-Hummus

Appetitanregendes chlorophyllreiches Grün, krebsvorbeugend und mit frischer Geschmacksnote, zaubert Ihnen Gesundheit auf den Teller.

FÜR 4 PERSONEN (ALS VORSPEISE)
» 250 g TK-Erbsen
» ½ Bund frische Minze
» 2 EL Olivenöl
» 1 Knoblauchzehe, fein gehackt
» abgeriebene Schale und Saft einer Bio-Limette
» Salz, Pfeffer

Erbsen auftauen, 3 Minuten kochen, abkühlen lassen und mit Minze, Olivenöl und Knoblauch im Mixer pürieren. Schale und Saft der Limette unterheben und mit Salz und Pfeffer abschmecken.

Grüner Erbsen-Hummus

Erdbeeren, süße Versuchung

Die Königin der Beeren ist Verführung pur: rot wie die Liebe, verheißungsvoll im Anblick, aromatisch und süß. Erdbeeren werden als Sinnbild verlockend erotischer Liebe beschrieben, sie stehen für Sinnlichkeit und süße Sünde. Ihr kann niemand widerstehen.

Garten-Erdbeere Fragaria × ananassa

Wald-Erdbeere Fragaria vesca

DIE PFLANZE

Botanisch betrachtet sind Erdbeeren keine Beeren, sondern Sammelnussfrüchte. Das fruchtige Rot ist eine verdickte Scheinfrucht; die eigentlichen Früchte sind die kleinen gelben Körnchen, botanisch Nüsschen: lauter Einzelfrüchtchen also. Unabhängig von Begrifflichkeiten sind Erdbeeren mehrjährig und gehören zur Familie der Rosengewächse. Es gibt an die 1000 Erdbeersorten, wobei unsere Garten-Erdbeere nicht von der kleinen Wald-Erdbeere abstammt, sondern eine Kreuzung aus einer amerikanischen und einer chilenischen Art ist.

DAS IST DRIN

Das Besondere an Erdbeeren ist ihr hoher Gehalt an Vitamin C, mehr als bei Zitronen und Äpfeln. Reich an B-Vitaminen (B_1, B_2, B_3, B_5, B_6 und viel Folsäure), Vitamin E und K, dabei wenig Kalorien. Sichtlich erfüllt ist sie mit antioxidativen Farbstoffen: Carotinoiden, Flavonoiden und Anthozyanen sowie Ellagsäure, die zu den sekundären Pflanzenstoffen bzw. Polyphenolen gehören. Neben ihrem hohen Anteil an Kohlenhydraten (Glucose, Fructose, vor allem Pektin und Ballaststoffe) sind Erdbeeren reich an Asparaginsäure, Salicylsäure, an Mineralstoffen und Spurenelementen (viel Kieselsäure und entwässerndes Kalium, Calcium, Magnesium, Zink, Eisen, Kupfer und Mangan – Erdbeeren besitzen den höchsten Mangangehalt unter den einheimischen Früchten). Außerdem sind organische Säuren (Apfelsäure, Zitronensäure) enthalten und mit 90 % fast so viel Wasser wie in Wassermelonen! Ihre rund 300 Aromastoffe fügen sich zu einem himmlischen Genuss zusammen.

EINKAUFEN UND LAGERN

Die Erdbeersaison ist kurz, von Mai bis Juli. Es gibt aber auch Spätsorten, die bis September zur Verfügung stehen, immertragende (remontierende) Sorten von Juli bis zum Frost oder Monats-Erdbeeren mit Früchten von Mai bis Oktober. Am besten Sie essen die köstlichen Früchte noch am Erntetag, denn sie lassen sich kaum – ungewaschen maximal 2 Tage im Kühlschrank – lagern.

KURWEISE GESUNDHEIT TANKEN

Diese einfache, mehrtägige Kur empfahlen Pfarrer Sebastian Kneipp und Apotheker Mannfried Pahlow bei Verstopfung, venösen Stauungen, Rheuma, Gicht, Nieren- und Leberleiden, bei Kreislaufstörungen und Erschöpfung: Immer wieder kurweise 1 Woche lang vorrangig Erdbeeren essen (so viel Sie mögen), integriert in Ihre sonstige (gesunde) Ernährung.
Als Leberdiät: Bei überbeanspruchter Leber empfahl Pahlow zur Erntezeit einen wöchentlichen Kurtag mit dreimal täglich je 125 g Erdbeeren (er nahm Wald-Erdbeeren).
Erdbeer-Entschlackungskur für schöne Haut: Essen Sie während der Erdbeersaison 4 Wochen lang täglich 250 g Erdbeeren, integriert in Ihren täglichen Speiseplan.

„Erdbeeren im Winter" kaufen Sie besser nicht, sie haben lange Wege hinter sich und sind meist mit Konservierungsmitteln behaftet. Beim Transport befördern Sie die Beeren offen in einer flachen Schale. Achten Sie beim Einkauf auf Früchte ohne Druckstellen, rotglänzend, trocken, intensiv duftend und vollreif – unreife Früchte reifen nicht nach. Wenn die grünen Kelchblätter frisch sind, sind es auch die Früchte! Sortieren sie beschädigte Früchte baldmöglichst aus, sie schimmeln schnell. Zum Einfrieren entweder Beere an Beere auf einem Teller vorfrieren lassen (verhindert das Aneinanderkleben) und erst 3–4 Stunden später in einen Gefrierbeutel füllen; oder die vollreifen Früchte pürieren, dann bleibt mehr Aroma erhalten.

ZUBEREITEN

Waschen Sie Erdbeeren, wenn überhaupt, nur kurz vor dem Verzehr vorsichtig in einer Schale mit Wasser (oder abbrausen), danach erst die Kelchblätter entfernen. Am besten schmecken Erdbeeren frisch und pur, im Smoothie, püriert als frischfruchtige Soße und für Desserts jeglicher Art. Aber auch in der pikanten Küche sind Erdbeeren geschätzt, z.B. mit Spargel.

BITTE BEACHTEN

Leider reagieren manche Menschen auf Erdbeeren allergisch, meist mit Bläschen um den Mund. Es scheint dafür der chininähnliche Stoff Fragarianum verantwortlich zu sein. Einen Versuch mit ausschließlich Bio-Erdbeeren könnten Sie dennoch einmal behutsam wagen – ansonsten Erdbeeren meiden.

SO WIRKEN ERDBEEREN

Diese „Süßigkeit aus der Natur" mit einzigartigem Geschmack, vielen Vitaminen und wenig Kalorien ist überaus gesund. Schon ihr Rot verrät die Heilkraft: So starke Farben müssen intensiv antioxidativ, sprich als zellschützende Radikalenfänger wirken – Studien haben das nachgewiesen. Der relevante Gehalt an Salicylsäure in Erdbeeren wirkt mild schmerzstillend, fiebersenkend und entzündungshemmend. Ihr hoher Gehalt an Asparaginsäure regt den Stoffwechsel an, scheidet Gifte aus und entwässert. Erdbeeren weisen viel Eisen und Folsäure für die Blutbildung auf und reichlich antioxidatives Mangan. Mangan trägt zum Energiestoffwechsel bei, es ist als essenzielles Spurenelement lebensnotwendig für den Aufbau gesunder Knochen und Bindegewebe, zur Bildung des Botenstoffs Dopamin, von Melanin, den Hautpigmenten und für die Aktivierung von Enzymen. Nicht zuletzt nutzt man die leicht verdaulichen Erdbeeren seit Jahrhunderten als Kur bei Schwäche und Erschöpfung, als kühlende Fieber- und als stärkende Krankenkost, die wegen des hohen Vitamin-C-Gehalts immununterstützend wirkt. Die pektin- und ballaststoffreichen Früchte pflegen und entgiften den Darm, ihre Fruchtsäuren wirken mild abführend.
Das Beste scheint die Nachricht, dass Erdbeeren jung halten und alt werden lassen. Darauf schwor jedenfalls der französische Philosoph Fontenelle, der das Geheimnis seines 100-jährigen Lebens auf seine alljährlichen Erdbeerkuren zurückführte. Man erklärt sich die Anti-Aging-Eigenschaften mit der Antioxidantienwirkung, die das Altern der Zellen verlangsamt.

FOLSÄURE FÜR JUNGE MENSCHEN

Folsäure ist hitze- und lichtempfindliches B_9-Vitamin. Kinder, Jugendliche und Schwangere haben einen deutlich erhöhten Folsäurebedarf, denn Folsäure ist an allen Wachstums- und Erneuerungsprozessen im Körper beteiligt. Gerade Zellen, die sich rasch erneuern müssen, wie Blutzellen, sind auf eine gute Versorgung mit Folsäure angewiesen – und mit Folsäure können Erdbeeren gut punkten! Schon 500 g Erdbeeren decken den Tagesbedarf an Folsäure.

ERDBEEREN ALS MAGENSCHUTZ

Erdbeeren enthalten hohe Konzentrationen an Anthozyanen, die wie alle Pflanzenfarbstoffe stark antioxidative Eigenschaften entfalten. Das heißt, sie helfen bei der Abwehr von freien Radikalen, die Zellen schädigen und eine der Ursachen bei der Entstehung von Krebs sind. In letzter Zeit mehren sich Hinweise, dass eine erdbeerreiche Kost – eingebettet in eine obst- und gemüsereiche Ernährung – Magenkrankheiten vorbeugen hilft. Besonders Alkoholkranke leiden häufig unter Gastritis, einer Magenschleimhautentzündung. Das soll durch reichlichen Erdbeergenuss (Studienteilnehmer integrierten täglich 500 g in ihre normale Ernährung) erheblich gelindert werden können. Gesichert sind diese Erkenntnisse noch nicht, aber einen genussvollen Versuch ist es wert, verbunden natürlich mit dem Verzicht auf den Auslöser der Beschwerden, dem Alkohol.

VOR KREBS SCHÜTZEN

Sekundäre Pflanzenstoffe aus der Gruppe der Polyphenole schützen vor Krebs. Anthozyane und vor allem das Polyphenol Ellagsäure weisen intensiv krebshemmende Eigenschaften auf – und damit stehen Erdbeeren derzeit im Fokus der Wissenschaft. Erdbeeren enthalten zwar weniger Ellagsäure als Himbeeren (Seite 86), aber bei Erdbeeren befindet sich die Ellagsäure im Fruchtfleisch (bei Himbeeren in den schwer aufzuschließenden Körnern) und kann gut vom Körper aufgenommen werden. Erdbeeren hemmen in mehrfacher Weise die Krebsentstehung: Sie stören das Wachstum von Tumorzellen und verhindern die Aktivierung krebserregender Substanzen, sodass die Krebsauslösung der Zellen unterbleibt. Und sie hemmen die Entwicklung neuer Blutgefäße, durch die sich der Krebs ernähren könnte. Mit ihrem hohen Antioxidantiengehalt schützen Erdbeeren zudem die Haut und senken Studien zufolge das Risiko für Darm- und Lungenkrebs. Der regelmäßige Genuss der süßen Früchte gehört sicher zu einer der leichtesten Übungen beim Gesundbleiben.

HERZPFLEGER ERDBEERE

Sekundäre Pflanzenstoffe (Polyphenole) schützen die Blutgefäße vor Ablagerungen (Plaques) und beugen Arteriosklerose vor. Das hat positive Auswirkungen auf das gesamte Herz-Kreislauf-System, auf einen erhöhten Cholesterinspiegel bis hin zur Herzinfarktvorsorge. Zudem schützen die hohen Kalium- und Magnesiumgehalte der Erdbeeren das Herz. Bei jungen Frauen kann der regelmäßige Verzehr von Erdbeeren und Heidelbeeren das Herzinfarktrisiko um ein Drittel senken, wie Forscher nach der Auswertung einer 18 Jahre umfassenden Langzeitstudie an knapp 94 000 Frauen schlussfolgern. Zu einem großen Teil verantwortlich dafür sind die Anthozyane. Freiwillige durften testen, inwiefern Erdbeeren den Cholesterinspiegel senken können. Sie „mussten" 1 Monat lang 500 g Erdbeeren täglich essen, integriert in ihren normalen Speiseplan. Ergebnis: Das Gesamtcholesterin sank um fast 9 %, das „schlechte" LDL-Cholesterin (Seite 34) um mehr als 13 % und die Triglyzeride (Blut- und Nahrungsfette) um fast 21 %. Das „gute" HDL-Cholesterin veränderte sich nicht. Erdbeeren sind kein Allheilmittel, aber sicher ein genussvolles Plus in Sachen Gesundheitsvorsorge.

RHEUMA, GICHT UND STOFFWECHSEL

In der Naturheilkunde schätzt man Erdbeeren zur Linderung bei Gicht und rheumatischen Erkrankungen. Inzwischen weiß man, dass diese Effekte

AUCH DIE BLÄTTER SIND HEILKRÄFTIG

Den gerbstoffhaltigen Tee aus Erdbeerblättern trinkt man gegen Durchfall oder nimmt ihn zum Mundspülen bei Mundschleimhautentzündung. Als Schwarzteeersatz schmeckt er gut mit Zimt und Vanille.

vor allem auf ihrem hohen Gehalt an Salicylsäure beruhen. Salicylsäure als natürlicher Schmerzstiller in köstlichen Beeren hört sich ungewöhnlich an. Doch schon Carl von Linné, der berühmte schwedische Naturforscher im 16. Jh., linderte seine schweren Gichtanfälle mit dem reichlichen Genuss von Erdbeeren. Eine köstliche Kur, deren Erfolg viele gleichgesinnte Nachahmer bestätigen konnten.

Unterstützt wird die Wirkung durch reichlich enthaltenes Kalium und Asparaginsäure, die den Stoffwechsel anregen, entwässern und von Stoffwechselendprodukten befreien. Deshalb setzt man Erdbeeren in der Volksheilkunde auch bei Blasensteinen, Blasen- und Leberleiden ein. Und wegen ihres hohen Eisengehaltes auch zur Blutbildung.

ERDBEER-KOSMETIK

Nein, das ist keine neue Mode. Schon im Mittelalter nahm man Erdbeeren für weiche, zarte Haut mit jugendlichem Teint. Von innen stärken sie das Bindegewebe mit ihren vielen Mineralien, Kieselsäure und Mangan; von außen straffen und nähren sie jede Haut und schützen die Zellen vor oxidativem Stress. Ihr Antioxidantienreichtum reduziert die Hautalterung und schützt vor schädlicher UV-Strahlung und Allergien; Vitamin C unterstützt die Kollagenbildung; und die desinfizierende Salicylsäure trägt Hornhaut und Hautschüppchen ab und verkleinert die Poren.

Erdbeer-Rezepte

Erdbeer-Smoothie

Dieses wohlschmeckende Getränk ist super für warme Tage – erfrischende Vitaminzufuhr garantiert!

FÜR 1 PERSON
» 250 g Erdbeeren
» 4 Aprikosen, entsteint
» 2 EL Holunderblütensirup
» evtl. einige Eiswürfel

Früchte in den Mixer geben und zusammen mit dem Sirup und einem kleinen Glas Wasser pürieren. Wenn es draußen heiß ist, kühlen einige mitgemixte Eiswürfel den Smoothie auf Erfrischungstemperatur herunter.

Erdbeer-Ingwer-Dip

Dieser eisen- und vitaminreiche Dip, der jedes Gemüse- und Käsegericht aufpeppt, unterstützt genussvoll Ihr Immunsystem. Und er schmeckt – trotz der ungewöhnlichen Kombination – sehr gut.

FÜR 2 PERSONEN
» 2 cm großes Stück Ingwer, fein gewürfelt
» 1 Knoblauchzehe, sehr fein gehackt
» 1 EL Olivenöl
» 12 Erdbeeren
» 1–2 cl Kirschwasser oder Cidre
» 1 TL Apfelessig
» 2 EL Honig
» 1 Prise Salz, etwas frisch gemahlener Pfeffer
» 1 Prise Curry
» 1 TL Stärke

Ingwer und Knoblauch im Öl andünsten. Die Erdbeeren fein schneiden und in die Pfanne geben. Kirschwasser bzw. Cidre, Essig und Honig daruntermischen und abschmecken. Die Stärke in 1 EL kaltem Waser anrühren, den Dip damit binden und abkühlen lassen.

Passt zum Sellerieschnitzel von Seite 170 oder zu Camembert.

Erdbeer-Tapas

Verführerisch fruchtig und aromatisch – eine Vorspeise voller Gesundheit.

FÜR 4 PERSONEN
» 200 g Erdbeeren
» 1 EL Walnussöl
» frisch gemahlener Pfeffer
» 200 g Ziegenkäse
» 2–4 TL flüssiger Honig
» 1 Zweig frischer Thymian

Die Erdbeeren vierteln, mit dem Walnussöl und etwas Pfeffer mischen. Ziegenkäse zerbröseln und über die Erdbeeren streuen.

In kleinen Schälchen portionsweise anrichten. Jeweils mit einem Teelöffel Honig begießen und mit frischen Thymianblättchen bestreuen. Dazu passt Baguette.

Blitzschnelles Erdbeereis

Wenn Sie Erdbeeren auf Vorrat einfrieren, können Sie die süße Verlockung für den ganzen Sommer konservieren.

FÜR 2 PERSONEN
» 300 g gefrorene Erdbeeren
» 80 g Puderzucker
» 2 EL Vanillezucker oder das ausgekratzte Mark eines kleinen Stücks Vanillestange
» 100 g Joghurt
» 100 g Sahne

Alle Zutaten in eine hohe Rührschüssel mit speziellem Rührdeckel geben (damit es nicht spritzt oder die Erdbeeren herauskatapultiert werden) und mit dem Stabmixer mixen, bis alle Zutaten feincremig verbunden sind. Das Eis sofort servieren.

Erdbeer-Tapas

Erdbeerküsse

Auch wenn man es kaum glauben mag: Diese süße Sünde ist gesund! Wichtig ist die Qualität der Schokolade mit 70 % Kakaoanteil.

FÜR 4 PERSONEN
» 500 g Erdbeeren, möglichst mit Stiel
» 100 g dunkle Schokolade (mit 70 % Kakaoanteil)

Die Kuvertüre im Wasserbad verflüssigen. Erdbeeren zu drei Viertel hineintunken und auf einem Kuchengitter abkühlen lassen. Die Erdbeerküsse auf einem Holzspieß stecken und in einem Glas servieren.

Erdbeerbrot

Einen köstlicheren, gesunden und dabei so einfachen Genuss aus Kindertagen kenne ich nicht.

» Erdbeeren
» frisches Weißbrot oder Bauernbrot
» Butter

Erdbeeren zerdrücken oder in Scheiben schneiden und auf das gebutterte Brot legen: Genuss pur!

Erdbeer-Brotaufstrich

Erdbeeren mal anders. Geht schnell und ist gesund – perfekt, um Ihren Vitamin-C-Haushalt aufzufrischen.

FÜR EIN 500-ML-GLAS
» 200 g Erdbeeren
» 200 g Frischkäse
» 100 g Magerquark
» 2 EL Honig

Erdbeeren in kleine Stückchen schneiden. Frischkäse mit Quark und Honig pürieren und zum Schluss die Erdbeeren unterrühren – fertig. Passt gut zu frischem Fladenbrot oder Baguette.

Erdbeer-Gesichts-Maske

Diese Maske wirkt Gesichtsfältchen entgegen, entspannt die Haut und macht sie geschmeidig. Die Salicylsäure aus der Erdbeere entfernt Hautschüppchen, desinfiziert und lindert Akne.

» 10 Erdbeeren
» 1 EL Mandelkleie
» 1 TL Aprikosenkern- oder Leinöl
» 50 g Joghurt oder Quark

Erdbeeren mit der Gabel zerdrücken, dann alle Zutaten miteinander vermischen. Ist die Maske zu weich, etwas Mandelkleie zugeben, bis die Konsistenz schön cremig und zart ist. Auf die Haut auftragen, 15 Minuten einwirken lassen, dann sanft mit lauwarmem Wasser abwaschen.

Fenchel, die zarte Knolle

Bis zum Mittelalter kannte man nur den Gewürzfenchel mit seinen heilkräftigen Samen. Der Gemüsefenchel wurde erst durch die italienischen Meistergärtner der Renaissance aus dem Gewürzkraut gezüchtet und ist heute „Nahrung als Medizin".

Gemüsefenchel Foeniculum vulgare

DIE PFLANZE

Ob Gewürz- oder Gemüsefenchel, die Pflanze gehört zu den Doldenblütlern. Um ertragreiches Gemüse zu bekommen, werden die unteren Blattsprossen, die sich zwiebelartig verdicken, angehäufelt – das verhindert die Chlorophyllbildung und sie bleiben hell und zart. Man unterscheidet den großen süßlichen Bologneser Fenchel (Finocchio grosso) mit bis 1 kg schweren Knollen, die am besten roh im Salat munden, vom kleineren zarten Florentiner Fenchel (Finocchio nostrale), der lieber gekocht verschmaust wird.

DAS IST DRIN

Der Gesundheitswert von Fenchelgemüse steht außer Zweifel: viel Ballaststoffe, quasi kein Fett und mit seinen 24 kcal/100 g ist Fenchel ein außerordentlich „schlankes" Produkt. Viele Vitamine (B_1, B_2, B_6, Folsäure, Provitamin A, E) stecken drin und sogar so viel Vitamin A und C, dass mit 100 g Fenchel der Tagesbedarf gedeckt ist! Zudem enthält er reichlich Kalium, Calcium, Magnesium, Eisen, auch Betacarotin und wenig ätherische Öle, sehr wenig Oxalsäure und Purine.

EINKAUFEN UND LAGERN

Achten Sie beim Einkauf auf feste hellgrüne Ware mit frischem Blattgrün. Knollen mit bräunlichen Außenblättern sind überlagert. Die Knolle ist druckempfindlich und sollte vorsichtig gehandhabt werden. Fenchel aus der Region wird von Juli bis Oktober angeboten (Fenchel aus Italien von November bis Juni) und kann, in einem feuchten Tuch vor dem Austrocknen bewahrt, bis zu einer Woche im Kühlschrank gelagert werden. In Scheiben geschnittenen Fenchel können Sie gut einfrieren.

ZUBEREITEN

Sie sollten die äußeren Blätter, wenn sie etwas welk sind, abziehen. Wenn Sie Fenchel dünn schneiden und roh essen, ist der anisartige Geschmack intensiv – je dünner geschnitten, desto besser entfaltet sich das Aroma. Sie können ihn auch kochen, dünsten, schmoren, braten, grillen, panieren oder eine feine Suppe daraus zubereiten. Am besten nur 8–10 Minuten erhitzen, dann bleibt er bissfest und knackig. In Streifen geschnittener Fenchel braucht knapp 4 Minuten. Die zartfiedrigen Herzblätter nehmen Sie zum Würzen. Zum Fenchel passen Früchte, wie Banane, Mango, Orange, Papaya, Erdbeere, oder auch Käse gut. Übrigens: Fenchel mag man oder nicht. Fenchel-Liebhaber sind meist solche, die auch Anis, Ouzo oder Raki mögen.

SO WIRKT GEMÜSEFENCHEL

Die Fenchelknolle ist leicht verdaulich, wirkt mild entwässernd und sie entkrampft den Darm, verhindert Blähungen und beruhigt den Magen-Darm-Trakt. Fenchel beruhigt auch die Nerven, entspannt und „vermittle eine angenehme Wärme und mache die Menschen fröhlich", schwärmte Hildegard von Bingen, bei der Fenchel als Universalmittel galt. Seine ätherischen Öle fördern die Durchblutung und Verdauung und regen sanft die Leber- und Nierentätigkeit an. Die Faserstoffe dieses Heilgemüses binden Gift- und Fettstoffe im Darm und senken, zumindest leicht, einen zu hohen Cholesterinspiegel im Blut. Fenchel stärkt das Immunsystem, steigert die Zelltätigkeit und ist mit seinen ätherischen Ölen ein erprobtes Hausmittel für die Darmgesundheit und bei Erkältungen. Dort wirken sie krampf- und schleimlösend.

FENCHEL FÜR SCHLANKHEITSKUREN

Fenchel galt schon vor 300 Jahren als entschlackendes, schlank machendes Gemüse. William Cole, ein englischer Arzt, schrieb im 17. Jahrhundert: „Samen, Blätter und Wurzeln werden von jenen, die fett und träge geworden sind, in Getränken und Suppen verwendet, um wieder schlank und rank zu werden." Ganz ehrlich, ich kenne kein anderes Gemüse, das solchermaßen beschrieben wurde. Dass Fenchel beim Abnehmen behilflich ist, wurde vor einigen Jahren von Wissenschaftlern in Studien (es ging um die Toxizität von Fenchelöl) entdeckt: Die Versuchstiere nahmen bei höheren Dosen an Körpergewicht ab. Warum? Fenchel bindet mit seinen Faserstoffen Triglyzeride (Fettmoleküle) aus der Nahrung bereits im Darm, sodass sich weniger Fettzellen bilden und diese sich dann auch nicht als Speckpölsterchen ablagern können. Wie gut, dass der kalorienarme Fenchel auch noch leicht verdaulich ist und gut sättigt, vor allem wenn Sie ihn roh essen. So vereinigt sich der kulinarische mit dem gesundheitlichen Aspekt: Fenchel ist Heil- und Küchenpflanze zugleich.

Fenchel galt früher als die typische Fastenspeise. Die Römer kauten Brot mit Fenchelsamen, um eine schlanke Figur zu erlangen und versuchten während ihrer langen Fußmärsche, mit den Samen ihren Appetit zu verringern. Aus demselben Grund verwendeten die Christen zur Fastenzeit Samen und Kraut als Gewürz für Fischgerichte – die Armen aßen das Kraut ohne Fisch. Heute beginnt man oft die Fastenzeit mit Fenchelsuppen.

SCHONKOST UND MAGENSTREICHLER

Gemüsefenchel ist eine ideale Schonkost, denn er ist sehr leicht verträglich und bestens bekömmlich, gerade auch wenn Sie unter Verdauungsstörungen mit Blähungen leiden oder einen empfindlichen Magen haben. Sie können jede Menge davon verputzen – das feine süßliche, anisartige Aroma macht es Fenchel-Anis-Liebhabern leicht. Im Gemüsefenchel stecken, wie im Fenchelsamen auch, die geschmacksgebenden heilkräftigen ätherischen Öle. Zwar in geringerer Dosierung als beim Samen, aber doch so viel, dass der Gemüsefenchel dem Magen guttut, Blähungen oder Völlegefühl lindert und Verstopfungen beseitigt.

VITAMIN- UND MINERALSTOFFPAKET

Fenchelknollen gehören zu den vitamin- und mineralstoffreichsten Gemüsen überhaupt. Positiv ist, dass sie sehr wenig Oxalsäure und Purine enthalten, sodass auch Menschen mit Neigung zu Calciumoxalatsteinen oder erhöhtem Harnsäuregehalt im Blut (Gicht) bei diesem Gemüse kräftig zulangen können. Übrigens: Mit seinem wenn auch geringen Anetholgehalt im ätherischen Öl wird der Milchfluss stillender Frauen angeregt. Mit Fencheltee zusammen mögen das Mamas wie Babys gleichermaßen.

Fenchel-Rezepte

Winter-Fenchel-Smoothie

Gerade im Winter, wenn einen Erkältung und hartnäckiger Husten plagen, sind Fenchel und Orangen die richtigen Partner zum Gesundwerden.

FÜR 1 PERSON
» 1 Fenchelknolle
» 1–2 Orangen
» ½ Mango
» 1–2 EL Fenchelsamen
» evtl. Eiswürfel

Gemüse und Obst in grobe Stücke schneiden. Mit den Fenchelsamen und etwa 250 ml Wasser, auf Wunsch auch mit ein paar Eiswürfeln, mixen.

Erkältungsvertreiber Fenchel-Orangen-Salat

Ein Wintersalat, der Erkältungen kaum Chancen lässt und dem Magen guttut.

FÜR 2 PERSONEN
» 2 EL Orangensaft
» 2 EL Olivenöl
» 1 EL Apfelessig
» Salz, Pfeffer
» etwas Zucker
» 2 Fenchelknollen, Fenchelgrün fein gehackt
» 2 Orangen
» ½ Bund Petersilie, fein gehackt
» evtl. schwarze Oliven ohne Stein

Zuerst das Dressing zubereiten: Orangensaft, Öl und Essig gründlich vermengen und mit den Gewürzen abschmecken.
Fenchelstrunk entfernen, Fenchel und Orangen in dünne Scheiben schneiden und dekorativ anrichten, das Petersilien- und Fenchelgrün darüberstreuen und mit dem Dressing übergießen. Wer mag, gibt kleine Olivenringe als Blickfang dazu.

Tipp: Fast genauso gut schmeckt Fenchel-Apfel-Salat mit 2–3 EL Nüssen. Dann etwas Naturjoghurt ins Dressing rühren.

Fixer Fenchelschmaus

Ein gesundes Gericht, wenn Gäste kommen. Ist in Nullkommanichts angerichtet.

» Fenchelknollen
» Olivenöl
» Salz, Pfeffer
» Balsamico-Essig
» Parmesan

Fenchelknollen halbieren, den Strunk herausschneiden. Die Hälften von beiden Seiten in Olivenöl anbraten, bis sie leicht gebräunt sind. Auf einem Teller platzieren, leicht salzen und pfeffern, mit Balsamico beträufeln und Parmesan darüberhobeln – einfach nur gut!
Dazu passen in Olivenöl und mit Thymian gebratene Scampi.

Fenchel-mit-Fenchel-Püree

Fenchel „hoch drei": Knolle, Grün und Samen! Das butterzarte Püree schmeichelt Magen und Darm, lindert Erkältungen und schmeckt.

FÜR 2 PERSONEN
» 3 Fenchelknollen
» 2 Zwiebeln, fein gewürfelt
» 1 EL Olivenöl
» 500 ml Gemüsebrühe
» 1–2 EL Fenchelsamen, frisch gemörsert
» Salz, Pfeffer
» evtl. etwas Zitronensaft
» evtl. Petersilie, gehackt

Fenchel in Scheiben schneiden, dabei den Strunk entfernen, das Fenchelkraut beiseitelegen. Zwiebeln im Öl anbraten, Fenchelscheiben kurz mitbraten, dann mit der Brühe ablöschen, aufkochen und 20 Minuten köcheln lassen.
Anschließend die Fenchelsamen zugeben und alles zusammen pürieren, mit Salz, Pfeffer und auf Wunsch etwas Zitronensaft abschmecken. Mit dem Fenchelkraut und evtl. Petersilie garniert servieren.

Fixer Fenchelschmaus

Darmpflege-Fenchelsalat

Wenn Löwenzahnbitterstoffe mit verdauungsfördernden Papayastückchen und Korianderkraut auf Fenchel treffen, freut sich Ihr Darm – und Sie „haben den Salat"!

FÜR 2 PERSONEN

» 1 Papaya, ohne Kerne gewürfelt
» ½ Bund Koriandergrün, grob geschnitten
» 2 EL Olivenöl
» 2 EL Apfelessig
» 50 ml Gemüsebrühe
» Salz, Pfeffer
» 2 Fenchelknollen, in dünne Scheiben geschnitten
» 200 g frische Löwenzahnblätter
» Kapuzinerkresseblüten zum Garnieren

Mit dem Dressing beginnen: Die Hälfte der Papayawürfel mit dem Koriander, 1 EL Olivenöl, Essig und Gemüsebrühe pürieren. Mit Salz und Pfeffer würzen.

Die Fenchelscheiben mit dem restlichen Öl einpinseln, mit Salz und Pfeffer würzen und jede Seite 4 Minuten grillen oder anbraten.

Mit den Löwenzahnblättern und den restlichen Papayawürfeln dekorativ anrichten. Mit dem Dressing beträufeln und mit Kapuzinerkresseblüten garnieren.

Gurken, rank und schlank

Wo sie herkommt, ist nicht eindeutig geklärt: aus Indien, Afrika oder den warmen Hängen des Himalayas. Angebaut jedoch wird sie weltweit. Schon für den römischen Kaiser Tiberius übrigens in Glashäusern – das Gewächs liebt die Wärme.

Gurke Cucumis sativus

DIE PFLANZE

Gurken gehören zu den Kürbisgewächsen, sie ranken wie diese und gelten im botanischen Sinne als Beeren. Man unterscheidet zwischen der Schlangen- oder Salatgurke, bis 60 cm lang und 500 g schwer, und der Gewürzgurke bzw. Einlegegurke, die sehr viel leichter und kleiner ist. Salatgurken aus dem Freilandanbau werden als „Landgurke“ vermarktet oder auch als „Schälgurke“ (aus ihnen werden Senfgurken).

DAS IST DRIN

Viel (97 %) Wasser und sehr wenig Kalorien (12 kcal/100 g), kaum Fett, Eiweiß und wenig Kohlenhydrate. Dafür ist sie reich an Mineralstoffen wie Eisen, Natrium, Kalium, Kupfer, Calcium, Kieselsäure, Magnesium und Zink. Sie sitzen vor allem in der Schale. Zusätzlich viele Vitamine der B-Gruppe (B_1, B_2, B_3, B_5 sowie B_6 und B_9) und reichlich Vitamin C. Zudem das Enzym Erepsin.

EINKAUFEN UND LAGERN

Gurken haben von Juni bis September Saison. Beim Einkauf sollte die Gurke fest und die Schale tiefgrün und glatt sein. Gelblich-weiche Gurken oder solche mit runzeliger Oberfläche sind nicht mehr frisch.
Im Gemüsefach des Kühlschrankes halten Gurken mehrere Tage frisch. Angeschnittene Salatgurken innerhalb von 2 Tagen essen. Zu kalt gelagert, werden sie schnell gelb und fleckig. Nicht gemeinsam mit reifen Äpfeln, Tomaten oder Melonen lagern, sonst verderben die Gurken schnell durch deren Ausscheidung von Ethylen. Zum Einfrieren eignen sich Gurken nicht.

ZUBEREITEN

Bio-Gurken müssen Sie nicht schälen. Falls es doch nötig sein sollte oder Sie keine Bio-Gurke bekommen haben: Vom Blütenansatz zum Stiel hin schälen, damit die Bitterstoffe des Stiels nicht an das Gurkenfleisch gelangen; sicherheitshalber den Stielansatz abschneiden. Gurken schmecken roh als Salat oder gekocht, geschmort, überbacken oder gefüllt. Als kalte oder warme Suppe, als erfrischender Durstlöscher, in Chutneys und Currys.

BITTE BEACHTEN

!

Bei Treibhausgurken werden oft Fungizide verwendet, die bis zum Verzehr noch nachweisbar sind. Außerdem sind Gurken häufig pestizidbelastet – Pestizide befinden sich ausschließlich in der Schale. Daher müssen Sie bei Gurken, die Sie mit Schale essen bzw. für Kosmetik nutzen wollen, unbedingt zu Bio-Ware greifen!
Wer nach dem Verzehr von Gurken unter Verdauungsbeschwerden leidet: Gurken immer gut kauen und etwas Kümmel, Dill oder Paprika zugeben.

SO WIRKEN GURKEN

Gurken sind Naturarznei und Schönheitsmittel zugleich, sehr basisch und gut bei Übergewicht, zu hohem Blutdruck, bei Kopfschmerzen, Verstopfung, Rheuma sowie Nieren- und Blasenbeschwerden. Regelmäßiger Gurkengenuss hilft, den Darm zu entgiften und das Immunsystem über die Darmschleimhaut zu stärken. Weil Gurken entwässern, entlasten sie auch das Herz.

SCHLANKMACHER UND DURSTLÖSCHER

Aufgrund des hohen Wassergehalts sind Gurken besonders im Sommer sehr erfrischend, mild im Geschmack und sehr gesund. Sie versorgen den Körper mit mineralienreicher Flüssigkeit und gehören zu den Lebensmitteln, die am wenigsten Kalorien haben: Gurken sind ein Gemüse fürs Schlankbleiben und Schlankwerden. Am besten machen Sie eine dreiwöchige Schlankbleib-Kur mit täglich 250 ml frisch gepresstem Gurkensaft (Rezept Durstlöscher, Seite 84). Wenn Sie ihn pur nicht mögen, mischen Sie ihn einfach 1:1 mit Apfelsaft. Gurkensaft pur und frisch gepresst ist die „Wasserflasche aus dem Gemüsegarten" und für Sportler ein genialer Durstlöscher mit vielen Elektrolyten.
In der TCM, der Traditionellen Chinesischen Medizin, setzt man Gurken zur Reduzierung von Hitze ein. Gurkensaft bei Hitzewallungen in den Wechseljahren – das leuchtet ein und ist auch ein guter Hausapothekentipp.

BLOSS NICHT SAUER WERDEN

Alle Gemüsesäfte wirken im Körper basisch und bauen ein Übermaß an Säuren ab. Gurken sind eines der basenreichsten Gemüse und daher besonders gut geeignet, im Körper Säuren abzubauen; sie wirken auch harnsäuresenkend. Hervorzuheben ist die Bedeutung des entwässernd wirkenden Kaliums; in dieser Hinsicht nimmt die Gurke eine Spitzenstellung ein. Ein ausgeglichener Säure-Basen-Haushalt schützt bzw. lindert Beschwerden bei Gicht, Rheuma und auch stoffwechselbedingten Hauterkrankungen. Gurkenschale und Fruchtfleisch enthalten zudem das Spurenelement Kupfer und Vitamin E, die vor Rheuma schützen und Gelenksschmerzen lindern.

VERDAUUNGSENZYM EREPSIN

Gurken enthalten Erepsin, ein komplexes Gemisch verschiedener Peptidasen. Diese eiweißabbauenden Verdauungsenzyme verbessern die Eiweißverwertung, machen eiweißhaltige Produkte wie Fleisch zarter und somit besser verdaulich. Sprich: Gurke passt zu Fleischgerichten! Das eiweißspaltende Enzym tötet auch Bakterien und Würmer und wirkt darmreinigend, entgiftend und lindert Verstopfung.

GURKEN-KOSMETIK: SCHÖNMACHER MIT GENUSS

Dass Gurken in der Kosmetik Anwendung finden, vor allem zur Hautpflege, wissen Sie bestimmt aus Frauenzeitschriften. Gurken erfrischen, straffen und reinigen, vitalisieren und beruhigen die Haut. Ihr Vitamin B_5, auch als Pantothensäure bekannt, ist wichtig für die Wundheilung, und Vitamin C verjüngt als wichtiges Antioxidans das Hautbild. Es sorgt dafür, dass der Körper genügend Collagen bildet. Dadurch bleibt die Haut elastisch und verzögert Faltenbildung. Eine Gurken-Gesichtsmaske fördert die Hautdurchblutung, normalisiert fette Haut, macht sie feinporiger und hinterlässt einen gesunden rosigen Teint. Gurken, auch Gurkenschalen, schenken Feuchtigkeit, lindern Hautirritationen und Juckreiz und kühlen bei Sonnenbrand. Außerdem stimulieren Gurken das Haarwachstum. Gurkenscheiben auf den Augen wirken Ermüdungserscheinungen und geschwollenen Augen entgegen.

Gurken-Rezepte

Gurken-Durstlöscher

97 % Wasseranteil und eine Handvoll Mineralien – damit punktet die Gurke! Sämtliche Inhaltsstoffe sind in der „Gurkenflüssigkeit" schon physiologisch gelöst und können vom Organismus schnell aufgenommen werden.

FÜR 1 PERSON
» 1 Salatgurke
» nach Geschmack 2 EL klein gehackte frische Minze oder Basilikum oder Wassermelonensaft (aus dem Entsafter)

Die Gurke samt Schale mixen oder reiben, den reichlich austretenden Saft durch ein Sieb abgießen, eventuell mit Kräutern oder Melonensaft verfeinern und trinken. Einfacher geht's nicht!

Tipp: Aus den Gurkenraspeln oder dem Mus, das als „Rest" übrig bleibt, einen Salat oder eine Suppe zubereiten.

Basische Gurkensuppe

Auf einfachste Weise kommt hier eine kleine basische Küchenapotheke zusammen, die guttut und gut schmeckt.

FÜR 2 PERSONEN
» 3 Salatgurken, mit Schale gewürfelt
» 1 Zwiebel, fein gehackt
» 1–2 Knoblauchzehen, fein gehackt
» 2 EL Olivenöl
» 500 ml Gemüsebrühe
» 150 ml Sahne
» Saft von ½ Zitrone
» Salz, Pfeffer
» ½ Bund frischer Dill, fein gehackt

Gurken, Zwiebel und Knoblauch 5 Minuten bei mittlerer Hitze im Öl anschwitzen. Mit Brühe ablöschen, 15 Minuten köcheln. Die Suppe vom Herd nehmen, Sahne zugeben und pürieren. Mit Zitronensaft, Salz und Pfeffer abschmecken und mit Dill bestreut servieren – schmeckt warm oder kalt.

Basische Gurkensuppe

Gurken-Buttermilch

Schmeckt gut, geht schnell, erfrischt und kühlt von innen – ein Segen an heißen Sommertagen.

FÜR 2 PERSONEN

» 1 Salatgurke, mit Schale grob gewürfelt
» 500 ml Buttermilch
» 200 g Joghurt
» 1 Knoblauchzehe
» 4 Zweige Dill, gehackt
» Salz, Pfeffer
» evtl. Mineralwasser

Gurke, Buttermilch, Jogurt, Knoblauch und Dill im Mixer pürieren. Mit Salz und Pfeffer abschmecken und in Gläser füllen. Auf Wunsch mit kaltem Mineralwasser auffüllen.

Gurken-Rosen-Fluid

Diese Rezeptur ist angelehnt an das berühmte Königliche Gesichtswasser der Katharina von Medici (1519–1589). Und wenn Signora Medici mit Gurkenwasser schön wurde, werden und bleiben wir es auch.

FÜR 50 ML

» 12,5 ml frischer Gurkensaft (siehe Rezept Durstlöscher)
» 12,5 ml Rosenwasser (Rosenhydrolat, aus der Apotheke)
» 1–2 TL frisch gepresster Zitronensaft
» 25 ml Mandelöl

Alles zusammen in eine dunkle Flasche füllen und immer direkt vor der Anwendung kräftig schütteln. Gesicht und ruhig auch den ganzen Körper mit diesem „Gurkenfluid“ einreiben, es zieht schnell in die Haut ein und macht sie zart und weich. Die Flasche hält ungekühlt im Badezimmer etwa 1 Woche – einfach immer wieder einen neuen Ansatz zubereiten.

Schnelle Gurken-Kosmetik

Gurkensaft klärt und befreit die Haut von Unreinheiten und überschüssigem Fett, kühlt und lindert sonnengestresste Haut. Gut vor allem bei großporiger Haut.

» 1 Salatgurke
» Gurkenscheiben

Gesichtswasser: Die Gurke mit Schale reiben, den austretenden Saft als Gesichtswasser verwenden. Was zu viel ist, einfach trinken oder zu Gurken-Reinigungsmilch weiterverarbeiten.
Packung: Die Rückstände, das geraffelte Gurkenmus, auf Gesicht und Dekolleté auftragen und mit feuchten Kompressen bedeckt 20 Minuten einwirken lassen. Strafft und klärt unreine, schlaffe, großporige Haut.
Reinigungsmilch: Den Gurkensaft 1:1 mit Milch vermengen, bei empfindlicher Haut.
Schnelle Augenpflege: Frische Gurkenscheiben (mit Schale) auf die geschlossenen Augen legen, 10 Minuten liegen lassen, auf Wunsch immer wieder neue Scheiben auflegen. Reduziert schnell unschöne Tränensäcke, macht müde Augen wieder wach und klar.

Anti-Kater-Mittel

Wenn nach dem Feiern mit zu viel Alkohol der Kopf brummt, lindert statt einer Kopfwehpille auch die Gurken-Apotheke. Mit ihrem Reichtum an Elektrolyten, Vitamin B und Zucker hilft sie, den Körper schnell zu entgiften.

FÜR 1–2 PERSONEN

» ½–1 Salatgurke, mit Schale in Stücke geschnitten
» 2 Stängel frische Minze, gehackt
» Saft ½ Zitrone
» 500 ml Wasser
» evtl. 500 ml Tomatensaft
» evtl. frisch gemahlener schwarzer Pfeffer

Alles zusammen im Mixer pürieren. Auf Wunsch kann 1:1 mit Tomatensaft aufgefüllt und mit Pfeffer gewürzt werden.

Himbeeren, samtweich und heilend

Was schon in der Steinzeit Speise und in der Antike Heilmittel war, gilt heute in Spanien, Holland und Frankreich offiziell als Heilpflanze: die Himbeere. In China ist sie als samtig schönes Anti-Aging-Mittel bekannt – bei uns wird sie gerade als krebshemmendes Nahrungsmittel neu entdeckt.

Himbeere Rubus idaeus

DIE PFLANZE

Himbeeren gehören zu den Rosengewächsen. Die roten Früchtchen sind botanisch gesehen keine Beeren, sondern Sammelsteinfrüchte. Ob wilde oder Kultur-Himbeere, ob sommer- oder herbsttragend, ob aus Europa, den USA oder Asien bis hoch in den Himalaya – Himbeeren gehören mit ihren zartschmelzenden Aromen zu den köstlichsten Früchten.

DAS IST DRIN

Himbeeren sind eine kalorienarme Nascherei: Trotz ihrer intensiven Süße haben sie relativ wenig Zucker und nur 34 kcal/100 g, dafür reichlich Ballaststoffe, Pektin und Schleimstoffe. Auch besitzen sie wenig Eiweiß und fast kein Fett, dagegen sind sie an basisch wirkenden Mineralien und Spurenelementen reich: Magnesium, Kalium, Eisen, Calcium, Kupfer, Phosphor, Selen, Schwefel, Zink. Auch mit Vitaminen spart die Frucht nicht: neben Vitamin A vor allem die Vitamine B_1, B_2, B_3, B_4, B_5, B_6, B_7 (Biotin), Folsäure, viel C-, K- und E-Vitamine, zudem Ketone und Rheosmin. Und vor allem die antioxidativen Pflanzenfarben Anthozyane, Carotine, Flavonoide (Rutin, Quercetin), zudem wichtige Polyphenole (Ellagsäure) und Salicylsäure. Keine andere Frucht enthält so viel Salicylsäure wie Himbeeren (über 5 mg/100 g). Im Samen enthalten Himbeeren fettes Öl mit einem hohen Anteil an ungesättigten Fettsäuren (mit Linolsäure und Alpha-Linolensäure).

EINKAUFEN UND LAGERN

Himbeeren lassen sich nicht lange lagern, sie sind druckempfindlich und schimmeln schnell. Deshalb so bald wie möglich nach der Ernte (von Juni bis September) gleich frisch genießen! Bewahren Sie die Beeren höchstens einen Tag im Kühlschrank auf – was bis dahin nicht gegessen wurde, frieren Sie ein: einzeln auf einem Tablett vorfrosten, dann in Gefrierbeutel abfüllen. Beim Einkauf sollten die Beeren selbst und auch der Boden des Transportschälchens trocken und ohne Anzeichen von Schimmel sein.

ZUBEREITEN

Am besten frisch gepflückt essen – nichts ist feiner als dieser Genuss! Waschen Sie die Früchte möglichst nicht, vor allem nicht unter fließendem Wasser. Allerhöchstens kurz in eine Schale mit lauwarmem Wasser tunken und durch ein Sieb abtropfen lassen. Und für die Gesundheit am besten roh essen: Durchs Kochen gehen viele Vitamine verloren.

SO WIRKEN HIMBEEREN

Himbeeren unterstützen die körpereigenen Heilkräfte. Ihre Farbstoffe sind allesamt Antioxidantien und wie die Ellagsäure, Vitamine und Selen wichtige Radikalenfänger, die entzündliche Prozesse und auch Krebs vorbeugen helfen. Die enthaltene Salicylsäure sorgt für eine gute Fließfähigkeit des Blutes und verringert die Thrombenbildung, das senkt das Risiko für Herzinfarkt und Schlaganfall. Mit ihrem hohen Gehalt an Ballaststoffen, Fruchtzucker und ihren kleinen festen Körnchen regen sie die Darmbewegung und damit die Verdauung an. Sie sollen durch ihre Ketone (Rheosmin) sogar die Fettverbrennung und somit das Abnehmen unterstützen. Schwangere profitieren vom hohen Folsäure- und Eisengehalt – auch nach der Geburt, wenn diese mit größeren Blutverlusten einherging. Dann fördern Himbeeren die Blutbildung – unterstützt vom reichlich vorhandenen Vitamin C kann der Körper das Eisen gut verwerten. Der altbekannte Himbeersirup dient der Geschmacksverbesserung von Medizin für kleine (und große) Kinder und wird, pur oder verdünnt, als durstlöschendes Getränk bei Fieber gereicht. Die Pflanzenfarbstoffe wirken entzündungshemmend und lindern Magen- und Darmentzündungen.

BASENÜBERSCHUSS

Die basen- und ballaststoffreiche Himbeere stimuliert den Stoffwechsel und eignet sich gut für eine entgiftende Stoffwechselkur, um beispielsweise rheumatische Beschwerden zu lindern. Mit ihrem Basenüberschuss entsäuert sie das Gewebe und versorgt den Körper zugleich mit wertvollen Vitaminen und Mineralstoffen; zusätzlich wirkt sie mit ihrem hohen Kaliumgehalt leicht abführend und harntreibend. Wichtig bei solchen Kuren ist immer, genügend zusätzliche Flüssigkeit zu trinken, in diesem Fall am besten Himbeerfruchttee.

HIMBEERTEE

150–250 g Himbeeren mit 1 l Wasser 10 Minuten köcheln lassen. Hildegard von Bingen schrieb zu diesem Tee: „Wer Fieber hat und Appetitlosigkeit, koche Himbeeren in etwas Wasser und lasse sie im Wasser liegen und trinke so dieses Wasser morgens und zur Nacht warm, das soll er 3 Tage lang machen."

HIMBEERBLÄTTERTEE

Dieser Tee wirkt zusammenziehend, entzündungshemmend, zahnfleischkräftigend und gegen Durchfall.

AUGENPFLEGE HEISST FARBEN ESSEN

Pflanzenfarbstoffe sind Antioxidantien, die die Netzhaut schützen und somit Grauem Star oder dem Verlust der Sehkraft durch die Makuladegeneration (Seite 25) vorbeugen. Weil Himbeeren zusätzlich zu ihren Farbstoffen weitere Antioxidantien zu bieten haben – Vitamin C, Phenole (Ellagsäure), Vitamin A – sind sie besonders wirksam.

HOCHWIRKSAM GEGEN KREBSZELLEN

Himbeeren punkten mit vielen krebshemmenden Eigenschaften: Neben ihren antioxidativen Vitaminen und Farbstoffen enthalten sie Ellagsäure, ein hochwirksames krebshemmendes Polyphenol (Seite 21). Ellagsäure verhindert die Aktivierung krebserregender Substanzen und fördert deren Ausscheidung. Vor allem aber hemmt sie die Entwicklung neuer Blutgefäße – ohne neue Blutgefäße kann sich ein Tumor nicht ernähren und daher nicht weiterwachsen. Zudem können Himbeeren das Wachstum von Tumorzellen und sogar bereits entarteten Zellen stören und den Zelltod von Krebszellen bewirken, ohne dabei gesunde Zellen zu zerstören. Die Ellagsäure wirkt zudem antimikrobiell und kann krebsbegünstigende Zellgifte wie Aflatoxin und Acrylamid inaktivieren. Neuerdings rücken Schwarze Himbeeren (*Rubus occidentalis* aus Nordamerika) in den Fokus, weil sie mit ihrem dreimal höheren Antioxidantiengehalt und wesentlich mehr Ellagsäure noch intensiver Krebs vorbeugen bzw. seine Entwicklung hemmen sollen.

SCHÖN MIT HIMBEEREN

Himbeeren sind biotinreich und sorgen für gesunde Haare, Haut und Nägel. Gerade Wachstum und Struktur bei dünnen, brüchigen, glanzlosen Haaren werden positiv beeinflusst: Zur Himbeerzeit also reichlich Früchtchen naschen und die Haare ab und zu mit verdünntem Himbeeressig spülen. Himbeer-Kosmetik eignet sich zur Behandlung von Tränensäcken und trockener Haut. Am besten zusammen mit dem kostbaren Himbeersamenöl verwenden, das aus den winzigen Samen kalt gepresst wird. Mit zartem Himbeerduft und dem hohen Anteil an ungesättigten Fettsäuren (Linolsäure und Alpha-Linolensäure), antioxidativen Wirkstoffen wie Vitamin A, E und Carotinoiden spendet das Öl der Haut Feuchtigkeit.

Himbeer-Rezepte

Himbeer-Aceto

Dieser Himbeeressig ist ein altes Hausmittel aus dem Bündner Land, bewährt als Durstlöscher bei fiebernden Patienten. Auch ein Schuss davon in einen Lindenblüten-Erkältungstee tut gut. In gesunden Zeiten ist er einfach nur Genuss!

FÜR ETWA 200 ML
» 250 g Himbeeren
» 250 ml Rotwein- oder Apfelessig
» Zucker je nach aufgefangener Flüssigkeit

- Himbeeren mit dem Essig aufkochen, durch ein Tüchlein (oder ein ganz feinmaschiges Sieb) streichen und fest auspressen. Der aufgefangene Saft wird nun 1:1 mit dem Zucker nochmals kurz aufgekocht und in saubere kleine Flaschen abgefüllt.
- Einen Schluck Himbeer-Aceto in ein Glas geben und mit (Mineral-)Wasser auffüllen. Oder besonders edel: ein kleiner Schuss Aceto in Prosecco oder Weißwein. Genauso erhält ein frischer Blattsalat eine verführerische Note mit dem aparten Geschmack und der roten Farbe des Himbeer-Aceto.

Hirse-Himbeer-Creme

Himbeerwasser

Himbeeren wirken stoffwechselfördernd, leicht schweißtreibend und fiebersenkend; sie unterstützen die körpereigenen Abwehrkräfte. Als kühlendes Getränk für Fiebernde oder zum Entschlacken ist Himbeerwasser (ganz ohne Alkohol) klasse.

FÜR 2 PERSONEN
» 50 g Himbeeren
» evtl. Honig oder Birnendicksaft

- Die Beeren durch ein Sieb streichen und mit ½–1 l Wasser verquirlen – fertig ist ein einfaches, pures Getränk. Bei Bedarf mit Honig oder Birnendicksaft süßen.
- Auch lecker: zu gleichen Teilen mit dem Saft der Schwarzen Johannisbeere mischen.

Hirse-Himbeer-Creme

Feinster Geschmack mit einem reichhaltigen Paket an wertvollen Inhaltsstoffen.

FÜR 4 PERSONEN
- 250 ml Milch
- 70 g Hirse
- ½ Vanilleschote
- 1 Prise Salz
- 125 g Quark
- 4 EL Honig
- 150 g Himbeeren

• 2 EL Wasser in einen Topf geben, kurz aufkochen lassen und Milch, Hirse, das herausgekratzte Mark der Vanille und Salz zugeben.
• Nochmals aufkochen und bei geringer Hitze 30 Minuten bei geschlossenem Topfdeckel quellen und dann abkühlen lassen. Dann Quark und 3 EL Honig unter die Hirsecreme rühren. Die Himbeeren, mit wenig Wasser und 1 EL Honig verrührt, darübergeben.

Himbeerschönheiten

Himbeeren machen trockene und müde, sensible Haut samtig weich, spenden Feuchtigkeit und schützen vor UV-Strahlen. Himbeersamenöl erhält mit seinem hohen Anteil an Omega-3- und Omega-6-Fettsäuren die Hautelastizität und schützt vor freien Radikalen.

- 10 reife Himbeeren
- evtl. 1 TL Honig und/oder Sahne
- evtl. 3 Tropfen Himbeersamenöl

• Die Beeren zerdrücken und auf Wunsch mit Honig bzw. Sahne (nährend, bei trockener Haut) oder mit Himbeersamenöl (bei fettiger Haut) vermischen. Auf die Gesichtshaut auftragen. Nach 15 Minuten mit einem feuchten (oder in Himbeerwasser getränkten) Wattebausch abtragen.

Pfefferminzcreme mit Himbeermus

Dieses bekömmliche, magenschonende Dessert erfrischt an heißen Sommertagen und ist besonders für Menschen in Phasen der Regeneration geeignet.

FÜR 2 PERSONEN
- 100 g Reismehl, alternativ Stärkemehl
- 500 ml frisch gebrühter Pfefferminztee
- 250 g Joghurt
- 4 EL Apfeldicksaft
- 500 g Himbeeren
- einige frische Pfefferminzblätter

• Reismehl mit dem Schneebesen in den heißen Pfefferminztee einrühren. Falls Stärke verwendet wird, diese vorher in etwas kaltem Wasser anrühren, dann in den heißen Tee geben. 5 Minuten köcheln und dann noch 5 Minuten quellen lassen. Joghurt und 2 EL Apfeldicksaft einrühren und abkühlen lassen. Himbeeren mit weiteren 2 EL Dicksaft zu Mus verrühren.
• In hohen Gläsern schichtweise abwechselnd Pfefferminzcreme und Himbeermus einfüllen, zum Schluss mit den Minzeblättern dekorieren.

Himbeer-Tiramisu

Tolles Duo: Joghurt und Himbeeren – so können Sie Ihren täglichen Calciumbedarf genussvoll decken. Immerhin stecken in 150 g Himbeeren fast 70 mg Calcium.

FÜR 4 PERSONEN
- 250 g Himbeeren
- 20–50 g Rohrohrzucker, je nach Geschmack
- 2 Spritzer Zitronensaft
- 300 g Joghurt
- 250 g Quark
- 200 g Löffelbiskuits
- etwas Kakaopulver

• Die Hälfte der Himbeeren mit Zucker und Zitronensaft pürieren, die restlichen Früchte ganz unterheben. Joghurt mit Quark vermengen. In eine Auflaufform Quarkmasse, Löffelbiskuits und Himbeerpüree schichten, als erste und letzte Schicht kommt Quarkmasse. Das Tiramisu über Nacht im Kühlschrank durchziehen lassen und vor dem Servieren mit Kakao überpudern.

Johannisbeeren, die Powerbeeren

Die Johannisbeeren – egal ob rot, weiß oder schwarz – werden um den Johannitag am 24. Juni herum reif. Dreimal dürfen Sie raten, warum sie den Namen „Johannis-Beere" tragen. Weitere Namen sind Trübeli, Ribisel, Gichtbeere oder Cassis.

Rote Johannisbeere Ribes rubrum

Schwarze Johannisbeere Ribes nigrum

DIE PFLANZE

Johannisbeeren gehören zur Familie der Stachelbeergewächse; bekannt sind sie in Rot und Schwarz: Rote Johannisbeeren schmecken herb säuerlich, da sie viele Fruchtsäuren enthalten; das schwarze Pendant ist nicht so sauer, aber dennoch herb. Daneben gibt es auch Weiße Johannisbeeren, die den Roten ähnlich, aber etwas süßlicher sind und nicht so weit verbreitet.

DAS IST DRIN

Die Johannisbeere besteht zu 81 % aus Wasser. Sie enthält Fruchtzucker und Ballaststoffe, reichlich Mineralstoffe und Spurenelemente, insbesondere Kalium, Calcium, Magnesium, Mangan, Zink und Eisen. Der Gehalt an Mineralstoffen, vor allem Eisen, und Vitaminen ist in der Schwarzen Johannisbeere höher als in ihrer roten Schwester – eindeutig ist die schwarze Beere die heilkräftigere von beiden. Beide Beerenarten enthalten viele organische Säuren, die den säuerlichen Geschmack hervorrufen: Zitronen-, Salizyl- und Apfelsäure. Beachtlich ist der Gehalt an Provitamin A, Folsäure, Vitaminen der B-Gruppe und Vitamin E und K. Mit einem Spitzenwert an 180 mg Vitamin C pro 100 g Frucht (im Gegensatz zur Roten: 30 mg/100 g) wird die Schwarze Johannisbeere zu Recht als Vitamin-C-Bombe bezeichnet, und spitze ist sie auch mit ihrem hohen Anthozyan- und Flavonoidgehalt (Rutin, Quercetin). Das kostbare Samenöl ist reich an Gamma-Linolensäure.

EINKAUFEN UND LAGERN

Johannisbeeren sind eine typische Sommerfrucht, sie reifen von Juni bis September. Für Gartenbesitzer lohnt es sich, einen Busch im Garten anzupflanzen – Vitamin C en masse vor der eigenen Haustür! Johannisbeeren vor dem Abzupfen kurz in einer Schüssel mit warmem Wasser waschen und gleich danach im Sieb abtropfen lassen. Sie halten sich wenige Tage im Kühlschrank, sollten dann aber schnell verarbeitet werden. Sie lassen sich gut einfrieren und einkochen.

ZUBEREITEN

Die Fruchtsäure in den Johannisbeeren besitzt konservierende Eigenschaften, deshalb sind Johannisbeeren sehr gut zur Herstellung von Saft und Gelee geeignet. Ein Teil der wertvollen Vitamine geht beim Erhitzen zwar verloren, aber ihr Anteil bleibt dennoch hoch, da die Säuren eine schützende Wirkung auf die Inhaltsstoffe haben. Beliebt sind Johannisbeeren auch in Süßspeisen und Kuchen sowie als Ansatz für Liköre.

SO WIRKEN JOHANNISBEEREN

Die Schwarze Johannisbeere gilt als die Königin der Beerenfrüchte – ein „regionales Superfood" – und wird medizinisch verwendet. Daher beziehen sich alle unten genannten Wirkungen, falls nicht anders angegeben, auf die Schwarze Johannisbeere. Sie ist in ihrem Vitaminreichtum und ihrem Gehalt an Ballast- und Mineralstoffen fast nicht zu übertreffen, erst recht nicht mit ihren blauen Farbstoffen: Ähnlich hohe Anthozyangehalte finden wir unter heimischen Obstarten nur noch in Heidel-, Brom- und Holunderbeeren. Diese Farbstoffe sind effektive Radikalenfänger, die Alterungsprozesse verlangsamen, die Augen gesund halten und Krebs und Herz-Kreislauf-Erkrankungen vorbeugen. Ihr hoher Eisengehalt macht sie für Vegetarier und Veganer wertvoll.

Auch die Rote Johannisbeere ist gesund, kommt aber an ihre große Schwester diesbezüglich nicht heran.

GEGEN RHEUMA UND GICHT

In der Volksheilkunde wird die Johannisbeere auch als Gichtbeere bezeichnet. Durch den hohen Anteil an Flavonoiden besitzt sie – egal ob rot oder schwarz – entzündungshemmende Eigenschaften. Der ebenfalls hohe Kaliumanteil wirkt entwässernd, das wirkt sich entlastend auf entzündliche Prozesse aus. Bei Rheuma und Gicht wird deshalb zweimal im Jahr eine dreiwöchige Johannisbeer-Saftkur empfohlen. Neuerdings gibt es Hinweise auf einen positiven Einfluss bei Herz-Kreislauf-Erkrankungen; regelmäßiger Johannisbeergenuss kann Ablagerungen von Cholesterin an den Arterienwänden reduzieren und damit das Risiko für Herzinfarkt und erhöhten Blutdruck senken. Die Anthozyane spielen zudem eine bedeutende Rolle in der Abwehr von Krebserkrankungen.

AUCH DIE BLÄTTER SIND VERWENDBAR

In der Volksheilkunde werden auch Johannisbeerblätter verwendet: Mit ihren Flavonoiden, Gerbstoffen, Vitamin C und ätherischem Öl entfalten sie antioxidative, harn- und schweißtreibende sowie blutdrucksenkende Eigenschaften. Ein Tee aus den Blättern ist gut bei Rheuma, Gicht und Harnwegsinfekten sowie zum Gurgeln.

BLUTBILDUNG

Eisen und Folsäure, reichlich in der Schwarzen Johannisbeere enthalten, haben positiven Einfluss auf die Blutbildung. Das enthaltene Vitamin C sorgt für eine bessere Verwertung des Eisens. Weil im Saft wesentlich mehr Eisen enthalten ist als pur in der gleichen Menge Beeren, kann beim Trinkgenuss der Eisenspeicher besonders leicht aufgefüllt werden – erstklassig geeignet für Kinder, werdende Mütter und bei Blutarmut.

GUT IN DER GRIPPEZEIT

Durch ihren außergewöhnlich hohen Vitamin-C-Gehalt ist die Schwarze Johannisbeere ein bewährtes Mittel zum Schutz vor Erkältungs- und Grippeviren. Neuere Studien ergaben, dass die Immunabwehr angekurbelt wird und Grippe- und Herpesviren inaktiviert und ihr Eindringen in die Zellen verhindert werden: welch genussvolle Grippeabwehr! Auch Bronchitis, Heiserkeit und gereizte Stimmbänder lindern die Beeren: am besten als (auf Wunsch auch erwärmten) Saft zum Trinken oder Gurgeln.

JOHANNISBEER-SAFTKUR

Trinken Sie zur Stärkung des Immunsystems und für Ihre Verdauung täglich 1 Glas Schwarzen Johannisbeersaft – auf Wunsch mit Wasser oder anderen Säften gemischt. Ideal ist eine Kur über 3 Wochen.

Wenn Sie den Saft selbst machen wollen, pressen Sie etwa 1 kg Johannisbeeren durch ein sauberes Tuch aus oder geben Sie sie in den Entsafter. Den gewonnenen Saft heiß aufkochen und in saubere Flaschen füllen (6–8 Wochen haltbar). Alternativ können Sie Johannisbeersaft im Reformhaus kaufen; achten Sie auf einen Fruchtanteil von 100 % oder die Bezeichnung „Muttersaft".

FÜR DIE VERDAUUNG

Beide Johannisbeervarianten enthalten reichlich Ballaststoffe. Diese sorgen für eine gut funktionierende Verdauung, denn sie sind in der Lage zu quellen. Wichtig ist, dass Sie viel dazu trinken, damit sie ihre Quellfähigkeit auch entfalten können. Das bringt Bewegung in den Darm und fördert die Stuhlausscheidung. Die Ballaststoffe sorgen zudem für ein gutes Sättigungsgefühl und unterstützen die Gewichtsabnahme.

ZUR NERVENBERUHIGUNG

Der gut abgestimmte Mix der B-Vitamine in Johannisbeeren fördert die Konzentration und beruhigt die Nerven. Wer in Schule, Studium oder Beruf unter ständiger Anspannung steht – einfach ein paar Johannisbeerrispen einpacken. Oder einen Extrakt aus Schwarzen Johannisbeeren für die geistige Vitalität in der Apotheke oder im Reformhaus kaufen. Diskutiert wird, ob die positive Wirkung der Johannisbeere auf die Nerven auch bei der Behandlung von Altersdemenz Vorteile bringt.

Johannisbeer-Rezepte

Johannisbeer-Chutney

Mit diesem Chutney tun Sie etwas für Ihren Vitaminhaushalt, zudem stärkt es die Nerven.

FÜR 3–4 KLEINE GLÄSER
» 600 g Schwarze Johannisbeeren, von den Rispen gestreift
» 150 g Rohrzucker
» 1 rote Zwiebel, fein gewürfelt
» 2 Peperoni, klein geschnitten
» 1 kleines Stück Ingwer, fein gewürfelt
» 1 EL Olivenöl
» 2 EL Senfkörner, fein gemörsert
» 1 TL Korianderkörner, fein gemörsert
» 4 EL Balsamico-Essig
» 1 EL Honig
» Salz, Pfeffer

Die Johannisbeeren mit dem Rohrzucker vermischen, etwas ziehen lassen. Zwiebel, Peperoni und Ingwer im Öl andünsten und die gezuckerten Johannisbeeren dazugeben. Die Gewürze, Essig und Honig hinzufügen, mit Salz und Pfeffer abschmecken. Gut umrühren, im geschlossenen Topf bei niedriger Temperatur 30 Minuten köcheln lassen. Heiß in saubere Gläser füllen und gut verschließen. Das Chutney passt wunderbar zu Käse und Gegrilltem.

Scharfe Johannisbeersauce

Mal etwas anderes: eine herzhafte Sauce aus Johannisbeeren. Mit den Inhaltsstoffen von Zwiebel, Thymian und Chili wird das Ganze zu einem Anti-Erkältungs-Rezept.

FÜR 2 PERSONEN
» 1 Chilischote
» 1 kleine rote Zwiebel, fein gehackt
» 1 EL Olivenöl
» 1 Knoblauchzehe, fein gehackt
» 200 g Rote Johannisbeeren
» 1 TL Thymian, frisch oder getrocknet
» 40 g brauner Zucker
» Salz, Pfeffer
» etwas Rotwein
» ½ TL Speisestärke
» 1 TL dunkler Zuckerrübensirup oder Honig

Die Chilischote entkernen und in feine Streifen schneiden. Hinterher gut Hände waschen! Zwiebelwürfel im Öl andünsten, bis sie gelblich werden, dann Knoblauch hinzufügen und kurz mitdünsten. Johannisbeeren, Chili, Thymian, Zucker, 1 gute Prise Salz und ein Schnapsgläschen Rotwein oder Wasser zufügen, aufkochen und 5 Minuten köcheln lassen. Speisestärke mit 1 EL kaltem Wasser anrühren, in die Sauce rühren und ein paar Minuten köcheln lassen. Sirup oder Honig zugeben, mit Pfeffer und Salz abschmecken. Passt zu gebratenen Pilzen oder Garnelen.

Sommerliches Beerendessert

Erfrischend und voller Vitamine. Das sahnige Vanilleeis passt wunderbar zu den fruchtig-sauren Beeren.

FÜR 2 PERSONEN
» je 100 g Johannisbeeren, Himbeeren und Brombeeren
» 600 ml kalte Milch
» 3 TL Zitronensaft
» 3 EL Honig
» 2 Kugeln Vanilleeis

Beeren, Milch, Zitronensaft und Honig zusammen pürieren. Empfindliche Personen können die Beerenmilch durch ein Sieb gießen, damit die kleinen Körnchen entfernt werden – das muss aber nicht sein. Je eine Kugel Vanilleeis in 2 Gläser geben, die Beerenmilch über das Eis gießen – fertig ist ein vitaminreiches Dessert für heiße Tage. Mit Strohhalm und Löffel servieren.

Beerengrütze

Beerengrütze

Die farbkräftige und vitaminreiche Beerengrütze ist gut für die Verdauung – und sie schmeckt herrlich erfrischend sommerleicht!

FÜR 4 PERSONEN

» 250 ml Roter Johannisbeersaft
» 150 g Zucker
» 50 g Maisstärke
» 1 kg Früchte, z.B. Rote und Schwarze Johannisbeeren, Himbeeren, Brombeeren

— Saft und Zucker zum Kochen bringen. Die Stärke mit etwas Wasser glatt rühren und in den Saft einrühren. Die Beeren hinzugeben und kurz aufkochen lassen. Danach für ein paar Stunden kalt stellen. Schmeckt zu Vanilleeis oder -pudding und mit Sahne oder Vanillesauce.

Johannisbeer-Likör

Ein Schlückchen in Ehren: konzentrierte Beerenkraft für den Winter. Optimal zur Stärkung der Nerven und für einen ausgeglichenen Vitaminhaushalt.

FÜR ETWA 1 LITER

» 300 g Rote oder Schwarze Johannisbeeren (oder gemischt)
» 1 Zimtstange
» 1 Sternanis
» 3 Nelken
» 1 Vanilleschote
» 200 g brauner Zucker
» 1 l Korn oder Wodka (42 % Vol.)

— Die Johannisbeeren in ein weithalsiges Gefäß geben. Die Gewürze zerstoßen und mit dem Zucker hinzugeben. Alkohol darübergießen, sodass die Beeren gut bedeckt sind. Gefäß gut verschließen.

— Bis zu 2 Monate auf der Fensterbank stehen und ziehen lassen, dabei immer wieder umrühren oder schütteln. Dann durch ein Sieb abgießen und den Likör in dekorative Flaschen füllen.

— Immer wieder ein Schlückchen einnehmen, dann kommen Sie gut durch die kalte Jahreszeit!

Kartoffeln, Kraft aus der Erde

Im 16. Jahrhundert brachten spanische Seefahrer kleine, knubbelige, lila bis knallgelbe Erdäpfel aus den südamerikanischen Anden nach Europa. Damals aß man bei uns aus Unwissenheit die giftigen Früchte und hielt die Pflanze für „Teufelszeug". Heute sind die Knollen Grundnahrungsmittel.

Kartoffel Solanum tuberosum

DIE PFLANZE

Kartoffeln gehören zu den Nachtschattengewächsen; verwendet werden die unterirdischen Sprossknollen, die der Pflanze als Speicher dienen.

DAS IST DRIN

Kartoffeln sind stärke- und ballaststoffreiche Lebensmittel mit wenig Eiweiß, das aber durch essenzielle Aminosäuren (Lysin, Tryptophan) biologisch hochwertig ist. 80 % Wasser und nahezu kein Fett, Vitamine A, C, B_1, B_2, B_6, K und C (3–4 Kartoffeln decken die Hälfte unseres Vitamin-C-Bedarfs am Tag!), reichlich Spurenelemente und Mineralstoffe (Calcium, Eisen, Kalium, Magnesium, Natrium, Phosphor) sowie Schleime und Gerbstoffe machen das Gesamtpaket aus. Auch Solanin ist enthalten.

EINKAUFEN UND LAGERN

Wählen Sie festkochende Sorten für Kartoffelsalat oder Pommes frites; mehligkochende für Suppen und Püree – und eher kleinere, feste Knollen, denn große sind oft intensiv gedüngt. Frühkartoffeln sollten Sie bald essen; Spätkartoffeln können monatelang gelagert werden, und zwar kühl, luftig und dunkel, damit sie nicht keimen oder sich grün färben. Unter Lichteinfluss entstehende grüne Stellen fördern die Entstehung von Acrylamid beim Erhitzen. Kartoffeln und Äpfel getrennt lagern (weil Äpfel die Keimung anregen) und nie in Plastiktüten, sonst faulen oder schimmeln sie. Wer keinen Lagerkeller hat, kauft am besten nur kleinere Mengen; Kartoffeln sind ganzjährig erhältlich. Ab 10 °C keimen sie schnell, bei unter 4 °C wird die Stärke in Zucker umgewandelt. Daher nicht, zumindest nicht längere Zeit, im Kühlschrank lagern und erst recht nicht tiefgefrieren. Auch gekochte Kartoffeln verlieren an Geschmack beim Einfrieren.

ZUBEREITEN

Vor der Zubereitung grüne Stellen, Keime und Augen sorgfältig ausschneiden. Dort konzentriert sich Solanin, das beim Garen nicht zerstört wird. Bei Biokartoffeln können Sie die Schale mitessen. Pellkartoffeln sind besser als Salzkartoffeln, weil so die Mineralien erhalten bleiben und nicht mit dem Kochwasser ausgeschüttet werden. Dämpfen bzw. Kochen in wenig Wasser führt zu den geringsten Vitamin- und Mineralstoffverlusten. Rohe Kartoffeln werden wegen der Stärke schlecht verdaut, sind in kleiner Menge aber problemlos.

SO WIRKEN KARTOFFELN

Kartoffeln sind eine sehr verträgliche Schonkost, lindern Magenschleimhautentzündung und -geschwüre, Sodbrennen und – äußerlich als Wärmeträger eingesetzt – Muskel-, Hals- und Bauchschmerzen. Ihr günstiges Verhältnis von Natrium zu Kalium wirkt entwässernd. Ihr reichhaltiges Nähr- und Mineralstoffangebot unterstützt Aufbau und Gesunderhaltung von Bindegewebe, Knochen und Muskeln und aktiviert den Stoffwechsel. Die Wärme dringt tief ins Gewebe ein und wirkt schmerzlindernd, muskelentspannend, tief durchwärmend und entzündungshemmend.

ZUM SCHLANKBLEIBEN

Kartoffeln machen satt, aber nicht dick! (Dick machen Beilagen wie feine Soßen oder das Frittieren.) Übergewichtige profitieren eher davon, dass die komplexen Kohlenhydrate (Ballaststoffe) der Kartoffel den Blutzuckerspiegel nur langsam ansteigen lassen, weil sie die Aufnahme von Kohlenhydraten aus dem Darm in die Blutbahn verzögern. Das macht länger satt und vermeidet Blutzuckerspitzen nach dem Essen. Die reichlich vorhandenen Faserstoffe gedämpfter, ungeschälter Kartoffeln wirken zudem verdauungsfördernd und lindern Verstopfung.

SCHON- UND KRANKENKOST

Kartoffeln sind sehr bekömmlich, auch Babys und Kranke vertragen Kartoffelbrei oder -suppe. Als Schon- und Krankenkost sind sie bewährt nach Durchfall, Erbrechen und Magen-Darm-Erkrankungen. Mild gewürzte Kartoffelsuppe dient als Aufbaunahrung, ebenso wie gestampfte Kartoffeln, vor allem für Leberkranke. Eine Kartoffelsuppe mit Möhren und Pastinaken wärmt und beruhigt den nervösen Magen.

GUT FÜR HERZ UND KREISLAUF

Die Knollen sind ein sehr basisches Gemüse (300 g Kartoffeln pro Tag decken 60 % des Kaliumbedarfs), reizarm und leicht entwässernd. Das ist auch bei Bluthochdruck von Vorteil. In der Naturheilkunde sind sogenannte „Entlastungstage“ zur Flüssigkeitsausscheidung bei Herzinsuffizienz, aber auch bei Blasen-Nieren-Erkrankungen bewährt: 3 Tage lang 1 kg Kartoffeln täglich ohne Salz- und Fettzugabe kochen oder dämpfen und über den Tag verteilt essen; nach 4 Wochen wiederholen. Salzfrei gedämpft als Pellkartoffeln entwässern sie, entschlacken und senken den Blutdruck.

„EIN RECHTES MAGENPFLASTER“

Wenn Sie unter Sodbrennen, einer Magenschleimhautentzündung oder einer übermäßigen Produktion von Magensäure leiden, sind Kartoffeln eine seit Langem bewährte Medizin. Das wurde durch neue Untersuchungen bestätigt: Kartoffeln wirken im Magenbereich entzündungshemmend, krampflösend und magensekretionshemmend, sie binden ein Zuviel an Magensäure und schützen die Magenschleimhaut vor Reizungen und sogar vor Geschwüren. Das Besondere ist die Art der Anwendung bei Übersäuerung: Magenkrampflösend und säurebindend wirkt ein Kartoffel-Presssaft aus rohen frischen Kartoffeln. Trinken Sie ihn sogleich nach der Zubereitung, sonst verfärbt sich der Saft durch den Luft-Sauerstoff dunkel und ist dann nicht mehr so heilkräftig.
In einer Untersuchung haben Patienten 1 Woche lang morgens nach dem Aufstehen und abends vor dem Schlafengehen je 100 ml Kartoffelsaft getrunken (bei Anhalten der Beschwerden auch mehr). Nach einer Woche hatten sich die Beschwerden bei zwei Drittel der Patienten gebessert, das Beschwerdeprofil um mehr als 40 % und die Lebensqualität um mehr als 50 %.

BITTE BEACHTEN

In der gesamten Kartoffelpflanze befindet sich das giftige, hitzeresistente Solanin, am meisten (1 %) in der unreifen Frucht und den grünen Teilen, in einer geschälten Kartoffel nur 0,001 %. Nachweislich giftig sind Kartoffeln ab einem Solaningehalt von über 0,02 % – das Kartoffelkraut deshalb keinesfalls essen. Solanin kann Magenkrämpfe, Kopfschmerzen sowie Durchfall verursachen oder das Nervensystem angreifen.
In Pommes frites und Kartoffelchips kann durch Frittieren, Braten und Backen ab 120 °C erbgutveränderndes und krebserregendes Acrylamid entstehen: je höher die Temperatur, desto mehr. Im Backofen deshalb 180 °C (Umluft) bzw. 200 °C (Ober-/Unterhitze) nicht überschreiten, Bratkartoffeln aus vorgekochten Kartoffeln machen.

Kartoffel-Rezepte

Himmel und Erde

Kartoffelbrei mit Apfelmus – der Klassiker – ist ein fettfreies Lieblingsgericht und eine Aufbaukost, die vor allem Leberkranken guttut.

FÜR 4 PERSONEN
» 1 kg mehlig kochende Kartoffeln
» 750 g Äpfel
» 1 EL Zucker (kann bei süßen Apfelsorten entfallen)
» 1 Spritzer Zitronensaft
» 2 EL Milch
» 1 EL Butter
» Salz, Pfeffer
» Muskat

- Kartoffeln mit Schale 20–30 Minuten gar kochen. Parallel dazu die Äpfel schälen, das Kerngehäuse entfernen, in Stücke schneiden. Diese in wenig Wasser mit Zucker und Zitronensaft bei geschlossenem Deckel köcheln lassen; ab und zu umrühren.
- Die fertig gegarten Kartoffeln abgießen, pellen, in den Topf zurückgeben und mit dem Kartoffelstampfer gut durchstampfen. Die Äpfel auch stampfen und zu den Kartoffeln geben. Milch und Butter hinzugeben; alles locker vermischen und mit Salz, Pfeffer und Muskat abschmecken.

Kü-Ka-Lei-Wa: ein basenüberschüssiges Getränk

Kümmel, Kartoffeln, Leinsamen, Wasser – Kü-Ka-Lei-Wa – die Kartoffel gehört zu den basenüberschüssigsten Nahrungsmitteln, die wir haben. Sie schützt die Magenschleimhaut, puffert Säuren ab und lindert rheumatische Beschwerden.

FÜR 1 KURTAG
» 500 g rohe Kartoffeln, geschält und klein geschnitten
» 2 TL Kümmel (oder Fenchelsamen)
» 2 TL Leinsamen

- Alle Zutaten in 1 l Wasser 20 Minuten köcheln, dann abgießen – das Wasser auffangen!
- Dieses „Kü-Ka-Lei-Wasser" bei Übersäuerung oder Sodbrennen warm trinken: morgens 30 Minuten vor dem Frühstück, dann über den Tag verteilt und als letzten Abendtrunk (im Kühlschrank aufbewahren und die entsprechende Menge anwärmen). 4–6 Wochen lang täglich trinken; danach bei Bedarf als Morgengetränk beibehalten. Jeden Morgen frisch zubereiten.

Kartoffel-Kosmetik

Rohe Kartoffeln sind geniale Feuchtigkeitsspender. Sie pflegen mit ihren A- und C-Vitaminen und ihrer Milchsäure die Haut, mildern vorhandene und verhindern neue Fältchen. Die Haut wird straff, rosig und glatt und fühlt sich erfrischt an.

» rohe Kartoffel, in Scheiben geschnitten
» gekochte Kartoffel
» evtl. 1 Eigelb bzw. 2 EL Olivenöl oder Sahne

Kartoffelpflege: Gesicht, Hals und Dekolleté mit rohen Scheiben oder frischem Kartoffel-Presssaft als Gesichtstonikum einreiben, nach 20 Minuten abnehmen und abwaschen.

Bei trockener Haut: Gekochte Kartoffel zerdrücken, auf Wunsch mit Sahne, Öl oder Eigelb zu einer Paste verrühren und auftragen. Mit einer warmen Kompresse bedeckt 15–20 Minuten einwirken lassen, lauwarm abwaschen. Gut bei trockenen, rissigen Händen.
Gegen Augenringe: Rohe Scheiben 10 Minuten auf die geschlossenen Augen legen.

Bauernfango: Kartoffelpäckchen

Fango ist eine heiße Auflage und immer dann geeignet, wenn eine lang anhaltende, tiefe Durchwärmung gefragt ist, bei Arthrose, Bronchitis, Muskelschmerz. Nicht bei akut-entzündlichen („heißen") Beschwerden oder Nervenwurzelreizung anwenden.

» 500 g Kartoffeln, mit Schale weich gekocht

Die noch heißen Kartoffeln in ein Papierküchentuch und anschließend in ein Geschirrhandtuch einwickeln. Kartoffeln im „Paket" zerdrücken und zu einer 2–3 cm dicken Auflage formen, die so groß sein sollte wie die zu behandelnde Stelle. Dann auf die betroffene Stelle legen und mit einem wollenen Außentuch oder Schal straff und möglichst ohne „Luftlöcher" fixieren, sodass die Wärme nicht entweichen kann.

Rohe Kartoffel bei Verbrennungen

Ein geniales Hausmittel bei oberflächlichen, leichten Verbrennungen: Die langsame Verdunstung der in der Kartoffel enthaltenen Feuchtigkeit kühlt und lässt gut heilen.

» 1 rohe Kartoffel

Bei verbranntem Finger: Die Kartoffel muldenförmig aushöhlen und den verbrannten Finger so lange hineinpressen, bis der Schmerz aufhört. Für Kinder kann man die Kartoffel auch lustig als Gesicht zurechtschnitzen, dann tut es gleich weniger weh.
Bei Sonnenbrand: Die Kartoffel schälen, ganz fein reiben und als kühlenden Brei zur ersten Hilfe auflegen.

Achtung: Kartoffelauflagen sind sehr heiß: Vor dem Auflegen unbedingt überprüfen, ob die Hitze verträglich ist. Die Auflage bleibt liegen, so lange es als angenehm empfunden wird (15 Minuten bis mehrere Stunden bzw. die ganze Nacht). Nach dem Abnehmen nachruhen.

Kirschen, knackig und verführerisch

Ob schwarz, rot oder in Herzform, die Kirsche ist Verführung pur. Der römische Feldherr Lukullus hatte eine Vorliebe für die süße Frucht. Er entdeckte sie auf seinen Streifzügen durch die Türkei und verbreitete sie in Mitteleuropa: lukullischer Genuss.

Süßkirsche Prunus avium

Sauerkirsche Prunus cerasus

DIE PFLANZE

Die „Königin der roten Früchte" aus der Familie der Rosengewächse gibt es in unterschiedlichen Formen und Geschmacksnuancen. Der große Unterschied zwischen Süß- und Sauerkirsche liegt im Säuregehalt: Wie der Name schon verrät, enthält die Sauerkirsche mehr organische Säuren.

DAS IST DRIN

Die Frucht besteht aus einem hohen Anteil an Wasser, Fruchtzucker und Vitaminen, vor allem der B-Gruppe, Folsäure und Vitamin C. Des Weiteren ist sie reich an Mineralstoffen und Spurenelementen, wie Kalium, Magnesium, Calcium, Eisen und Zink, und organischen Säuren wie Kieselsäure, Folsäure und Apfelsäure. Ganz wichtig sind die roten Farbstoffe, die Anthozyane, die vor allem in der Kirschhaut enthalten sind – je dunkler die Frucht, desto mehr. Im Kirschkernöl sind außerdem wertvolle ungesättigte Fettsäuren und Vitamin E enthalten.

EINKAUFEN UND LAGERN

Die ersten Kirschen werden Ende Mai reif. Am besten erstehen Sie die vollreifen Kirschen (sie reifen nicht nach) auf dem Markt, direkt beim Obstbauern, oder pflücken sie im eigenen Garten. Importware ist oft mit Konservierungsstoffen und Spritzmitteln belastet. Die Früchte sollten fest sein; sehr weiche, glanzlose Kirschen sind oft von Maden befallen. Je grüner und glatter der Stiel an Süßkirschen, desto frischer die Frucht. Kirschen sind nicht lange haltbar: Süßkirschen halten sich 1–2 Tage im Kühlschrank, Sauerkirschen durch den höheren Fruchtsäuregehalt etwas länger. Beide lassen sich gut einfrieren und einkochen.

ZUBEREITEN

Sauerkirschen schmecken gut als Saft und Marmelade und eignen sich hervorragend zum Einkochen, wo sie zu Süßspeisen, Kuchen und Nachtisch (heiße Sauerkirschen mit Vanilleeis) weiterverarbeitet werden. Auch Süßkirschen können eingekocht werden, jedoch ist durch den höheren Säuregehalt Eingemachtes aus Sauerkirschen haltbarer. Achtung: Kommt bei Kuchen, Desserts und vor allem Marmeladen viel Zucker ins Spiel, schmälert das den Gesundheitswert der Kirsche. Außerdem gehen durch das Erhitzen wichtige Mineralstoffe und Vitamine verloren.

BITTE BEACHTEN

Wenn Sie größere Mengen Kirschen auf einmal essen (ab 500 g aufwärts), trinken Sie nicht zu viel Wasser dazu! Auf der Schale der Kirschen befinden sich Hefezellen, die normalerweise von der Magensäure abgetötet werden. Allerdings verdünnt Wasser die Magensäure. Die Folge: Im Magen fängt es an zu gären.

SO WIRKEN KIRSCHEN

Das Heilsame an der Kirsche ist zugleich ihr auffallendstes Merkmal: das schöne Rot. Die roten Farbstoffe (Anthozyane) gehören zu den bedeutendsten Antioxidantien in der Natur und spielen eine wichtige Rolle in der Krebsvorbeugung. Je dunkler die Kirsche, desto höher der Gehalt und umso wertvoller für die Gesundheit!

SCHMERZEN LINDERN BEI RHEUMA

Die rote Kirschfarbe wirkt entzündungshemmend und als leichtes Schmerzmittel bei der Behandlung von Arthritis und Gicht. In der Schmerzforschung wurde festgestellt, dass die Kirsch-Anthozyane Enzyme hemmen, die am Entzündungsgeschehen von Gicht und rheumatischen Erkrankungen beteiligt sind, sie greifen an derselben Stelle ein wie bekannte Schmerzmittel. Die Wirkung wird vom hohen Anteil an entwässerndem Kalium unterstützt. Als Tagesdosis werden 20 Kirschen empfohlen. Mittlerweile gibt es auch Fertigpräparate in der Apotheke.

ZUR BLUTBILDUNG

Der hohe Eisengehalt und die Folsäure in der Kirsche dienen der Blutbildung. Ideal zum Auffüllen der körpereigenen Eisenspeicher ist Kirschsaft, auch in Kombination mit anderen roten und Vitamin-C-haltigen Früchten. Wichtig und gut geeignet für Kinder, für werdende Mütter und zur Genesung nach größeren Operationen.

JUNGBRUNNEN KIRSCHE

Kirschen enthalten eine günstige Kombination aus Mineralstoffen und Spurenelementen, vor allem Kalium, Eisen, Magnesium, Calcium und auch Kieselsäure für den Aufbau von Bindegewebe, Haut, Haaren und Zähnen. Deshalb werden Kirschen auch als Anti-Aging-Mittel gerühmt – eine Kur mit Kirschen bietet sich an. Auch für Kinder, die sich im Wachstum befinden, und für ältere Menschen, deren Zähne und Gewebe Stärkung brauchen, sind Kirschen leckere Medizin.

KIRSCHKUR

Die Kur dient zum Aufbau und Erhalt von Bindegewebe, Haut, Haaren und Zähnen, reguliert die Verdauung und beugt Muskelkater vor.
4 Wochen lang täglich eine Handvoll (etwa 200 g) frische Süßkirschen essen. Da frische Früchte nur von Ende Mai bis Ende Juli zur Verfügung stehen, können Sie auch zu tiefgefrorenen Kirschen greifen. Durch rasches Einfrieren bleiben fast alle Nährstoffe und Vitamine erhalten.
Nicht ganz optimal (da ein Teil der gesundheitsfördernden Stoffe durch die Verarbeitung verloren gehen), aber dennoch eine Alternative ist das Trinken von 1 Glas Kirschsaft am Tag. Bitte auf Qualität achten (100 % Fruchtanteil oder sogenannten Muttersaft kaufen).

SCHUTZ VOR MUSKELKATER

In neueren wissenschaftlichen Untersuchungen wurde festgestellt, dass Sauerkirschsaft vor Muskelkater schützt und die körperliche Fitness fördert. Sportler, die regelmäßig Kirschsaft tranken, hatten nach dem Training weniger Muskelkater und -schmerzen als eine Kontrollgruppe, die Placebos bekam. Eine andere Studie stützt dies: Sauerkirschsaft – vor allem aus Schattenmorellen, sie enthalten doppelt so viel Polyphenole (Radikalenfänger) wie Süßkirschsaft – vermindert die Entzündungsreaktion und die Bildung freier Radikale nach einem Marathonlauf.

BESSER ALS EINE WÄRMFLASCHE

Kirschkerne haben sehr gute Wärmespeichereigenschaften. Machen Sie ein Kirschkernkissen aus ihnen – ideal als milde Wärmeanwendung für Säuglinge, Kinder und ältere Menschen, bei Bauch-, Gelenk- und Gliederschmerzen. Wichtig ist, dass Sie die gesäuberten, getrockneten Kerne in eine Hülle aus Baumwolle oder Leinen füllen. Stoffe aus Kunstfaser können beim Erhitzen anfangen zu brennen.
Zum Erwärmen gibt es verschiedene Methoden. Entweder legen Sie das Kissen so lange auf einen Heizkörper, den Kachelofen oder zwischen zwei Wärmflaschen, bis es warm ist (die Erwärmung ist nur mäßig). Oder Sie geben das Kissen für 2 Minuten bei 600 Watt in die Mikrowelle – stellen Sie unbedingt 1 Glas Wasser dazu, sonst kann es beginnen zu brennen. Auch im Backofen können Sie das Kissen erwärmen: 10–20 Minuten lang bei 150 °C (auch hier 1 Glas Wasser dazustellen). Legen Sie das warme Kissen auf die schmerzende Stelle. Prüfen Sie aber zuvor, ob die Temperatur hautverträglich ist.

Kirsch-Rezepte

Kirschsuppe mit Grießklößchen

Eine erfrischende Sommersuppe für heiße Tage, zur Stärkung von Muskelkraft und Energie.

FÜR 4 PERSONEN
FÜR DIE SUPPE:
» 500 g Sauerkirschen, entsteint
» 1 Stückchen Schale einer Bio-Zitrone
» 2 EL Speisestärke
» 3 EL Zucker
» ½ Päckchen Vanillezucker

FÜR DIE KLÖSSCHEN:
» 250 ml Milch
» 50 g Hartweizengrieß
» 1 EL Zucker
» 1 Ei

Die Sauerkirschen in 300 ml Wasser, gewürzt mit einem Stückchen Zitronenschale, 8–10 Minuten kochen. Die Speisestärke in etwas kaltem Wasser anrühren, in die Suppe rühren und einmal kurz aufkochen lassen. Die Zitronenschale herausnehmen. Den Zucker und den Vanillezucker einrühren, bis sie sich aufgelöst haben. Die Suppe abkühlen lassen, dabei gelegentlich umrühren.

Für die Grießklößchen die Milch zum Kochen bringen. Grieß und Zucker unter Rühren langsam einrieseln lassen, ungefähr 3 Minuten kochen. Die Masse von der Herdplatte nehmen und das Ei unterrühren (zuvor etwas abkühlen lassen, damit das Ei nicht gerinnt).

In einem flachen Topf Wasser zum Kochen bringen, mit zwei angefeuchteten Löffeln Klößchen aus der Masse formen und in dem heißen Wasser 3–4 Minuten garen. Die Klößchen abtropfen lassen und in die kalte Suppe geben.

Kirschsuppe mit Grießklößchen

Quark-Kirsch-Auflauf

Ein erfrischender Sommerauflauf – für alle Naschkatzen, die etwas für die Blutbildung tun möchten.

FÜR 4 PERSONEN
» 4 Eier
» 125 ml Milch
» 2 Päckchen Vanille-Puddingpulver
» 125 g Zucker
» 1 Päckchen Vanillezucker
» 3 EL Zitronensaft
» 1 Prise Salz
» 750 g Magerquark
» etwas Butter
» 1 EL Semmelbrösel
» 500 g Süß- oder Sauerkirschen je nach Geschmack, entsteint

Eier trennen. Eigelb, Milch, Puddingpulver, Zucker, Vanillezucker, Zitronensaft und Salz mit dem Quark verrühren. Eiweiße steif schlagen und unter die Masse heben.

Eine Auflaufform mit der Butter fetten, mit Semmelbrösel ausstreuen. Den Teig einfüllen, Kirschen darauf verteilen und bei 180 °C (Ober-/Unterhitze) 1 Stunde lang backen. Warm oder kalt servieren.

Sportler-Smoothie

Eine wohlschmeckende Vitamin- und Farbstoffbombe, die Muskelkater vorbeugt.

FÜR 2 PERSONEN
» 4 Handvoll Sauerkirschen, entsteint
» evtl. 2 Handvoll Beeren, z.B. Himbeeren, Johannisbeeren, Erdbeeren
» 400 ml Sauerkirschsaft
» Saft von 1 Zitrone
» 10 Minzblätter
» evtl. 2 EL Honig oder 2 Trockenfeigen

Alle Früchte in den Mixer geben und pürieren. Sauerkirsch- und Zitronensaft, Minzblätter und Honig bzw. Feige nach Geschmack dazugeben, noch einmal gut durchmixen.

Kirsch-Parfait

Eine köstliche sommerliche Verführung mit Kirschnote zur Stärkung von Haut und Haar.

FÜR 4 PERSONEN
» 1 Eiweiß
» 100 ml Schlagsahne
» 200 g Joghurt
» 200 g Frischkäse
» 2 EL Vanillezucker
» 50 g Puderzucker

FÜR DIE KIRSCHSAUCE:
» 250 g Sauerkirschen
» 100 ml Kirschsaft

Das Eiweiß und die Sahne getrennt steif schlagen. Joghurt und Frischkäse mit Vanillezucker und Puderzucker cremig rühren. Die Sahne und den Eischnee unterziehen. Die Creme abgedeckt mindestens 4 Stunden gefrieren lassen. Für die Sauce 4 Kirschen beiseite legen. Die restlichen Kirschen entsteinen und mit dem Kirschsaft etwa 10 Minuten einköcheln lassen, dann abkühlen lassen.

Das Parfait 5–10 Minuten vor dem Servieren aus dem Eisfach holen und etwas antauen lassen. Kugeln vom Parfait abstechen und mit der Kirschsauce in Gläser schichten. Mit den übrigen Kirschen garniert servieren.

Kirsch-Maske

Verschönt und erfrischt vor allem die etwas reifere Haut.

» 9 Sauerkirschen, entsteint
» 50 g Quark
» 1 TL Honig
» evtl. 1 TL Leinöl

Kirschen, Quark und Honig pürieren. Bei sehr trockener Haut noch Leinöl hinzugeben. Vor allem abends dünn auf die Haut in Gesicht und Dekolleté auftragen, 10 Minuten einwirken lassen, danach vorsichtig abwaschen.

Kohl, Heilkraft mit Köpfchen

Kohl war schon in der Antike ein überaus geschätztes Heil- und Nahrungsmittel. Im Mittelalter durften Kohlköpfe in keinem Garten fehlen und zu Zeiten Captain Cooks war Sauerkraut das wichtigste Anti-Skorbutmittel, sprich lebensrettend. Braucht es mehr Gründe, Kohl zu schätzen?

Blumenkohl, Brokkoli, Rosenkohl, Weißkohl, Kohlrabi und viele mehr

Brassica oleracea

DIE PFLANZE

Kohl ist ein Gemüse mit Köpfchen und ein Thema mit Variationen: ob Weißkohl, Wirsing, Blumenkohl, Kohlrabi, Rosen-, China-, Spitz- oder Grünkohl – sie alle stammen von derselben Wildform ab und sind reich an Heilkräften, vor allem an Senfölglykosiden.

DAS IST DRIN

Alle Kohlarten enthalten reichlich Vitamine. Vor allem viel Vitamin C – eine Gemüseportion deckt bereits den Tagesbedarf. Aber auch Vitamine der B-Gruppe sind enthalten: B_1, B_2, B_9 (Folsäure) und in milchsauer vergorenem Kohlgemüse B_{12}. Letzteres fördert die Bildung der Erythrozyten (roten Blutkörperchen), die Regeneration der Schleimhaut und auch der Darmflora. Zudem enthält Kohl viel Vitamin A, das die Abwehrbarriere der Schleimhäute stärkt, und Vitamin K für Knochenaufbau und Blutgerinnung. Außerdem Mineralien und Spurenelemente (Eisen, Schwefel, Natrium, Kalium, Calcium, Magnesium, Phosphor, Zink) sowie Chlorophyll, Ballaststoffe und Eiweiß. Kohl ist einer der besten Lieferanten an sekundären Pflanzenstoffen: Carotinoide, Flavonoide, Phenolsäuren, Sulfide und vor allem antibiotisch wirkende Senfölglykoside (Glucosinolate). Sie gelten als „Antikrebssubstanzen", aktivieren Entgiftungsenzyme in der Zelle und schützen vor Schadstoffen. Die verschiedenen Kohlarten punkten darüber hinaus mit weiteren, teils auch in unterschiedlicher Menge enthaltenen Inhaltsstoffen. Manche, aber nicht alle Kohlarten sind nitratreich. Mehr zu den Unterschieden der einzelnen Kohlgemüsesorten finden Sie auf der nächsten Seite.

EINKAUFEN UND LAGERN

Von Rosen- bis Spitzkohl, von Wirsing bis Brokkoli – die Spannbreite von Kohl ist riesig. Daher muss jedes Kohlgemüse für sich betrachtet werden, lesen Sie mehr dazu auf der nächsten Seite.

ZUBEREITEN

Vitamin C bleibt auch beim Lagern und kurzen Kochen erhalten, denn es liegt meist in einer Vorstufe (Ascorbigen) vor, die erst beim Erwärmen in ihre aktive Form übergeht: Erst beim Kochen verwandelt es sich in Vitamin C. Deshalb enthält auch kurz gekochter oder leicht gedämpfter Kohl viel Vitamin C! Andererseits sind die keimwidrigen, krebsvorbeugenden Glucosinolate nicht sehr hitzestabil. Am besten also, Sie genießen „Gemüseglucosinolate" sowohl roh als auch gekocht.

BITTE BEACHTEN

Wenn Sie nach Kohlgenuss gelegentlich Blähungen haben, geben Sie Gewürze wie Anis, Fenchel, Koriander, Kümmel oder geriebenen Ingwer mit ins Kochwasser, das trägt zur Verträglichkeit bei.

BLUMENKOHL Mineralien- und vitaminreich, enthält neben viel Kalium und Magnesium das wasserlösliche Vitamin B_5 – das ist nervenstärkende Pantothensäure, die die allgemeine Energieversorgung des Körpers bessert und u. a. am Aufbau von Botenstoffen wie Serotonin beteiligt ist. Außerdem viel Aminosäuren und wenig Fett. Beim Einkauf sollte der Kopf fest und weiß sein. Er hält im Gemüsefach des Kühlschranks mehrere Tage. Nicht mit Ethylen ausscheidendem Obst (Äpfel, Bananen) zusammen lagern, da es das Verderben beschleunigt. Zubereitung: Strunk und untere Blätter entfernen, kurz in Salzwasser legen, um eventuelle Tiere zu entfernen. Nur kurz in Wasser kochen oder dampfgaren und das Blumenkohlwasser trinken. Mild im Geschmack, trotz wenig Kohlenhydraten sättigend und so gut bekömmlich, dass Blumenkohl als Diät- und Schonkost gilt.

BROKKOLI Einer der edelsten der Kohlfamilie! Enthält (zusammen mit Grünkohl) mehr Nährstoffe als andere Kohlsorten und ist ein echter Multivitamin- und Mineraliencocktail. Reichlich Calcium (so viel wie 1 Glas Buttermilch) und Vitamin C – 200 g Brokkoli decken den Tagesbedarf. Wenig Kalorien, viel Eiweiß, viele Carotinoide, Folsäure, Eisen, reichlich Magnesium und Kalium, wenig Natrium: Dies alles ist gut für Herz- und Nierenkranke. Brokkoli enthält vor allem krebshemmende sekundäre Pflanzenstoffe wie Sulforaphane, Indol (organisch gebundener Schwefel) und Flavone. Die Stiele sind besonders reich an Chlorophyll und Selen, das die Immunabwehr stimuliert – deshalb immer mitessen! Brokkoli wird schnell welk und gelb und verliert dann an Geschmack und Gesundheitswert, deshalb zügig verbrauchen oder in kleine Röschen geteilt einfrieren (zuvor kurz blanchieren). Überlagerter oder aufgeblühter (gelber) Brokkoli ist arm an Sulforaphan geworden – schade darum. Brokkoli schmeckt wenig nach Kohl und enthält kaum blähende Stoffe. Zur Entfernung von Kleingetier 2–3 Minuten als Ganzes in kaltes Salzwasser legen, erst direkt vor dem Zubereiten zerkleinern. Weil Kochen den Großteil der heilkräftigen Enzyme und Sulforaphane zerstört, sollten Sie Brokkoli schonend dünsten (8–10 Minuten) oder am besten roh essen (z.B. als Salat mit gutem Olivenöl). Die Deckblätter isst man als Blattgemüse.

CHINAKOHL Er ist eine Kreuzung aus Senfkohl (Pak Choi) und Speiserübe, stammt aus China und ist nur entfernt verwandt mit den europäischen Kohlarten. Besitzt besonders viel Folsäure, Vitamin B_6, Senföle wie die anderen Kohlsorten auch und ist mit 10 kcal/100 g sehr kalorienarm. Reich an Kalium, Selen und Provitamin A, dafür weniger Vitamin C und Nitrat. Chinakohl hat nicht den typischen Kohlgeschmack, ist leicht verdaulich, nicht blähend und gut bekömmlich, wenn Sie einen empfindlichen Magen haben. Der Kohl ist von September bis Februar aus heimischem Freilandbau erhältlich; die Blätter sollten dicht und geschlossen sein und keine matschigen Stellen aufweisen. Chinakohl können Sie gut lagern, im Kühlschrank bis zu 10 Tagen, am besten in Frischhaltefolie gewickelt. Er lässt sich zerkleinert und blanchiert auch gut einfrieren. Sie können ihn roh wie Kopfsalat oder leicht gedünstet essen.

GRÜNKOHL Auch Braun-, Feder-, Kraus- oder Blätterkohl genannt, ist die Kohlart mit dem höchsten Gehalt an hochwertigem Eiweiß und Eisen (in 100 g stecken so viel Eisen wie in 100 g Schweinekotelett oder 1 Glas Milch), Kohlenhydraten und Calcium (1 Portion enthält so viel wie 2 Gläser Milch). An Betacarotin wird er nur von Möhren übertroffen. Er enthält Kalium, besonders viel Vitamin C, auch reichlich entzündungshemmendes Vitamin K, Ballaststoffe und Antioxidantien (Carotinoide, Flavonoide, Lutein), die die Sehkraft verbessern und Netzhautdegeneration vorbeugen, sowie Nitrat. Und außergewöhnlich viele sekundäre Pflanzenstoffe wie die Senföle. Zudem zeichnet ihn ein hohes Vorkommen von Omega-3-Fettsäuren (Alpha-Linolensäure) aus: ein echtes Superfood! Grünkohl wird frisch von September bis März angeboten, sonst tiefgefroren. Minustemperaturen machen ihn bekömmlicher und süßlich-herb, weil seine Stärke dann in Zucker umgebaut wird. Beim Kauf sollten die Blätter dunkelgrün sein und leicht quietschen, wenn man sie aneinander reibt. Sind gelbe Blattspitzen sichtbar, den Kohl nicht kaufen, dann wurde er zu lange gelagert. Es gibt frühe hellgrüne, fein gekrauste Sorten und späte Sorten mit dunkel-blaugrünen Blättern. Grünkohl fällt beim Kochen zusammen, berechnen Sie daher 1,5–2 kg für ein Vier-Personen-Gericht. Im Kühlschrank hält er sich bis zu 3 Tage, danach sollte er verbraucht oder eingefroren werden. Nach dem Waschen die krausen Blättchen von den Rippen entfernen (die nitrathaltigen Stängel nicht mitessen). 20 Minuten dünsten oder fein gehackt und roh oder blanchiert als Salat mit Olivenöl essen. Bei uns vor allem als deftig-fette Speise wie „Grünkohl mit Pinkel" bekannt, in den USA und Australien absolut „in": roh im Salat, als Smoothie, Pulver, Chips (Kale-Chips) oder Pesto, mit Serranoschinken oder Parmesan serviert.

KOHLRABI Punktet vor allem mit viel Eisen, Magnesium, Kalium, Folsäure und Calcium, reichlich Vitamin C und B-Vitaminen. Am meisten Inhaltsstoffe stecken in den Blättern– zwei- bis dreimal so viel wie in der Knolle, deshalb Blätter immer mitessen! Die Blätter enthalten 100-mal mehr Carotin als die Knollen, der Eisengehalt ist doppelt so hoch wie beim Spinat. Kohlrabi hält sich im Gemüsefach des Kühlschranks oder in ein feuchtes Tuch gewickelt bis zu 8 Tage lang frisch und zart – nur das Laub sollten Sie gleich entfernen und in den Smoothie geben, für Kohlrouladen verwenden oder wie Spinat essen. Kohlrabi lässt sich gut einfrieren. Zubereitung:

Grünkohl

Die verdickte Sprossachse (Kohlrabi ist eigentlich ein Stängelgemüse) schälen und dann roh, geschmort, gratiniert oder püriert genießen. Kohlrabi gilt als die „zarteste Versuchung“ unter den Kohlgewächsen, „kohlt“ am wenigsten (sowohl was Geschmack als auch Blähungen angeht) und wird auch von Menschen geschätzt, die sonst von Kohl Abstand nehmen.

KOPFKOHL, WEISS- UND ROTKOHL Ist reich an Mineralstoffen (Calcium, Schwefel) und vor allem an Vitamin C – roh jedoch gebunden an die Vorstufe Ascorbigen (Seite 208). Deshalb enthält (kurz) gekochter Kohl mehr Vitamin C als roher. Noch mehr Vitamin C liefern nur Brokkoli und Rosenkohl. Rotkohl schmeckt süßer als Weißkohl und enthält ein wenig mehr Vitamin C, ist aber etwas schwerer verdaulich. Die blaue Farbe (sie entsteht erst beim Kochen durch Zugabe von Essig oder Zitronensaft) kommt durch reichlich vorhandene Anthozyane, sonst sind die Inhaltsstoffe die gleichen wie im Weißkohl. Kopfkohl lässt sich gut kühl, aber frostfrei lagern: in Keller, Schuppen oder Garage. Sowohl Weiß- als auch Rotkohl schmecken gut als Gemüse, als Kohlroulade oder auch roh als Salat. Aus Weißkohl wird traditionell auch Sauerkraut bereitet, durch die Milchsäuregärung entsteht noch einmal eine andere Dimension an wertvollen Wirkstoffen (siehe Spitzkohl).

ROSENKOHL Enthält mit Brokkoli zusammen von allen Kohlsorten am meisten Vitamin C und sehr viel Folsäure (B_9), besitzt zudem viele Ballast- und auch Bitterstoffe. Herausragend sind sein hochwertiges Eiweiß mit Aminosäuren (Lysin, Tryptophan), die der Körper gut aufnimmt, und seine krebshemmenden Glucosinolate. Laut Studie braucht es für einen verlässlichen Krebsschutz längerfristig täglich 300 g Rosenkohl. Die Röschen sollten beim Einkauf fest und knackig sein, grün und glänzend und keine gelben Blätter aufweisen; sind die äußeren Blätter erst einmal gelb, wurde schon viel Vitamin C abgebaut. Die kleinen Triebknospen am besten gleich verwenden, sonst sind sie ungewaschen in einem perforierten Plastikbeutel verpackt 3–4 Tage im Kühlschrank haltbar. Sie lassen sich blanchiert und tiefgefroren gut 1 Jahr aufheben. Zubereiten: Waschen und putzen, den Strunk kreuzweise einschneiden (verkürzt die Kochzeit) und etwa 10 Minuten in Salzwasser kochen oder dünsten. Nie zu lange kochen, das vermindert den Wirkstoffgehalt rapide. Köstlich als Rosenkohlpüree, mit etwas Kartoffelpüree vereint, Butter und Gewürzen.

SPITZKOHL Auch Filderkraut genannt, reift spät und wird nach der Ernte meist zu Sauerkraut verarbeitet. Er enthält weniger an scharfen Senfölen als seine Kohl-Geschwister. Sauerkraut ist so gesund, weil es alle guten Nährstoffe des Weiß- oder Spitzkohls sowie fast 20-mal mehr Ascorbigen als roher Kohl besitzt und zusätzlich noch die Heilkräfte durchs Vergären. Dabei entsteht Milchsäure mit mild abführenden Eigenschaften; die Milchsäurebakterien fördern eine gesunde Darmflora und beugen somit Infektionen vor. Der basische Sauerkrautsaft hilft, auch wenn er sauer schmeckt, bei Übersäuerung. Er erzeugt einen Anti-Ulcus-Faktor, indem er Schleimhautzellen anregt, eine Art Schutzfilm zu schaffen. Er bildet, wenn auch nur in Spuren, Vitamin B_{12} – gut für Vegetarier. Außerdem entstehen Isothiocyanate, die Krebszellen bekämpfen. Äußerlich angewendeter Sauerkrautsaft kühlt, lindert leichte Verbrennungen und Insektenstiche. Spitzkohl ist nicht lange haltbar, hält sich aber in ein feuchtes Küchentuch gewickelt immerhin 1 Woche im Kühlschrank. Von der Verwendung her ist Spitzkohl ein Allroundtalent, kann wie Weißkohl oder Wirsing zubereitet werden, roh oder gekocht, herzhaft oder süß angemacht und als Wok-Gemüse. Beim Kochen gart er schneller als Weißkohl und ist besser bekömmlich. Beim kurzen Garen steigt sein Vitamin-C-Gehalt noch an, sodass schon 1 Portion den Tagesbedarf deckt. Sein Aroma ist mild, dem Kohlrabi ähnlich.

WIRSING Wie die anderen Kohlgemüse reich an Mineralstoffen, Spurenelementen und Vitaminen, enthält etwas weniger Kalium und Nitrat, dafür relativ viel Vitamin E und mehr Carotine und Polyphenole. Wirsing hat mehr Eiweiß und etwas weniger Ballaststoffe als Rot- und Weißkohl. Wie Spitzkohl enthält er Ascorbigen, eine Vitamin-C-Vorstufe, aus der durch kurzes Kochen das Vitamin C entsteht. Am gesündesten ist er schonend kurz gegart, in Streifen geschnitten reichen 6–8 Minuten kochen. Den Kohlgeruch mildern Sie durch einen Schuss Essig. Wirsing ist das ganze Jahr über erhältlich, je nach Anbauzeit unterscheidet man Sommer- und Winterwirsing. Sommerwirsing kann man nicht lange lagern; Winterwirsing hält sich 1 Woche im Kühlschrank.

SO WIRKT KOHL

Die moderne Ernährungsmedizin bestätigt die 2000 Jahre alten Empfehlungen und rät, den ausgesprochen gesunden, antioxidativen und entzündungshemmenden Kohl regelmäßig zu essen. Egal, welche Kohlart, immer trägt Kohl das Prädikat „Gesundheit, die schmeckt“. Er bietet Vitamine in der kalten Jahreszeit und hat kaum Kalorien. Er dient der Abwehr von Krankheiten und zur Gesunderhaltung, zur Entgiftung des Körpers und zur Krebsvorbeugung. Kohl, am besten sowohl roh als auch gekocht kurweise genossen, stärkt die Abwehrkräfte, unterstützt das Immunsystem und wirkt gegen Erschöpfung. Durch seinen hohen Anteil an Ballaststoffen hilft er, einen erhöhten Cholesterinspiegel zu senken und beugt somit Herz-Kreislauf-Erkrankungen vor. Kohlgewächse enthalten viel Vitamin K, das für das gesunde Wachstum von Knochen- und Knorpelgewebe wichtig ist. Spitzenreiter dabei ist Grünkohl, gefolgt von Brokkoli und Rosenkohl. Aus Spitz- und Weißkohl macht man Sauerkraut, das alle ernährungsphysiologischen Vorzüge des Kohls vereint. Die Milchsäure begünstigt zudem die physiologische Darmflora, verbessert die Resorption von Mineralstoffen im Dünndarm, lindert Darmentzündungen, regt das Immunsystem an, wirkt tumorhemmend, lindert eine Lactoseintoleranz und liefert als eines der wenigen nichtfleischlichen Lebensmittel (neben Sanddorn) Vitamin B_{12}. Kohlköpfe sind „Allerweltsköpfe“, doch drei Indikationen zeichnen sie besonders aus: innerlich bei Magen- und Zwölffingerdarm-Geschwüren und als Krebsvorbeugung sowie äußerlich als Kohlwickel bei Entzündungen.

WEISSKOHLSAFT ALS MAGENHEILER

Kohlgerichte, vor allem aber Kohl-Frischpflanzen-Presssaft oder auch milchsauer vergorener Sauerkrautsaft gehören zu den Magenheilern. Sie lindern nachweislich entzündete Magenschleimhäute, Sodbrennen (auch während der Schwangerschaft) und Magen- oder Zwölffingerdarmgeschwüre. Sogenannte Anti-Ulcus-Stoffe (wahrscheinlich ist die schwefelhaltige Aminosäurenverbindung S-Methylmethionin dafür verantwortlich) regen die Schleimhautzellen des Magens an, eine dünne Schleimbarriere aufzubauen – wie eine Art Schutzschild an Magen und Darm. Die entzündungshemmenden Senföle regulieren zudem die Magen- und Darmflora und machen es dem Bakterium *Helicobacter pylori*, der als verantwortlich für die Entstehung der meisten Magengeschwüre gilt, äußerst ungemütlich.

NATÜRLICHE KREBSVERHÜTUNG

Bezüglich Krebsvorbeugung und -therapie ist Kohl in allen Varianten die Nummer 1 unter den Nahrungsmitteln, das belegen mehr als 500 überzeugende Studien. Als Erfolg versprechende Prävention von Tumorerkrankungen gehört der regelmäßige Verzehr von Kohl, also mehrmals die Woche eine der vielen Kohlarten essen, roh und kurz gekocht. Kohl enthält sekundäre Pflanzenstoffe, die als „Antikrebssubstanzen“ gelten, wie Glucosinolate (u. a. Sulforaphane), Carotinoide, Flavonoide, Phenolsäuren, Sulfide. Sie verhindern die Krebsentwicklung, verlangsamen sie oder kehren sie gar um.

Die im Kohl enthaltenen Senföle sorgen einerseits dafür, dass Krebszellen eine Art Suizid begehen (programmierter Zelltod, Apoptose). Mit ihren schwefelhaltigen Verbindungen hemmen sie die Krebsentwicklung, indem sie die Produktion und Aktivität von entgiftenden Enzymen im Körper steigern, das macht den Körper weniger anfällig für Krebs. Zudem können Entgiftungsenzyme krebserregende freie Radikale neutralisieren, die dann keine Zellschäden mehr verursachen. Die Kohl-Glucosinolate, die die Kohlpflanze für ihren eigenen Schutz (vor Fraßfeinden, Bakterien, Pilzen) entwickelt, schützen auch den mensch-

KOHL-KRÄFTIGUNGSKUR

Zur Stärkung der Abwehrkräfte, gegen Müdigkeit, Erschöpfung und zur Krebsvorbeugung wird eine vierwöchige Kohlkur empfohlen, bei der jeweils 3 Tage in der Woche zweierlei Kohl auf den Tisch kommt: als gekochte Mahlzeit und zusätzlich als Rohkost.

Gekocht: Wenig Gemüsebrühe zum Köcheln bringen, gehobelten oder sehr fein geschnittenen Weißkohl hinzugeben und 5 Minuten bei mittlerer Hitze dünsten, evtl. noch weitere 2 Minuten ziehen lassen, dann nach Geschmack würzen.

Roh: Fein gehobelten Weißkohl als Salat anmachen; zum Kohl passen Olivenöl und Knoblauch, Orangensaft- und stückchen, Ingwer, Kurkuma, Koriander oder Cumin, Sesam und Sojasoße; wunderbar auch mit über Nacht eingeweichten Rosinen.

KOHL-PRESSSAFT ALS MEDIZIN

Kohlsaft lindert entzündete Magen- und Darmschleimhäute und hilft, Magen- und Darm-Geschwüren vorzubeugen.
Trinken Sie 4 Wochen lang täglich 250 ml Weißkohlsaft – selbst mit dem Entsafter gewonnen oder aus Apotheke und Reformhaus. Wenn Sie rohen Kohlsaft nicht gut vertragen, würzen Sie ihn mit Basilikum und Kümmel.

lichen Organismus. Laut Studien wirkt das Glucosinolat Sinigrin (insbesondere in rohem Weißkohl enthalten) intensiv krebsvorbeugend, besonders auf Blasen-, Dickdarm- und Prostatakrebs. Aus einem weiteren Glucosinolat (Glucoraphanin) entsteht Sulforaphan, das besonders nachhaltige antioxidative Abwehrmechanismen des Körpers in Gang setzt. In Studien konnten seine entzündungs- und tumorhemmenden Eigenschaften nachgewiesen werden, besonders bei Prostata-, Lungen- und Pankreaskarzinomen – und übrigens auch bei Arthritis. In Brokkoli, aber auch in Blumen- und Rosenkohl, sind die meisten antikanzerogenen Sulforaphane enthalten, vor allem in Brokkolisprossen – die können Sie leicht selbst ziehen (Rezept Seite 108). Laut neueren Studien soll Brokkoli die Krebstherapie als solches unterstützen können, weil er in Darmkrebszellen ein Enzym erhöht, sodass man weniger krebshemmende Medikamente braucht. Da Chemotherapeutika im Gegensatz zu Sulforaphan durchweg starke Nebenwirkungen haben, ist das eine hoffnungsvolle Option. Übrigens: Leicht gedämpfter Brokkoli, mit Brokkolisprossen zusammen genossen, soll die krebsbekämpfenden Effekte fast verdoppeln. In einer Ernährungsstudie an über 10 000 Patienten mit Prostatakarzinom beobachte man, dass sich durch Sulforaphan- bzw. reichlich Brokkoliverzehr weniger Tochtergeschwülste bei Prostatakrebs bildeten. Zudem soll Sulforaphan gegen den Magenkeim *Helicobacter pylori*, der Magengeschwüre und Magenkrebs auslöst, wirksam sein – teilweise besser als Antibiotika. Und zwar auch gegen antibiotikaresistente *Helicobacter*-Stämme.

Die Kohlfamilie besitzt noch mehr krebshemmendes Potenzial. Brokkoli regt die Bildung eines sekundären Pflanzenstoffs (Indol-3-Carbinol: organisch gebundener Schwefel) an, beugt damit Krebs vor und soll bestehenden Krebs bekämpfen helfen. Auch Blumenkohl enthält das hitzeempfindliche Indol-3-Carbinol, das im Körper in ein hochwirksames Antioxidans umgewandelt wird und die Aktivität von Substanzen hemmt, die an der Ausbreitung von Krebs beteiligt sind. Anscheinend weiß Kohl noch mehr Wege, um Krebswachstum zu stoppen und hemmt die Bildung neuer Blutgefäße (Angiogenese-Hemmer) – Blutgefäße, die Tumorzellen für ihre eigene Versorgung mit Nähr- und Vitalstoffen brauchen, um wachsen und streuen zu können. Neueste Studien weisen darauf hin, dass Grünkohl von allen Kohlarten am besten Krebserkrankungen vorbeugt, weil er zehnmal mehr krebsvorbeugende Substanzen als beispielweise Brokkoli enthält. In den USA gilt Brokkoli schon lange als der Hit! Übrigens: Grünkohl soll auch bei Augenerkrankungen hilfreich wirken und mit seinem Lutein und Zeaxanthin den Krankheitsverlauf bei Makuladegeneration (Seite 25) verlangsamen.

Sie sehen: Kohl geht mit (mehreren) Köpfchen gegen Krebs vor. Wir kümmern uns nicht darum, wer „der Beste“ ist, sondern genießen Kohlgemüse in Variationen. Aber bitte möglichst roh bzw. nur kurz erhitzt, damit das Enzym Myrosinase, das die Glucosinolate in die aktiven krebsbekämpfenden Stoffe umwandelt, erhalten bleibt. Der Indol-3-Carbinol-Gehalt beispielsweise baut sich beim Kochen bis zur Hälfte ab.

Kohl-Rezepte

Hustensaft mit Kohl

Ein altes, wertvolles Rezept. Kohl fördert die Sekretion und lässt den Husten ausheilen.

FÜR ETWA 250 ML
» 250 ml Weißkohlsaft
» 1,5 g Safran
» 250 g Honig

Alles zusammen 20–30 Minuten lang zu Sirup einkochen. Drei- bis viermal täglich 1 TL in heißem Wasser gelöst einnehmen. Ist 1–2 Monate im Kühlschrank haltbar.

Weißkohlsuppe aus dem Land des Lächelns

Diese Suppe wirkt gut bei Erkältungen und wärmt von innen heraus.

FÜR 4 PERSONEN
» 500 g Weißkohl
» 500 g Möhren
» 200 g Langkornreis
» 2 Knoblauchzehen, fein gehackt
» 30 g Ingwer, fein gewürfelt
» 2 EL Öl
» 1 l Gemüsebrühe
» 200 g Champignons, geviertelt
» 250 ml Kokosmilch
» Salz, Pfeffer
» rote Currypaste
» 3 EL Limettensaft

Den Kohl in feine Streifen schneiden. Die Möhren schälen und in 0,5 cm dicke Scheiben schneiden. Reis nach Packungsanweisung garen. Knoblauch und Ingwer im Öl anschwitzen, Weißkohl und Möhren zugeben und 5 Minuten dünsten. Mit der Brühe ablöschen und 15 Minuten köcheln lassen. Champignons, Kokosmilch und Gewürze zufügen und 5 Minuten köcheln lassen, mit Limettensaft abschmecken. Den Reis dazu servieren: Jeder gibt davon in die Suppe, soviel er mag.

Brokkolisprossen

In Brokkolisprossen befinden sich zehn- bis einhundertmal mehr Sulforaphane als in Brokkoligemüse! Die Sprossen helfen Krebs vorzubeugen und blockieren Enzyme, die an der Entstehung von Arthritis, Entzündung und Schmerz beteiligt sind.

» 2 EL Bio-Brokkolisamen (aus dem Bioladen)

Die Brokkolisamen in ein Keimglas (oder auch einfach in eine Schüssel ohne Deckel) mit wenig Wasser geben und über Nacht quellen lassen. Das Wasser am nächsten Morgen abgießen, die Samen in einem Sieb mit klarem Wasser abspülen und (ohne zusätzliches Wasser) zurück in die Schüssel legen. Die Samen sollen feucht bleiben, aber weder im Wasser stehen noch austrocknen. Deshalb zwei- bis dreimal pro Tag unter fließendem Wasser spülen – das Abtropfwasser genügt als Feuchtigkeit. Wenn sich nach 3–4 Tagen etwa 2 cm lange Sprossen entwickelt haben, sind sie verzehrbereit: einfach über Salate oder (Brokkoli-) Gemüse streuen oder in den Smoothie mixen. Aber bitte gut kauen: Das wertvolle Sulforaphan wird erst bei Zerstörung der Zellwände freigesetzt!

Täglich 1–2 EL Brokkolisprossen ergibt eine wirksame Sulforaphanmenge. Zusätzlich gerne Brokkoli oder andere Kohlgemüse genießen.

Brokkolisprossen

Grünkohl-Smoothie

Grünkohl-Smoothie

Dieser Drink strotzt vor vitaler Lebenskraft dank dem Chlorophyll der grünen Blätter, den Glucosinolaten, Vitaminen, Ballast- und Mineralstoffen. Und versprochen: Er schmeckt!

FÜR 2 PERSONEN
» 4 frische junge Grünkohlblätter
» je 2 getrocknete Datteln und Feigen
» 1 kleine Banane
» 1 Apfel
» 1 Birne
» 1 EL Mandelmus

Alles im Mixer zusammen mit ungefähr 500 ml Wasser pürieren, frisch genießen.

Grünkohlsuppe

Eine ausgesprochen inhaltsstoffreiche, gesunde Suppe! Und was schnell und einfach geht, macht man gerne öfter.

FÜR 4 PERSONEN
» 400 g Grünkohl, in mundgerechte größere Stücke gezupft
» 30 ml Olivenöl
» 1,5 l Gemüsebrühe
» Salz, Pfeffer
» Muskat
» evtl. 1–3 kleine Kartoffeln, geschält und gewürfelt

Grünkohl in Öl andünsten, mit Brühe auffüllen und (auf Wunsch mit Kartoffeln zusammen) gar kochen. Pürieren und abschmecken – fertig!

Kale-Chips: Grünkohlchips

Kale-Chips sind der absolute Renner in den USA. Es gibt sie mittlerweile auch bei uns zu kaufen, aber selber machen geht auch – ein oberleckerer Krebsvorbeuger.

FÜR 2 HANDVOLL CHIPS
» 3 EL Olivenöl
» ½ TL Salz
» 250 g Grünkohl, in mundgerechte größere Stücke gezupft

Backofen auf 130 °C Umluft vorheizen. Öl und Salz mischen, den Grünkohl damit gut vermischen, kurz marinieren lassen und auf einem mit Backpapier ausgelegten Blech ausbreiten; die einzelnen Blätter sollten nicht zu eng aneinander liegen. Für 30–40 Minuten in den Ofen geben, dabei immer mal wieder die Ofentür kurz öffnen, damit der Wasserdampf entweichen kann.

Grünkohl-Pesto

Das Schwelgen in gesundem Grünkohl fällt mit diesem Gericht nicht schwer. Der hohe Eisen- und Eiweißgehalt lässt ihn als Fleischersatz durchgehen.

FÜR 1 GLAS À 500 ML

» 250 g Grünkohl, in Stücke gezupft
» je 60 g Haselnüsse und Mandeln
» 1 Knoblauchzehe
» 200 ml Olivenöl
» 180 g Parmesan oder Pecorino, frisch gerieben
» abgeriebene Schale und Saft einer Bio-Zitrone
» Salz, Pfeffer

Grünkohl in reichlich Salzwasser ½ Minute blanchieren, mit Eiswasser abschrecken, trocken tupfen und klein schneiden. Nüsse und Mandeln in einer Pfanne ohne Fett goldbraun rösten, abkühlen lassen und mit Knoblauch und Grünkohl zusammen im Mixer pürieren. So viel Olivenöl zugeben, bis eine glatte Masse entstanden ist. Käse unterrühren und mit Zitrone, Salz und Pfeffer abschmecken. Dazu gibt es Spaghetti. Die Reste in ein Glas füllen und kalt stellen.

Spitzkohl-Gratin

Wie wäre es mit einer kleinen Vitaminbombe zum Mittag? Kurz erhitzt erhöht sich der Vitamin-C-Gehalt im Spitzkohl nämlich noch.

FÜR 2 PERSONEN

» 1 kleiner Spitzkohl
» 3 EL Butter
» Salz, Pfeffer, Zitronensaft
» 3 EL gehackte Haselnüsse
» 100 g geriebener Käse

Den Backofen auf 180 °C vorheizen. Den Spitzkohl längs halbieren, 3 Minuten im Salzwasser blanchieren, abtropfen lassen. Jetzt mit der Schnittfläche nach oben in eine gefettete Auflaufform legen. Butterflöckchen, Salz, Pfeffer, Zitronensaft, Nüsse und Käse mischen und darübergeben. Im Backofen 10 Minuten überbacken.

Spitzkohl-Gratin

Weißkohl-Gesichtslotion

Sehr bewährt bei Akne und unreiner Haut.

» 100 ml Weißkohlsaft
» ½ TL Bienenhonig
» 2 TL Ringelblumentinktur

Kohlsaft erwärmen, Honig und Ringelblumentinktur darin auflösen. Diese Lotion mit einem Wattepad auf Gesicht und Hals auftragen oder entzündete Pickel damit betupfen. Gekühlt 2–3 Wochen haltbar.

Roher Blumenkohlsalat

Roher Blumenkohl auf dem Teller ist eher unbekannt, aber zum Gesundbleiben von Vorteil. Wenn Sie die entzündungshemmenden, krebsvorbeugenden Eigenschaften voll genießen wollen, probieren Sie ihn einmal so.

FÜR 2 PERSONEN
» 400 g Blumenkohl oder Brokkoli (oder gemischt)
» 1 Handvoll Rucola
» Brokkoli- oder Rotkohlsprossen (Seite 108)
» 1 Apfel oder Birne, klein geschnitten

FÜR DAS DRESSING:
» 3 EL Nüsse
» 3 EL Orangensaft
» 3 EL Olivenöl, alternativ Hanf- oder Nussöl
» 1 EL weißer Balsamico-Essig
» 1 EL milder Senf
» 1 EL Honig
» ½ Banane, mit der Gabel zerdrückt
» Salz, Pfeffer
» 1 TL Mandel- oder Nussmus
» auf Wunsch etwas Zitronensaft, Curry oder Kurkuma (Gelbwurz)

• Blumenkohl oder Brokkoli in Röschen teilen oder fein schneiden; beim Strunk die harten Teile entfernen und fein raspeln. Sämtliche Dressing-Zutaten kräftig mischen.
• Die Kohlröschen zusammen mit den Obststücken auf einem Bett aus Rucola anrichten, die Sprossen dekorativ darauflegen, das Dressing darüberträufeln und etwas ziehen lassen (am nächsten Tag schmeckt es fast noch besser!).

Tipp: Auf dieselbe gesunde Weise können Sie auch Rosen- oder Weißkohl roh zubereiten.

Kohlrabi-Aufstrich

Ein feiner, sehr gesunder und mineralstoffreicher Brotaufstrich.

FÜR 1 GLAS À 500 ML
» 400 g Kohlrabi (mitsamt Blättern), geschält und gewürfelt
» 500 ml Gemüsebrühe
» 1 EL Zitronensaft
» 1 Zwiebel, gehackt
» Knoblauchzehe, fein gehackt
» 1 EL neutrales Pflanzenöl
» 100 g Walnüsse
» 100 g (Ziegen-)Frischkäse
» etwas Leinöl
» Salz, frisch gemahlener Pfeffer
» 1 EL klein geschnittene frische Kräuter

• Kohlrabi in Brühe und Zitronensaft 10–15 Minuten köcheln, abgießen (Tipp: Dieses obergesunde Kohlrabiwasser trinken!). Zwiebeln und Knoblauch in etwas Öl kurz glasig andünsten. Die warmen Kohlrabiwürfel mit Zwiebeln, Knoblauch, Nüssen, Frischkäse und etwas Leinöl zusammen pürieren, abschmecken und mit den Kräutern bestreuen. 5 Tage im Kühlschrank haltbar.

Kohlwickel – einmal anders

Warme „Krautwickel" – äußerlich angewendet – sind vielfachst bewährt bei Gelenkschmerzen, rheumatischen Beschwerden und vor allem bei Arthrose. Sie verbessern die Stoffwechselsituation um die Gelenke und fördern die Durchblutung. Äußerlich aufgelegt besitzt der „schwefelige" Kohl die erstaunliche Fähigkeit, Entzündungen zum Abklingen zu bringen.

» 1 Weißkohl

• Bei den äußeren, intakten Kohlblättern die dicke Mittelrippe herausschneiden (oder den Kohl in Streifen schneiden). Auf einem sauberen Tuch mit einer Flasche oder dem Nudelholz kräftig wälzen, sodass der Saft austritt.
• Die Kohlblätter dachziegelartig überlappend auf die betroffene Körperstelle legen und mit einer Binde fixieren. Wickel ein- bis zweimal täglich anlegen; nässt der Bereich zu stark, öfter wechseln. Die Haut anschließend behutsam abwaschen und einölen.
• Mehrere Wochen lang anwenden, aber bitte nicht bei akuten Entzündungen.

Kürbis, goldene Riesenfrucht

Kürbisse, ursprünglich wohl aus Südamerika, werden seit über 10 000 Jahren kultiviert und zählen zu den ältesten Früchten, die den Speisezettel der Menschen bereichern. Sie punkten formenreich mit 800 unterschiedlichen Sorten.

Kürbis

Cucurbita pepo, C. moschata, C. maxima

DIE PFLANZE

Der Kürbis mit seinen kletternden Ranken gehört zu den Kürbisgewächsen; botanisch gesehen ist er eine Beere – die größte der Welt. Kürbisse zeigen sich rund, länglich, flaschen- oder ufoförmig, groß oder klein, mit glatter, warziger, einfarbiger oder gestreifter Außenhaut und mit einem Rekordgewicht von bis zu 600 kg! Arzneilich verwendete Kürbiskerne und -öl gewinnt man aus den dunkelgrünen und schalenlosen Samen des Steirischen Ölkürbis (*Cucurbita pepo* var. *styriaca*). Beliebte und schmackhafte Kürbisse sind der Hokkaido, der Butternut- (Butternuss-) und der Moschus-Kürbis. Übrigens: Auch die Zucchini gehört zur Art *Cucurbita pepo* (Seite 198).

DAS IST DRIN

Kürbisfleisch ist kalorienarm (25 kcal/100 g), es besteht zu 95 % aus Wasser und hat kaum Fett. Dafür ist es reich an den Vitaminen A, B_1, B_2, B_6, Folsäure und C und an Mineralien (Kalium, Calcium, Magnesium, Eisen, Kieselsäure und Zink), Selen, an Ballaststoffen und der Aminosäure Cucurbitin. Das orangerote Fruchtfleisch strotzt vor Betacarotinen, vor allem Lutein und Zeaxanthin.
Die zum Knabbern erhältlichen olivgrünen Kürbissamen sind im Gegensatz zur Frucht sehr kalorienreich: 500 kcal/100 g. Sie enthalten Phytosterine (Sitosterin, Beta-Phytosterin), Mineralstoffe wie Magnesium, Spurenelemente wie entzündungshemmendes Selen, antioxidative Carotinoide und bis zu 50 % fettes Öl. Das durch Chlorophyll und Carotin dunkelgrüne Kürbiskernöl, aus dem Steirischen Ölkürbis gewonnen, enthält reichlich Vitamin E, Selen und mehrfach ungesättigte Fettsäuren wie die wertvolle Linolsäure, außerdem Palmitin- und Stearinsäure.

EINKAUFEN UND LAGERN

Die Kürbissaison ist von September bis November. Reif sind Kürbisse, wenn der Stiel trocken ist, die Fruchtschale sich nicht mehr eindrücken lässt und der Kürbis beim Anklopfen hohl klingt. Ansonsten gilt: je jünger, desto zarter und aromatischer. Nahezu alle Kürbissorten sind essbar – außer Zierkürbisse! Letztere besitzen eine sehr harte Schale und wenig Fruchtfleisch und sind oft aufgrund ihrer reichlich enthaltenen Bitterstoffe (Cucurbitacine) nicht zum Verzehr geeignet. Wenn ein Kürbis bitter schmeckt: nicht essen!

Kürbisse können Sie kühl und trocken – je nach Art – mehrere Monate lang lagern, solange Stielansatz und Fruchtschale unversehrt sind. Das Kürbisfleisch lässt sich klein geschnitten und eventuell kurz blanchiert gut einfrieren. Halbe Früchte bewahren Sie, mit Frischhaltefolie bedeckt, 3–4 Tage im Kühlschrank auf.
Das teure Kürbiskernöl bitte lichtgeschützt und möglichst kühl (aber nicht im Kühlschrank) lagern, sonst verliert es an Aroma und Heilkraft. Nur kalt und tropfenweise verwenden, beim Kochen geht die gesundheitsfördernde Wirkung verloren.

ZUBEREITEN

Das Fruchtfleisch bereiten Sie als Suppe oder Gemüse zu, oder Sie legen es süßsauer ein, kochen es zu Marmeladen oder geben es roh in den Salat. Die Bioverfügbarkeit des wertvollen Carotins im Kürbisfleisch erhöht sich durch Zerkleinern der Frucht und Hinzufügen von wenig Öl. Rösten verstärkt den feinen Geschmack. Wenn Sie Moschus-Kürbis in Suppen verwenden, können Sie auf Sahne verzichten, so rahmig wird er durchs Pürieren. Kleine und zarte Früchte können im Ganzen oder halbiert geschmort werden, der Hokkaido-Kürbis wird mitsamt seiner carotinhaltigen Schale gegessen.
Die Samen (Kürbiskerne) können Sie über einen Salat streuen oder einfach so knabbern. Schalenlose Kerne vom Steirischen Ölkürbis erhalten Sie im Handel. Nur die können Sie direkt so knabbern oder rösten und über Speisen geben. Die Kerne, die Sie bei der Zubereitung von Kürbisfleisch selbst gewinnen könnten, haben eine verholzte Samenschale, deren Entfernung viel zu kompliziert ist.

SO WIRKEN KÜRBISSE

Wir müssen differenzieren zwischen der Heilkraft von Kürbisfleisch, den Samen und Kürbiskernöl. Kürbisfleisch reguliert den Säure-Basen-Haushalt und eignet sich gut für einen Entschlackungstag, an dem Sie nur Kürbis essen und dazu reichlich Wasser oder dünne Kräutertees trinken. Es ist kaliumreich und natriumarm und hat somit eine leicht entwässernde und harntreibende Wirkung. So können Giftstoffe leichter aus dem Körper geschwemmt werden. Der entwässernde Effekt entlastet das Herz-Kreislauf-System, im weiteren Sinne auch rheumatische- und stoffwechselbedingte Hautbeschwerden. Das säurearme Fruchtfleisch beruhigt den Magen, fördert die Verdauung und hilft bei Verstopfung. Mit seinem hohen Wasser- und Ballaststoffgehalt wirkt es darmregulierend, bindet Cholesterin, leitet Schadstoffe aus und unterstützt das Abnehmen. Die Kieselsäure im Fruchtfleisch fördert den Aufbau von Bindegewebe, Haut und Nägeln. Cucurbitin, eine Aminosäure, wirkt gegen Eingeweidewürmer. Kürbisfleisch, zu Mus püriert, ist bekömmliche,

KÜRBIS AUF DER HAUT

Seit Jahrhunderten kennt die Volksheilkunde rohes Kürbisfleisch als kühlende, äußerlich angewendete Auflage bei Schwellungen, Sonnenbrand, Insektenstichen und mehr. Dazu rohen Kürbis raspeln, in ein sauberes Tuch wickeln und als heilsam-kühlende Kompresse auf geschlossene Wunden, Schwellungen, brennende Füße oder Sonnenbrand legen.

gut verträgliche Schonkost für ältere Menschen und Breimahlzeit für Babys – besonders wertvoll wegen seines hohen Carotingehalts. Übrigens: In der Volksheilkunde setzt man Kürbismus bei Übelkeit in der Schwangerschaft ein.

GESUNDES BETACAROTIN

Für die Orangefärbung des Fruchtfleisches ist der hohe Gehalt an Betacarotin verantwortlich. Beides hat der Kürbis mit der Möhre gemeinsam, wobei manche Kürbisse, wie der Hokkaido, sehr viel mehr als Möhren besitzen: 300 g Hokkaido-Kürbis mit Schale decken die empfohlene Tagesmenge an Betacarotin! Carotinoide sind sekundäre Pflanzenstoffe, die als Antioxidantien gegen freie Radikale wirken. Sie beugen der Entstehung von Krebs und Arteriosklerose vor, stärken die körpereigenen Abwehrkräfte, senken erhöhte Blutfettwerte und beugen damit Herz- und Gefäßkrankheiten vor.
Betacarotin, auch als Provitamin A bekannt, kann der Körper in Vitamin A umwandeln. Es reguliert das Wachstum und den Aufbau von Haut und Schleimhaut und ist für den Sehvorgang und die Augengesundheit von großer Bedeutung. Carotinoide bzw. Vitamin A braucht unser Körper zur Herstellung der Sexualhormone (Testosteron, Östrogen), zur Bildung von Spermien und gesunden Knochen. Die gute Nachricht: Anders als bei „synthetischem" Vitamin A können Carotinoide nicht überdosiert werden!

GUT FÜR DIABETIKER

Das kalorienarme Kürbisfleisch mit seinen sättigenden Ballaststoffen gleicht den Blutzuckerspiegel aus und ist ein gutes Diabetikergemüse. Studien gehen der Frage nach, ob Kürbis die Erneuerung geschädigter Bauchspeicheldrüsenzellen bei Typ-2-Diabetes (Seite 36) anregt. Eventuell kann reichlicher Kürbisgenuss vor allem im frühen Krankheitsstadium den Krankheitsverlauf abschwächen. Eine Folgeerscheinung bei unkontrolliert hohem Blutzuckerspiegel ist die diabetische Retinopathie, eine Erkrankung der Netzhaut. Die im Kürbis enthaltenen Carotinoide Lutein und Zeaxanthin wirken dem entgegen.

KÜRBISFARBEN SCHÜTZEN DIE AUGEN

Obst und grünblättriges Gemüse gelten als die besten natürlichen Quellen zellschützender Antioxidantien – Pflanzenfarben essen bedeutet den Augen Gutes tun (Seite 23). Von den über 500 bekannten Carotinoiden sind neben Betacarotin auch Lutein und Zeaxanthin im Kürbis enthalten. Diese Stoffe finden sich als Pigmente in der Makula, dem „Gelben Fleck" in der Netzhaut unseres Auges, wo sie für den Stoffwechsel von Bedeutung sind. Sie fördern die Sehkraft und schützen die empfindlichen Sinneszellen der Netzhaut im Auge, vor allem können sie die Entwicklung einer Altersbedingten Makuladegeneration (AMD, Seite 25) zumindest aufhalten. Essen Sie bei Augenproblemen reichlich orangerote

TÄGLICH KÜRBISKERNE

Männer mit gutartig vergrößerter Prostata, Personen mit Reizblase oder Kinder, die bettnässen, sollten es mit einer Kürbiskern-Therapie versuchen. Das Gute: Kürbissamen sind bestens verträglich und eignen sich zur Langzeitanwendung. Geben Sie die Kerne ins Müsli, in den Joghurt und über Salate oder knabbern Sie sie einfach so. Wichtig ist die Menge!

Bei Prostatavergrößerung und Reizblase mit Harndrang: 3 Monate lang 10–15 g Kürbissamen/Tag

Zur Vorbeugung einer Prostatavergrößerung: zweimal jährlich jeweils 3 Monate lang 3–5 g Kürbissamen/Tag

Für kleine Bettnässer: einige Wochen lang 3–5 g Kürbissamen/Tag, bis das Problem behoben ist oder das Kind sie nicht mehr essen mag

Jeweils unterstützend kann regelmäßig 1 TL Kürbiskernöl eingenommen werden (einfach in den Salat geben).

Früchte und Gemüse wie den Kürbis. Als Patient erhalten Sie hoch dosierte Präparate mit Lutein, um den Verlauf der Makuladegeneration zu stoppen oder zu verlangsamen.

KERN FÜR KERN WERTVOLL: KÜRBISSAMEN

Kürbiskerne wirken keimhemmend und harntreibend; sie normalisieren und kräftigen die Funktion und die Muskulatur der Harnblase und lindern Beschwerden bei Reizblase und Blasenschwäche. Das funktioniert bei Männern und Frauen – und bei Kindern: Kürbissamen gelten auch bei Bettnässen als beliebte Therapie, weil sie richtig gut und gar nicht wie Medizin schmecken. Vor allem aber sind Kürbissamen arzneilich anerkannt bei gutartiger Prostatavergrößerung, die bei Männern ab dem 50. Lebensalter häufig vorkommt. Kürbissamen-Phytosterine sind dem Testosteron chemisch nah verwandt und weisen einen hormonbremsenden Einfluss auf die Prostata auf. Zwar können sie die Vergrößerung der Prostata weder heilen noch rückgängig machen, aber eine weitere Vergrößerung bremsen und die typischen Beschwerden lindern: verlangsamte Blasenentleerung, abgeschwächter oder schmerzhafter Harnstrahl, Nachträufeln, häufiges Wasserlassen oder Restharnbildung (wenn die Blase nicht vollständig entleert werden kann). Restharn begünstigt eine Blasenentzündung – hier wiederum helfen die antimikrobiellen Kürbissamen ebenfalls vorzubeugen.

Phytosterine senken auch erhöhte Blutfettwerte (sie hemmen die Aufnahme von Cholesterin aus der Nahrung und senken so den Cholesterinwert), wirken krebshemmend und antientzündlich und fördern die Aktivität der Lymphozyten, besonders der T-Helferzellen – und stärken somit ein abwehrbereites Immunsystem.

Sie können mit Kürbiskernen sogar Ihre Stimmung heben, denn die reichlich in Kürbiskernen vorhandene Aminosäure L-Tryptophan ist an der Produktion des Glückshormons Serotonin beteiligt.

TROPFENWEISE GESUNDHEIT: KÜRBISKERNÖL

Das biologisch hochwertige Kürbiskernöl besitzt reichlich ungesättigte Fettsäuren und Vitamin E – nur Leinsamen bieten mehr davon – und wertet Salate und Suppen auf. Es beugt Alterserscheinungen vor, lindert Klimakteriumsbeschwerden und Bluthochdruck, senkt den Cholesterinspiegel und gilt als naturheilkundliches Mittel gegen Bandwürmer.

Auch zur äußerlichen Anwendung ist das Öl geeignet: Es schützt die Haut vor Austrocknung und wirkt Faltenbildung entgegen. Die leichte Tönung, die das dunkle Öl hervorruft, kann angenehm sein, es kann aber auch mit anderen Ölen, wie Mandel- oder Jojobaöl, vermischt werden.

EINFLUSS AUF DAS HAARWACHSTUM

Möglicherweise fördert Kürbiskernöl das Haarwachstum; das lässt eine Studie vermuten, bei der Probanden 24 Wochen lang Kürbiskernöl-Kapseln einnahmen. Weitere Studien müssen erst noch folgen. Das Gute ist: Schaden kann Kürbiskernöl nicht, ein Versuch ist es wert.

Kürbis-Rezepte

Kürbis-Blech

Zusammen mit Salat ein köstliches Abendbrot für die Familie.

FÜR 4–6 PERSONEN
» etwas Olivenöl
» 1 kg Kürbis, z.B. Butternut, gewürfelt
» 500 g Kartoffeln, gewürfelt
» 500 g Möhren, gewürfelt
» 4 Tomaten, geviertelt
» 2 Zwiebeln, gewürfelt
» 2–3 Knoblauchzehen, gehackt
» Kräutersalz, Pfeffer
» Thymian, Oregano, Rosmarin
» 200 g Fetakäse, gewürfelt

Ein Blech mit Öl bepinseln und das Gemüse darauf verteilen. Üppig würzen und mit Olivenöl beträufeln. Bei 200 °C Ober-/Unterhitze etwa 50 Minuten backen, nach 30 Minuten den Feta darüber verteilen. Als Dip passt Joghurt mit etwas Salz und Zitronensaft.

Kürbis-Blech

Kürbisrohkost

Das Gericht regt den Stoffwechsel an und eignet sich gut für einen Entschlackungstag, denn es ist harntreibend, enthält reichlich Wasser und Kalium, aber wenig Natrium.

FÜR 4 PERSONEN
» 1 weichschaliger Kürbis, z.B. Ufo, Butternut, Hokkaido

FÜR DAS DRESSING:
» je 3 EL Sesamöl und Balsamico-Essig
» 3 EL Zitronensaft
» etwas Honig
» Salz, Pfeffer
» ein paar grüne Salatblätter

Den Kürbis mit Schale raspeln; die Zutaten für das Dressing gut mischen und darübergießen. Auf Salatblättern anrichten.

Kürbis-Apfel-Püree

Dieses gesunde, leicht harntreibende Püree vertragen Sie auch dann gut, wenn Sie unter Sodbrennen leiden.

FÜR 4 PERSONEN
» 500 g Kürbisfleisch, klein geschnitten
» 400 g Äpfel, klein geschnitten
» ½ TL Zimt
» 1 TL frisch geriebener Ingwer
» 1 Prise Muskat
» 100 ml Sahne

Kürbis und Äpfel in wenig Wasser in 15–20 Minuten weich kochen. Pürieren und würzen. Die Sahne steif schlagen und unterziehen. Ein feines Dessert oder eine gute Beilage zu Geflügel.

Zaubersuppe

Warum Zaubersuppe? Weil diese Suppe fast alles kann: den Körper wärmen, beim Abnehmen unterstützen und dank Carotinoiden aus Kürbis, Möhren, Süßkartoffeln und Petersilie die Augen pflegen.

FÜR 4 PERSONEN
» 1 Kürbis, z.B. Hokkaido, gewürfelt
» 2–3 Möhren, gewürfelt
» 1 mittelgroße Süßkartoffel, gewürfelt
» 1 Fenchelknolle, gewürfelt
» 1 größeres Stück Ingwer, fein gewürfelt
» 1 Bund Petersilie
» ½–1 l Gemüsebrühe
» 4 EL Kürbiskerne
» 400 ml Kokosmilch
» Salz, Pfeffer
» Kardamom, Thymian
» Saft einer Zitrone
» etwas Sauerrahm
» Kürbiskernöl

Alles Gemüse, mit Ingwer und Petersilie, in der Brühe weich kochen. In der Zwischenzeit die Kürbiskerne in einer Pfanne ohne Fett goldbraun rösten.

Die Kokosmilch zum Gemüse geben und erhitzen. Die Suppe pürieren und würzen. In Suppenteller geben, jede Portion mit Kürbiskernen bestreuen, noch einen Klecks Sauerrahm und wenige Tropfen Kürbiskernöl darübergeben.

Kürbis-Kosmetik

Seine Carotinoide – unterstützt vom Reichtum an Mineralien und Vitaminen – machen den Kürbis so wertvoll für die Haut.

» Kürbisfleisch, ohne Schale klein gewürfelt
» Kürbiskernöl
» brauner Zucker
» 1 Prise Salz
» Milch oder Sahne

Gesichtsmaske: Kürbis etwa 5 Minuten in ganz wenig Wasser kochen und pürieren; mit ein paar Tropfen Kürbiskernöl und Milch bzw. Sahne auf eine cremige Konsistenz bringen. Das abgekühlte Mus auf Gesicht und Hals auftragen, nach 15 Minuten lauwarm abwaschen.

Peeling: Kürbis wie oben beschrieben kochen und pürieren. Zucker, 1 Prise Salz und ein paar Tropfen Kürbiskernöl einrühren. Den Körper mit dem Peeling einreiben – ruhig längere Zeit einwirken lassen – dann gründlich abduschen.

Kürbis-Hustensirup

Lindert den Hustenreiz einfach und schnell.

» 30 ml Kürbiskernöl
» etwas Zucker

Kürbiskernöl mit Zucker in einer Pfanne karamellisieren lassen. Etwas abkühlen lassen und in ein Schraubglas füllen. Mehrere Teelöffel voll pro Tag einnehmen, bis der Ansatz aufgebraucht ist. Dauert der Husten länger, den Sirup erneut herstellen.

Kürbiskerntinktur

Diese Tinktur lindert Blasen- oder Prostataleiden und Schwangerschaftserbrechen.

» Kürbiskerne
» Wodka

Ein kleineres Glasgefäß bis oben hin mit im Mörser zerstoßenen Kürbiskernen füllen. Dann bis an den Rand mit Wodka auffüllen. 3 Wochen ziehen lassen, täglich schütteln, danach in Tropffläschchen abfiltrieren. Dreimal täglich 15–25 Tropfen einnehmen.

Lauch, Gesundheit von der Stange

Schon Kaiser Nero liebte den Lauch. Er soll ihn täglich gegessen haben, um seine Stimme zu pflegen. Deshalb wurde er Porrophagus, der „Lauchfresser“ genannt. In Großbritannien hat der Lauch Kultstatus, das Wappen von Wales ist mit Lauch geschmückt.

Lauch/Porree Allium porrum

DIE PFLANZE

Der Lauch, auch Porree genannt, ist ein zweijähriges Zwiebelgewächs, das eng verwandt ist mit Zwiebel und Knoblauch, allerdings etwas milder im Geschmack. Es gibt den Sommerlauch, der von Juni bis September geerntet wird, und den kräftigeren frostfesten Winterlauch, der über den Winter bis ins Frühjahr hin erhältlich ist.

DAS IST DRIN

Lauch ist vor allem reich an Vitaminen, Mineralstoffen und Spurenelementen. Besonders Vitamin C und K sowie Folsäure sind wichtige Inhaltsstoffe. Beachtlich ist der Gehalt an Kalium, Eisen, Mangan sowie Calcium, Phosphor und Magnesium. Für den intensiven würzigen Geschmack sorgen die schwefelhaltigen Verbindungen, die sogenannten Alliine, die beim Zerkleinern in Allicin umgewandelt werden. Relevant ist auch der Anteil an Betacarotin, dem Flavonoid Quercetin und dem Ballaststoff Inulin.

EINKAUFEN UND LAGERN

Achten Sie beim Kauf der Lauchstangen auf feste und frische Blätter und kaufen Sie Lauch immer mit der Wurzel, so hält er länger. Im Sommer geernteter Lauch ist im Gemüsefach des Kühlschranks bis zu 10 Tagen haltbar. Winterlauch kann deutlich länger gelagert werden; entweder in einem Tuch eingewickelt im Kühlschrank oder im kühlen Keller. Sie können Lauch in Sand einschlagen, dann hält er sogar Monate. Ideal ist es, wenn Sie ihn wegen seines Geruchs getrennt von anderen Produkten lagern. Einfrieren ist unproblematisch, am besten blanchieren Sie den Lauch zuvor.

ZUBEREITEN

Verwenden Sie bevorzugt die weißlichen und hellgrünen Teile des Lauchs. Waschen Sie die einzelnen Blätter gründlich, oft ist noch Sand zwischen den einzelnen Pflanzenteilen.
Lauch verfeinert Suppen und Eintöpfe. Beim schonenden Garen oder Dünsten ist er am verträglichsten. Sommerlauch ist etwas zarter und milder und deshalb auch gut als Salat oder Rohkost verwendbar.

BITTE BEACHTEN

Lauch nicht auf Vorrat klein schneiden, sondern immer erst kurz vor der Zubereitung zerkleinern, denn durch Luftkontakt können an den Schnittstellen unangenehme Bitterstoffe entstehen. Magenempfindliche Menschen sollten außerdem bedenken: Größere Mengen an Lauch können die Magenschleimhaut reizen und Blähungen verursachen.

SO WIRKT LAUCH

Der Lauch wurde vor vielen hundert Jahren als gesundheitsbringende Pflanze hoch angesehen. Eine Zeit lang galt er bei uns als Arme-Leute-Essen. Dabei hat er einen anderen Stellenwert verdient: Richtig eingesetzt ist der Lauch sehr vielseitig, schmackhaft und äußerst gesund, da er durch die wertvollen Schwefelstoffe gute keimhemmende und antioxidative Eigenschaften besitzt.

IN DER ERKÄLTUNGSZEIT

Beim Zerkleinern von Lauch wird das Enzym Alliinase freigesetzt, das mit der schwefelhaltigen Verbindung Alliin reagiert und es in Allicin umwandelt. Allicin ist erkennbar am typisch scharfen, pikanten Geruch. In der Forschung wird der Wirkstoff Allicin zunehmend als natürliches Antibiotikum thematisiert, da es antibakterielle, antivirale und sogar pilzhemmende Eigenschaften besitzt. Deshalb ist eine Ernährung mit Lauch in der Erkältungszeit besonders nützlich für das Immunsystem. Neben dem Allicin sind dafür auch die hohen Gehalte an Vitamin C, Folsäure und weiteren Spurenelementen wertvoll. In der kalten Jahreszeit ist nicht nur der Genuss des wärmenden Wintergemüses wohltuend, da es von innen heraus die Kälte vertreibt, sondern auch die äußerliche Anwendung bei Erkältungen ist hilfreich: Bei Erkrankungen der oberen Atemwege kann Lauch als Brustwickel das Abhusten unterstützen (Rezept Seite 121).

REGT DIE NIERENTÄTIGKEIT AN

Der hohe Kaliumanteil ist verantwortlich für die Erhöhung der Harnproduktion. Damit wird die Nierentätigkeit angeregt, der Stoffwechsel gefördert und einer Nierensteinbildung vorgebeugt. Eine gleichmäßige Zusammensetzung von Mineralstoffen sorgt dafür, dass das überschüssige Wasser im Gewebe ausgeschieden wird. Die daraus resultierende entschlackende Wirkung hilft beim Abnehmen oder auch bei Fastenkuren.

GUT FÜR DIE DARMFLORA

Lauch enthält, wie beispielsweise auch Topinambur oder Schwarzwurzel, reichlich Inulin. Inulin und weitere Ballaststoffe sorgen für eine aktive Verdauung. Zudem unterstützt Inulin das Darmmilieu positiv, indem die guten Darmbakterien (Lactobazillen und Bifidobakterien) in ihrem Wachstum gefördert werden. Die krankmachenden Darmbakterien werden hingegen verdrängt und in der Ausbreitung wirksam ausgebremst. Lauch und andere inulinhaltige Gemüse können somit bei regelmäßigem Verzehr einen wirksamen Schutz vor Darminfektionen aufbauen. Wie alle Pflanzen aus der Familie der Zwiebelgewächse hat auch der Lauch ein hohes Potenzial in der Vorbeugung von Krebserkrankungen im Magen-Darm-Bereich – neuere wissenschaftliche Untersuchungen gehen Hinweisen darauf nach. Hierbei spielt Allicin mit seinen keimwidrigen Eigenschaften eine Rolle und die Kombination aus Betacarotin und Quercetin. Diese wirken als Antioxidantien und schützen die Körperzellen vor Schädigung durch freie Radikale.

OSTEOPOROSE VORBEUGEN

Bei Osteoporose kommt es zum Abbau der Knochenmasse, das zu einer Instabilität führt und Knochenbrüche begünstigt. Osteoporose betrifft vor allem ältere Menschen und ist bei Frauen häufiger als bei Männern. Die Ursache für dieses Ungleichgewicht liegt vor allem an der hormonellen Umstellung durch einen Abfall des Östrogens während der Wechseljahre. Deshalb ist es vor allem für Frauen wichtig, mit der Nahrung entsprechende Bausteine zu sich zu nehmen, die für eine Knochenstabilität sorgen. Die wichtigsten Mineralstoffe sind hier Calcium und Phosphor, beide sind im Lauch in ausreichender Menge vorhanden. Zudem enthält Lauch das Vitamin K, das neben seiner Beteiligung bei der Blutgerinnung auch eine wichtige Position beim Aufbau von Knochenproteinen einnimmt.

Lauch-Rezepte

Lauch-Quiche

Die leckere Quiche unterstützt stabile Knochen und Zähne und ist dank des fertigen Blätterteigs ganz einfach zuzubereiten.

FÜR 4 PERSONEN
» 300 g Blätterteig
» Olivenöl
» 30 g Butter
» 2 Stangen Lauch, in feine Ringe geschnitten
» 100 g magerer Schinken (oder Champignons), gewürfelt
» 4 Eier
» 150 g Sahne
» 200 g geriebener Gouda
» Salz, Pfeffer
» Muskat

Den Blätterteig entrollen und eine eingeölte Auflauf- oder Backform damit auslegen. Die Lauchringe in Butter dünsten, Schinken- bzw. Champignonwürfel dazugeben. Etwas abkühlen lassen. In der Zwischenzeit Eier, Sahne und geriebenen Käse verquirlen und mit Salz, Pfeffer und Muskat abschmecken. Die abgekühlte Lauch-Schinken-Mischung unter die Eier-Sahne-Masse heben und auf dem Blätterteig verteilen. Bei 200 °C im Backofen (Ober-/Unterhitze) 30–40 Minuten backen, bis die Quiche eine schöne hellbraune Farbe hat. Dazu passt ein frischer grüner Salat.

Lauch-Quiche

Lauchwickel

Dies ist ein überliefertes, sehr wirksames Rezept zur äußerlichen Anwendung bei Atemwegserkrankungen und hartnäckigem Husten.

» 1 Stange Lauch

Die einzelnen Blätter von der Lauchstange lösen und nebeneinander auf ein Kunststoffbrett oder eine andere abwaschbare Unterlage legen. Die Blätter nun mit dem Nudelholz oder einer Flasche auswalken, sodass der wirkungsvolle Lauchsaft austreten kann. Die so gequetschten Lauchblätter nebeneinander auf ein Küchenpapier legen und ein etwa 15–20 cm großes Päckchen daraus falten, und zwar so, dass das Papier auf einer Seite einlagig liegt. Die einlagige Seite auf die Brust legen. Mit einem Unterhemd und einem Wickeltuch befestigen und 20 Minuten einwirken lassen. Es kann eine Hautreizung entstehen, deshalb nicht zu lange liegen lassen und bei beginnendem Jucken oder Unannehmlichkeiten sofort entfernen. Den Hautbereich anschließend mit Johanniskrautöl oder einem anderen hochwertigen Pflegeöl einreiben. Diese Auflage einmal am Tag durchführen, bis die Symptome nachlassen.

Winter-Lauchsuppe mit Äpfeln

Eine geniale, magenfreundliche Wintersuppe, die von innen wärmt und Erkältungsviren wenig Chancen lässt. Würzen Sie ruhig kräftig, die Gewürze heizen zusätzlich ein!

FÜR 4 PERSONEN
» 1 Zwiebel, klein gehackt
» 2 EL Olivenöl
» 1–2 TL Curry
» 3 große Kartoffeln, gewürfelt
» 3–4 Äpfel, gewürfelt
» 750 ml Gemüsebrühe
» 2 Stangen Lauch, in Ringe geschnitten
» ½ Bund Petersilie, klein gehackt
» Salz, Pfeffer
» Zimt
» 125 ml Ziegenjoghurt

Zwiebel in 1 EL Öl glasig dünsten, Curry hinzufügen und Kartoffel- und Apfelwürfel kurz mitdünsten. Mit Gemüsebrühe ablöschen und 20 Minuten köcheln lassen. Während die Suppe köchelt, die Lauchringe im restlichen Öl andünsten und Petersilie zugeben. Anschließend die Suppe pürieren oder stückig lassen, mit Salz, Pfeffer und etwas Zimt abschmecken, die Lauchringe in die Suppe geben und mit je einem großen Klacks Ziegenjoghurt in der Mitte servieren.

Lauch-Omelett

Alles Gute für Ihren Darm! Der Lauch mit seinen schwefelhaltigen Verbindungen reinigt den Darm und regt die Entschlackung an.

FÜR 2 PERSONEN
» 1 Stange Lauch, in feine Ringe geschnitten
» 100 g Champignons, in dünne Scheiben geschnitten
» 20 g Butter
» 4 Eier
» Salz, Pfeffer
» 1 Stängel Petersilie, fein gehackt

In einer Pfanne Lauchringe und Champignonscheibchen in Butter dünsten, bis das Gemüse etwas Farbe annimmt. Die Eier verquirlen und mit Salz und Pfeffer abschmecken, dann über den Lauch und die Champignons geben. Anbraten, verrühren und wenden. Kurz vor dem Servieren mit der fein geschnittenen Petersilie bestreuen.

Linsen, kleine Kraftpakete

Die Linse ist eine der ältesten Kulturpflanzen der Menschheit. Sie wurde bereits vor über 8000 Jahren angebaut und galt in vielen Kulturen als Grundnahrungsmittel. Die Linse ist äußerst nahrhaft, macht satt und ermöglicht durch ihre Vielfalt abwechslungsreiche Rezeptkreationen.

Linse Lens culinaris

DIE PFLANZE

Linsensorten gibt es in unterschiedlichen Farben: Braun, Schwarz, Gelb, Grün, Rot ... Die Linse, ein Schmetterlingsblütler, stammt ursprünglich aus Asien. In Mitteleuropa zählt sie heute neben Bohnen und Erbsen zu den wichtigsten Hülsenfrüchten.

DAS IST DRIN

Die Linse ist eine der Pflanzen mit den höchsten Gehalten an Eiweiß (24 %) und Kohlenhydraten. Ungewöhnlich hoch ist der Anteil an Ballaststoffen, außerdem ist sie reich an Vitaminen der B-Gruppe, Vitamin C, E und K und den Spurenelementen Selen und Zink. Zudem zählt sie zu den besten pflanzlichen Eisenlieferanten. Weiterhin enthält sie wertvolle Mineralstoffe (Mangan, Kupfer, Phosphor, Magnesium) und bioaktive Substanzen wie Flavone, Phenolsäuren und Saponine. Linsen enthalten Purine, die zu Harnsäure abgebaut werden, und Lektine, die roh gesundheitsschädlich sind, aber beim Kochen zerstört werden.

EINKAUFEN UND LAGERN

Im gut sortierten Bioladen finden Sie die unterschiedlichsten Sorten. Rote Linsen zerfallen im Gegensatz zu grünen und braunen Linsen beim Kochen leicht. Relativ unbekannt sind die gelben Linsen, sie gleichen vom Geschmack her den roten. Die typisch deutschen Tellerlinsen sind relativ große Linsen mit einer harten Schale. Als eine schmackhafte Delikatesse gelten Puy-Linsen aus der Auvergne, sie eignen sich für Salate und Suppen. Die Puy-Linse gilt neben der Beluga-Linse, einer kleinen schwarzen Linse, als sehr edel. Wiederendeckt wurde die robuste Alb-Linse, sie wurde schon im Mittelalter auf der Schwäbischen Alb angebaut. Und noch ein Einkaufstipp: Je kleiner die Linse, desto aromatischer (die Aromastoffe sitzen in der Schale). Linsen können Sie gut auf Vorrat kaufen, da sie über Monate haltbar sind. Lagern Sie sie trocken und dunkel.

ZUBEREITEN

Linsen nicht roh essen! Sie enthalten im rohen Zustand unverträgliche Stoffe (Lektine und sogenannten Protease-Inhibitoren), die die Darmwand schädigen und zu Durchfall und Erbrechen führen können. Beim Kochen werden sie zerstört. Ungeschälte Linsen, vor allem grüne oder braune, weichen Sie über Nacht in Wasser ein, da die Schale recht hart ist. So verringert sich die normale Kochzeit (45–60 Minuten) um die Hälfte. Schütten Sie das Einweichwasser weg – hierin kann die unverdauliche, Blähungen verursachende Stachyose übergegangen sein – und kochen Sie die Linsen in frischem Wasser. Geschälte Linsen müssen Sie nicht einweichen, sie werden je nach Sorte 20–30 Minuten gekocht. Bitte ohne Salz kochen, nur dann können Hülsenfrüchte gut aufquellen – salzen erst zum Schluss.

SO WIRKEN LINSEN

Früher galten Linsen als Arme-Leute-Essen, da sie sättigend und preiswert waren (und das sind sie noch heute). Zwischenzeitlich gerieten sie fast in Vergessenheit, verdrängt von Kartoffeln und Getreideprodukten. Sie rücken heute wieder mehr in den Fokus als gesunde Eiweißlieferanten: Falls Sie sich vegetarisch oder vegan ernähren, sind Linsen für Sie besonders wertvoll. Essen Sie Linsen gemeinsam mit Vollkorn-Reis oder -Getreide, dann haben Sie alle lebensnotwendigen Aminosäuren zu sich genommen.
Bedeutsam ist auch der hohe Eisengehalt. Deshalb werden Schwangeren und Frauen in der Stillzeit zur Vorbeugung von Eisenmangel Linsengerichte empfohlen.

PRIMA FÜR DIABETIKER

Bemerkenswert ist die Zusammensetzung der komplexen Kohlenhydrate, vor allem die Ballaststoffe der Linse. Sie sorgen dafür, dass der Umbau von Stärke in Zucker im Körper nur langsam geschieht und dadurch der Blutzuckerspiegel nicht aus dem Gleichgewicht gerät. Das heißt, Linsen haben einen niedrigen glykämischen Index und sind effektvolle Helfer im Kampf gegen erhöhte Zuckerwerte! Die Ballaststoffe sorgen zudem für eine lang anhaltende Sättigung und eine gute Verdauung, indem sie Giftstoffe aus dem Darm an sich binden und mit dem Stuhl ausscheiden.

LEISTUNG STEIGERN – NICHT NUR IM SPORT

Durch den außerordentlich hohen Anteil an Vitaminen des B-Komplexes, insbesondere B_3 und B_5, sind Linsen optimal zur Leistungssteigerung und zur Linderung von Müdigkeit und Vergesslichkeit. Geeignet also für alle, die mit dem Kopf arbeiten, aber auch für diejenigen, die körperlich viel leisten müssen. Mittlerweile ist die Lebensmittelindustrie darauf aufmerksam geworden, vor allem im Bereich des Leistungssports: Es gibt Energie-Sport-Riegel, deren Hauptinhaltsstoff auf Linsen basiert.

ZINK FÜR EIN STARKES IMMUNSYSTEM

Außergewöhnlich hoch ist der Anteil von Zink in der Hülsenfrucht. Zink spielt ernährungsphysiologisch eine große Rolle; Zinkmangel kommt vor allem durch einseitige Ernährung und Fast Food gehäuft vor. Zink, ein essenzielles Spurenelement, wirkt als Antioxidans, dient der Krebsvorbeugung und stärkt das Immunsystem – deshalb gut in Grippezeiten. Zink unterstützt auch, innerlich eingenommen, die Wundheilung. Deshalb sind Linsengerichte besonders wertvoll für Menschen mit chronischen Wunden.

HAUTSCHUTZ WÄHREND DER KREBSTHERAPIE

Gegenstand der Forschung sind gegenwärtig die in der Linse vorhandenen Lektine, die zu den Proteinen zählen. Es gibt gesundheitsschädliche Lektine und solche, die einen positiven Effekt haben. Ein spezieller Extrakt aus Linsen-Lektinen mit Selen und Enzymen von Ananas und Papaya verbessert die Verträglichkeit einer Chemo- oder Strahlentherapie und stabilisiert das Immunsystem der Schleimhäute.

BITTE BEACHTEN

Menschen mit Gicht und einem zu hohen Harnsäurespiegel im Blut sollten mit Linsen etwas zurückhaltend sein, denn die enthaltenen Purine werden im Körper zu Harnsäure umgewandelt und über den Urin ausgeschieden. Bei einem gesunden Menschen kein Problem, bei ohnehin erhöhten Harnsäurewerten sollte dies jedoch vermieden werden. Sehr viel mehr Purine enthalten allerdings Innereien, Fleisch und Wurst.

Linsen-Rezepte

Energie-Paste

Ein Brotaufstrich für Kraft und Ausdauer – ideal als Sportlermahlzeit.

FÜR 2 PERSONEN

» 100 g gelbe oder rote Linsen
» 1 TL Instant-Gemüsebrühe (hefefrei)
» 30 g Walnüsse, fein gehackt
» 1 Zwiebel, fein gewürfelt
» 1 säuerlicher Apfel, fein gewürfelt
» 2 EL Butter
» Salz, Pfeffer
» 2 TL Zitronensaft
» evtl. Gartenkräuter, fein geschnitten

• Linsen mit 200 ml Wasser aufkochen und so lange köcheln, bis die Flüssigkeit aufgebraucht ist und die Linsen weich sind. Erst dann mit Salz und Gemüsebrühe würzen. Die Walnüsse ohne Fett in einer Pfanne goldbraun rösten und beiseite stellen. Zwiebel- und Apfelwürfelchen in etwas Butter andünsten. Mit Salz, Pfeffer und Zitronensaft abschmecken und mit den Linsen mischen, auf Wunsch frische Kräuter unterheben. Zum Schluss die Nüsse unterrühren.

• Passt gut zu Baguette oder Knäckebrot.

Linsen mit Spätzle

Der Schwäbische Klassiker bringt richtig viel Energie und macht auf gesunde Art und Weise lange satt.

FÜR 4 PERSONEN

» 200 g Tellerlinsen, über Nacht in viel Wasser eingeweicht
» ½ Zwiebel, gewürfelt
» 1 Stange Lauch, gewürfelt
» 1 Möhre, gewürfelt
» 2 EL Olivenöl
» 400 ml Gemüsebrühe
» 1 Lorbeerblatt
» Salz, Pfeffer
» Rosmarin, Thymian
» 1 EL Essig
» 1 EL Zucker
» 500 g Spätzle

• In einer Pfanne die Zwiebel-, Lauch- und Möhrenwürfel in Olivenöl andünsten. Die eingeweichten Linsen abgießen und zum Gemüse in die Pfanne geben, gut verrühren. Mit der Gemüsebrühe ablöschen und das Lorbeerblatt dazugeben. Bei mittlerer Hitze 10–15 Minuten garen. Zum Ende der Kochzeit mit Salz, Pfeffer, Thymian und Rosmarin würzen und mit Essig und Zucker süßsauer abschmecken. Parallel dazu bereiten Sie die Spätzle nach Packungsanweisung zu.

• Vor dem Servieren das Lorbeerblatt aus den Linsen nehmen, die Linsen mit den Spätzle anrichten. Zum Schwäbischen Original gibt es Saitenwürstle (Wiener Würstchen) – das Gericht ist aber auch ganz ohne Fleisch ein herzhafter Genuss!

Linsensalat

Linsensalat

Achten Sie auf die schlanke Linie, möchten aber dennoch einen schön sättigenden Salat genießen? Dann liegen Sie mit diesem goldrichtig – und gesund ist er natürlich noch dazu!

FÜR 4 PERSONEN
» 300 g braune oder grüne Linsen
» 1 Schalotte, gehackt
» 1 Möhre, klein gewürfelt
» 1 Apfel, klein gewürfelt

FÜR DAS DRESSING:
» 2 EL Olivenöl
» 1 EL Apfelessig
» 1 EL Apfelsaft
» Salz, Pfeffer

Linsen mit 200 ml Wasser aufkochen und köcheln, bis die Linsen weich sind. Überschüssiges Wasser, falls vorhanden, abgießen und die Linsen abkühlen lassen. Die Dressingzutaten verrühren und mit den Schalotten-, Möhren- und Apfelwürfelchen vermischen. Die erkalteten Linsen unterrühren, abschmecken – fertig ist ein wunderbar sättigender Linsensalat.

Rote-Linsen-Dal

Diese Mahlzeit ist feurig, gehaltvoll und ein guter Eiweißspender. Mit Vollkornreis serviert, erreichen Sie eine bestmögliche Eiweißzufuhr.

FÜR 4 PERSONEN
» 1 EL Olivenöl
» 500 g rote Linsen
» 1 EL Tandoori-Currypaste
» 1 EL Kokosnusscreme (Bioladen)
» Salz, Pfeffer

Das Öl in einer Pfanne erhitzen und die Linsen hinzugeben, unter Rühren 2–3 Minuten andünsten, mit 600 ml Wasser übergießen. Mit Currypaste würzen und Kokosnusscreme hinzugeben, zugedeckt 15–20 Minuten köcheln lassen. Das Dal ist fertig, wenn es eingedickt ist und die Linsen weich sind. Mit Salz und Pfeffer abschmecken. Die ideale Beilage ist Reis.

Mangold, stark für die Leber

Erste Nachweise von Mangoldanbau finden sich bereits in steinzeitlichen Siedlungen in Dänemark. Lange Zeit stand er kulinarisch im Schatten vom Spinat, heute ist er auf jedem Markt zu finden: entweder klassisch grün oder mit bunten Stängeln.

Mangold Beta vulgaris

DIE PFLANZE

Mangold ist ein Gänsefußgewächs und mit Zuckerrübe und Roter Bete verwandt. Es gibt zwei Kulturformen: Blatt- und Stielmangold. Der Blattmangold hat relativ unscheinbare Blatt-Mittelrippen und wird wie Spinat verwendet. Der Stielmangold besitzt kräftige Stiele, die sich je nach Sorte in einer großen Farbenvielfalt präsentieren. Bei beiden können Sie jedoch sowohl Blätter als auch Stiele verwenden.

DAS IST DRIN

Mangold enthält überdurchschnittlich viel Kalium, zudem Natrium, Magnesium, Calcium und vor allem Eisen. Beachtenswert ist der Anteil an Betacarotin, den Vitaminen A, B, K und E, außerdem ist Mangold eine hervorragende Vitamin-C-Quelle. Er enthält gesunde Bitterstoffe und auch Pflanzenfarbstoffe, insbesondere das Betain, das auch in der Roten Bete vorkommt. Bekannt ist die Pflanze, ähnlich wie der Spinat, für seinen Gehalt an Oxalsäure und Nitrat.

EINKAUFEN UND LAGERN

Mangold am besten frisch essen: Von Juli bis Mitte August hat er Saison. Notfalls können Sie ihn für einige Tage in ein feuchtes Tuch schlagen und im Gemüsefach des Kühlschranks aufbewahren. Blanchierter Mangold lässt sich sehr gut einfrieren.

ZU BEACHTEN

!

Mangold enthält Nitrat, das im Körper zu Nitrit umgebaut wird. Nitrit ist in größeren Mengen für Säuglinge und Kleinkinder gesundheitsschädlich, Mangold ist daher nichts für Babys (Seite 42). Ein Tipp für Hobbygärtner: Bio-Anbau und Ernte bei Sonnenschein sorgen für einen niedrigeren Nitratgehalt.

Die Oxalsäure bindet Mineralstoffe wie Calcium und Magnesium und bildet schwer lösliche Kristalle. Diese können sich ablagern und zur Bildung von Nierensteinen führen.

ZUBEREITEN

Wegen des Gehalts an Nitrat und Oxalsäure sollten Sie Mangold nicht roh essen, sondern immer blanchieren oder kochen. Verwenden Sie das Kochwasser nicht weiter und wärmen Sie Mangold nicht auf! Das Hinzufügen von etwas Zitronensaft sorgt dafür, dass die Umwandlung von Nitrat in Nitrit reduziert wird. Auch der Zusatz von Sauerrahm, Crème fraîche oder einem anderen Milchprodukt ist sinnvoll, da so der Oxalsäuregehalt und der erdige Geschmack gemindert wird. Bereiten Sie Blätter und Stiele am besten getrennt zu, da die Stiele eine längere Garzeit benötigen. Die großen Blätter sind gut zum Einwickeln von Fleisch-, Käse- oder Champignonfüllungen oder als Gemüsebeilage.

SO WIRKT MANGOLD

Mangold bietet sich mit vielfältigen Einsatzmöglichkeiten und der bunten Farbenvielfalt seiner Stängel als gesundes Gemüse an und ist Kraftquelle pur. Was früher als hilfreich galt bei Bronchitis, Hautkrankheiten und Nervosität, wird heute für die Darm- und Knochengesundheit und zur Vorbeugung von Arteriosklerose genutzt.

LEBER UND VERDAUUNG UNTERSTÜTZEN

Aufgrund seines hohen Kaliumgehalts regt Mangold die Ausscheidung von wasserlöslichen Abbauprodukten und Giftstoffen über die Nieren an. Außerdem wird der Leberstoffwechsel gefördert. Die Bitterstoffe regen die Bildung von Gallen- und Verdauungssäften an, das fördert die Aufspaltung und Aufnahme der Nahrungsbestandteile. Vor allem aber fördert Mangold dadurch die Fettverdauung – das entlastet die Leber.

BESSER SEHEN

Mangold enthält viel Betacarotin, welches im Körper in Vitamin A umgewandelt wird. Vitamin A ist vor allem wichtig für das Sehen: Es verbessert die Sehfähigkeit, vor allem in der Dämmerung und bei Nacht. Vitamin A ist ebenso wichtig für Wachstum, Funktion und Aufbau von Haut und Schleimhaut und normalisiert die Hautfunktionen. Weil Vitamin A Haut und Schleimhäute gesund hält, können diese ihrer Abwehrfunktion gegen Bakterien, Viren und Pilze nachkommen.

BLUTBILDUNG

Eisen, Vitamin B_6 und Folsäure spielen eine wichtige Rolle bei der Blutbildung im Körper, genauer gesagt unterstützen sie die Bildung der roten Blutkörperchen – und sie alle sind im Mangold in größeren Mengen vorhanden, vor allem Eisen. Mangold ist daher ideal für all diejenigen, die einen erhöhten Bedarf an Eisen haben, insbesondere Schwangere und Kinder im Wachstum.

FÜR DIE KNOCHENGESUNDHEIT

Mangold ist reich an Vitamin K, das aktiv am Knochenaufbau beteiligt ist. Es sorgt dafür, dass genügend Calcium zur Verfügung gestellt wird. Und es aktiviert ein Protein, das den Calciumeinbau im Knochen fördert (Calcium ist der wichtigste Baustein in der Knochensubstanz). Somit können Sie mit Mangold, der neben Vitamin K auch reichlich Calcium enthält, aktiv die Knochengesundheit fördern und einer Osteoporose, dem Knochenschwund vorbeugen. Mangold enthält zudem Vitamin A, das ebenfalls an einer gesunden Knochenbildung beteiligt ist.

FÜR EIN STARKES IMMUNSYSTEMS

Das Vitamin C und die Betacarotine, die im Mangold in großer Menge vorkommen, wirken sich positiv und stärkend auf das Immunsystem aus. Vor allem in der Erkältungs- und Grippezeit ist die Widerstandsfähigkeit gegenüber Infektionen wichtig. Auch während der Zeit der Rekonvaleszenz, nach einer längeren Erkrankung, sollte Mangold nicht auf Ihrem Speiseplan fehlen. Denn die Bitterstoffe und die Kombination aus Vitaminen und Pflanzenfarbstoffen geben dem Körper Kraft und füllen den Nährstoffspeicher wieder auf. Wie Rote Bete auch enthält Mangold den Pflanzenfarbstoff Betain, der antioxidative und entzündungshemmende Eigenschaften hat.

Mangold-Rezepte

Grüner Lichtblick-Smoothie

Ein Smoothie, der für Durchblick sorgt: Vor allem durch das Vitamin A im Mangold können Sie mit diesem Trunk Ihre Sehkraft unterstützen.

FÜR 2 PERSONEN
» 6 Mangoldblätter, grob zerkleinert
» 2 Äpfel, grob zerkleinert
» 2 Bananen
» 2 Stängel Petersilie, gehackt
» 2 TL Zitronensaft
» 200 ml Buttermilch, alternativ Hafermilch
» 100 ml Mineralwasser, alternativ Orangensaft

• Den Mangold kurz blanchieren, zusammen mit Äpfeln, Bananen, Petersilie und Zitronensaft in einen Mixer geben und cremig pürieren. Mit Buttermilch und Mineralwasser auffüllen – die genaue Menge richtet sich nach der gewünschten Konsistenz des Smoothies.

• Es kann auch anderes Obst verwendet werden, je nach Vorliebe und je nachdem was vorrätig ist.

Mangold-Spaghetti

Kinder lieben Pasta! Und mit diesem Gericht können Sie sie auch für Mangold begeistern. Positiver Nebeneffekt: Stoffwechsel und Blutbildung werden angeregt, die Leber wird gestärkt.

FÜR 2 PERSONEN
» 250 g Spaghetti
» 1 Zwiebel, fein gehackt
» 1 Knoblauchzehe, fein gehackt
» 400 g Blattmangold, grobe Stiele entfernt, in Streifen geschnitten
» 3 Tomaten, klein geschnitten
» 1 EL Olivenöl
» 100 g Crème fraîche
» Salz, Pfeffer
» 1 EL Zitronensaft
» Parmesan

• Spaghetti nach Packungsanweisung in Salzwasser bissfest garen. In der Zwischenzeit Zwiebeln, Knoblauch, Mangoldstreifen und Tomatenstücke in einer Pfanne im Öl anbraten, bei mittlerer Hitze etwa 5 Minuten dünsten. Crème fraîche hinzugeben. Mit Salz, Pfeffer und Zitronensaft würzen.

• Die fertigen Spagetti abgießen und mit dem Mangoldgemüse mischen. Auf Teller verteilen und den Parmesan darüberreiben. Dazu passt ein grüner Salat.

Mangold-Salat

Dieser Salat hilft, Osteoporose vorzubeugen; er ist geschmacklich eine prima Alternative zum grünen Salat.

FÜR 2 PERSONEN
» 800 g Blattmangold, grobe Stiele entfernt, in Streifen geschnitten
» ½ Zwiebel, gehackt
» 1 Knoblauchzehe, gepresst
» 2 EL Olivenöl
» Saft einer Zitrone
» Kresse
» Salz, Pfeffer
» 250 g Fetakäse, gewürfelt

• Mangold 1–2 Minuten blanchieren. Derweil Zwiebel und Knoblauch kurz im Olivenöl andünsten. Daraus mit dem Zitronensaft und etwas Kresse eine Marinade zubereiten, mit Salz und Pfeffer würzen. Den noch etwas warmen Mangold mit der Marinade mischen und den Fetakäse unterheben.

Mangold-Gemüse-Puffer

Diese vegetarischen Gemüsepuffer sind einfach in der Zubereitung und gelingen immer. Sie regen die Verdauung an und fördern die Blutbildung.

FÜR 4 PERSONEN
» 300 g Blattmangold, in grobe Stücke geschnitten
» 3 Kartoffeln, geschält und gekocht
» 1 Möhre, geschält und grob gerieben
» 1 Zwiebel, grob gerieben
» 3 Eier
» 4 EL Semmelbrösel
» Salz, Pfeffer
» 2 EL Olivenöl

Mangold 1–2 Minuten blanchieren und abgießen, klein schneiden. Die gekochten Kartoffeln zerdrücken, mit Möhre und Zwiebel mit dem Mangold mischen. Eier verquirlen und mit den Semmelbröseln unter das Gemüse mischen. Mit Salz und Pfeffer abschmecken.

Aus der Masse handtellergroße flache Puffer formen; falls der Gemüseteig noch zu weich ist, etwas mehr Semmelbrösel hinzugeben. Die Puffer in einer Pfanne mit Öl von beiden Seiten goldbraun anbraten. Dazu passt ein Dip oder ein frischer Salat.

Mangold-Dip

Mangold-Dip

Kalorienarm und leicht bekömmlich: Dieser Dip wird mit der Sesampaste Tahina zubereitet – eine typische Zutat aus der arabischen Küche.

FÜR 4 PERSONEN
» 200 g Stielmangold, in grobe Stücke geschnitten
» 3 Knoblauchzehen
» 4 EL Tahina (Sesampaste)
» Saft einer Zitrone
» 4–6 Minzblätter
» Salz, Pfeffer

Mangold in Wasser weich kochen oder im Dampfgarer etwa 6–8 Minuten garen. Anschließend den Mangold zusammen mit den restlichen Zutaten in einen Mixer geben und fein pürieren – fertig ist ein herrlicher Dip, der wunderbar zu Fladenbrot oder zu Gemüsepuffern passt.

Meerrettich, der gesunde Scharfmacher

Meerrettich ist eine alte Orakelpflanze und gilt als Glücksbringer. Ein Stückchen getrocknete Meerrettichwurzel im Portemonnaie getragen bewirkt, dass der Geldbeutel das ganze Jahr über nie leer wird. Ein Versuch ist es wert.

Meerrettich, Kren Armoracia rusticana

DIE PFLANZE

Meerrettich – in Bayern und Österreich heißt er Kren – gehört zur Familie der Kreuzblütler. Er wurde im Mittelalter als Heilpflanze hoch verehrt und vor allem bei Schmerzen eingesetzt. Heute ist Meerrettich eher als scharfe Gewürzpflanze bekannt.

DAS IST DRIN

Die Meerrettichwurzel enthält als Hauptwirkstoff Glucosinolate, die sogenannten Senfölglykoside mit Sinigrin und Gluconasturtiin. Zudem reichlich Vitamin C und Vitamine der B-Gruppe. Des Weiteren stecken Mineralstoffe und Spurenelemente, wie Kalium, Calcium, Magnesium und Phosphor, in der gesunden Wurzel, außerdem das Enzym Myrosinase sowie Flavonoide.

EINKAUFEN UND LAGERN

Ab September können Sie die Meerrettichwurzel im Garten ernten. Das Ausgraben kostet viel Kraft und Mühe, aber es lohnt sich! Zu kaufen gibt es den Meerrettich vor allem auf dem Markt oder in den Hauptanbaugebieten im Süden Deutschlands oder in Österreich direkt vom Bauern. Auch in gut sortierten Supermärkten oder Bioläden erhalten Sie von September bis Februar frische Meerrettichwurzeln. Im Kühlschrank aufbewahrt hält er sich ohne Probleme ein paar Tage. Zur längeren Lagerung bewahren Sie die Wurzel in einem dunklen frostsicheren Keller auf, idealerweise eingeschlagen in Sand oder Erde. Eine Alternative ist das Einfrieren. Dazu schneiden Sie die ungeschälte, gewaschene Wurzel zuvor in etwa 5 cm große Stücke. Gefrorene Stücke bleiben heilkräftig und können sehr gut geraspelt werden.

ZUBEREITEN

Die Senfölglykoside bauen sich beim Zerkleinern ab, das Pflanzenenzym Myrosinase spaltet sie in Senföle auf. Diese Scharfstoffe kennen Sie gut: Sie lassen die Augen tränen und in der Nase kribbelt es. Am wirksamsten ist der Meerrettich, wenn Sie ihn frisch und roh verwenden. Gekocht bauen sich die wertvollen Senfölglykoside ab und sind somit nicht mehr so wirksam. Ideal ist es also, wenn Sie Fisch, Rindfleisch, Rote Bete, Salate und Co. mit frisch geriebenem Meerrettich verfeinern. Das gibt den Gerichten den geschmacklichen Pfiff und ist obendrein gesund!

SO WIRKT MEERRETTICH

Meerrettich wurde früher als „Bauernantibiotikum" oder auch als „Antibiotikum der armen Leute" bezeichnet – und das auch aus heutiger Sicht zu Recht! Zudem gibt es Untersuchungen, die darauf hindeuten, dass die Senföle des Meerrettichs eine krebsvorbeugende Wirkung haben. Aktuelle Forschungen beschäftigen sich mit diesem Thema.

EIN PFLANZLICHES ANTIBIOTIKUM

Die reichlich in der Wurzel enthalten Senföle verhindern, dass sich Bakterien und Viren verbreiten können – diese keimhemmende Wirkung konnte im Labor wissenschaftlich nachgewiesen werden. Das antimikrobielle Wirkspektrum reicht von Bakterien, z.B. *Escherichia coli* oder *Staphylococcus aureus*, über Erkältungs- und Grippeviren bis hin zu Pilzen. Die wirksamen Senföle werden im Dünndarm resorbiert und entfalten ihre Wirksamkeit dort, wo sie ausgeschieden werden: Lunge und Niere. Ganz offiziell empfiehlt die Kommission E, eine wissenschaftliche Sachverständigenkommission für pflanzliche Arzneimittel des Bundesinstituts für Arzneimittel und Medizinprodukte (BfArM), die Meerrettichwurzel bei Infekten der oberen Luftwege und bei Infektionen der ableitenden Harnwege. In einem apothekenpflichtigen Arzneimittel, bestehend aus Kapuzinerkressekraut und Meerrettichwurzel, wird diese Eigenschaft medikamentös genutzt zur Besserung der Beschwerden bei akuten entzündlichen Erkrankungen der Bronchien, der Nebenhöhlen und der ableitenden Harnwege. Der große Vorteil: Es bilden sich keine Resistenzen und, im Gegensatz zu synthetischen Antibiotika, unterstützen sie das Immunsystem.

ZUR VERDAUUNGSFÖRDERUNG

Die scharfen Stoffe im Meerrettich bewirken, dass die Verdauung angeregt und der Darm gereinigt wird. Die Senfölglykoside verhindern die Entstehung von Eiweißfäulnis im Darm und die Bildung von Giftstoffen wie Indikan und Cadaverin. Auch das Auftreten von Blähungen wird damit verhindert. Deshalb ist frischer Meerrettich als Würze bei blähungstreibenden Gerichten oder fetten Speisen besonders angesagt.

BEI KOPFSCHMERZEN UND NASENNEBENHÖHLENENTZÜNDUNG

Die geriebene Meerrettichwurzel hat eine tiefgreifend erwärmende Wirkung an der Stelle, wo sie äußerlich aufgelegt wird. Genutzt wird diese Eigenschaft bei Nasennebenhöhlenentzündung und festsitzendem Schnupfen als Nackenauflage: Dieser kurzzeitige Hitzeimpuls wird vom Nacken über Nervenreize bis zum Nasen-Rachen-Raum geleitet. Dieser Bereich wird dann – reflektorisch quasi – gut durchblutet, das Sekret beginnt zu fließen und der Druckschmerz lässt nach. Diese Methode lindert oft auch Kopfschmerzen und Migräne. Einen kleinen Wermutstropfen gibt es: Es sind Hautreizungen möglich. Halten Sie sich deswegen bitte genau an die Zubereitungshinweise im Rezept (Seite 132) und halten Sie die maximale Anwendungsdauer unbedingt ein.

VERTREIBT ERKÄLTUNGEN

Meerrettich ist die ideale Pflanze bei Erkältungskrankheiten: Der hohe Vitamin-C-Gehalt stimuliert das Immunsystem und hilft, Erkältungsviren abzuwehren. Deshalb ist es gerade in der kalten Jahreszeit ideal – wenn Meerrettich zudem überall erhältlich ist – immer wieder den Speiseplan mit Meerrettich zu bereichern. Das ist Küchenapotheke pur.

Auch wenn eine Erkältungsinfektion bereits vorliegt, können Sie mit Meerrettich die Erkältung schneller zum Abheilen bringen. Probieren Sie es einmal mit Meerrettich-Sirup. Die Senföle lösen in den Atemwegen den Schleim und helfen beim Abhusten.

BITTE BEACHTEN

Wegen der stark schleimhaut- und hautreizenden Wirkung sollten Menschen mit Magen- und Darmgeschwüren sowie mit Nierenentzündung auf Meerrettich verzichten, auch nicht bei Kindern unter 4 Jahren anwenden. Die frisch geriebene Wurzel kann vor allem in den Augen Schleimhautreizungen verursachen. Empfindliche Menschen sollten beim Verarbeiten daher eine Schutzbrille tragen.

Meerrettich-Rezepte

Power-Auflage bei Schnupfen und Kopfschmerzen

Eine Meerrettich-Auflage im Nacken wirkt reflektorisch auf den Nasen-Rachen-Raum und hilft bei Nasennebenhöhlenentzündungen, festsitzendem Schnupfen, Kopfschmerzen und Migräne.

» 1–2 TL fein geriebener Meerrettich

- Den geriebenen Meerrettich auf ein Papiertaschentuch geben. Das Tuch zu einem Päckchen falten, sodass das Papier an einer Seite einlagig bleibt. Das Päckchen etwa zwischen dem 6. und 7. Halswirbel, also ungefähr zwischen Haaransatz und Hemdkragen, in den Nacken legen, wobei die einlagige Seite auf der Haut liegt. Das Päckchen festhalten, nach ungefähr 3 Minuten setzt ein starkes Brennen ein – das erste Brennen möglichst aushalten! Wegen der starken Hautreizung sollte die Auflage jedoch nur 3 bis maximal 8 Minuten aufgelegt bleiben!
- Nach dem Entfernen der Auflage ist die Haut oft gerötet. Diesen Hautbereich mit Johanniskrautöl oder einem anderen hochwertigen Pflegeöl (auch Olivenöl geht) behandeln.
- Diese Auflage höchstens einmal pro Tag durchführen, bis die Symptome nachlassen, insgesamt maximal 1 Woche. Aber Achtung: Nicht bei kleinen Kindern und hoch betagten Menschen anwenden! Und bitte nie (!) im Gesicht einsetzen, immer nur im Nackenbereich die reflektorische Wirkung nutzen.

Feuriger Brotaufstrich

Feuriger Brotaufstrich

Dieser Brotaufstrich gibt Feuer: Er heizt ordentlich ein und hindert Krankheitskeime an der Vermehrung. Ideal geeignet als Vespermahlzeit, vor allem in der kalten Jahreszeit.

FÜR 1 KLEINES GLAS
» 2 EL geriebener Meerrettich
» 200 g Frischkäse
» 1 EL Crème fraîche
» 100 g Walnusskerne, gehackt
» 3 EL Walnussöl
» je 1 EL gehackter Schnittlauch und Petersilie
» Salz, Pfeffer

Alle Zutaten zu einer streichfesten Masse vermischen. Passt gut auf frisches Bauern- oder Fladenbrot.

Wohltuender Halsweh-Sirup

Ein bewährtes Rezept bei Halsschmerzen und Heiserkeit. Alle Zutaten, insbesondere der Meerrettich, schlagen Keime in die Flucht und heizen Ihnen so richtig ein.

FÜR 1 KLEINES GLAS
» 2 EL geriebener Meerrettich
» 2 EL geriebener Ingwer
» 4 EL Honig
» 1 EL Zitronensaft

Alle Zutaten miteinander vermischen und in ein Schraubglas füllen, zuschrauben und 30 Minuten ziehen lassen, dann ist der Sirup fertig. Im Kühlschrank aufbewahren. Hält sich 3–4 Tage und ist auch für Kinder, allerdings erst ab dem Schulalter, geeignet.

Beim ersten Kratzen im Hals 1–2 TL des Sirups im Mund zergehen lassen, drei- bis viermal täglich wiederholen.

Meerrettich-Kartoffel-Suppe

Eine sämige, Wärme bringende Suppe, die Erkältungsviren vertreibt – genau das Richtige an kühlen Herbst- und Winterabenden.

FÜR 4 PERSONEN
» 4 Kartoffeln, geschält und in Würfel geschnitten
» 1 Zwiebel, fein gehackt
» 1 Knoblauchzehe, gepresst
» 2 EL Rapsöl
» 750 ml Gemüsebrühe
» 200 ml fettarme Milch
» 4 EL geraspelter Meerrettich
» Salz, Pfeffer
» Muskat
» 50 ml Sahne
» Schnittlauch, fein gehackt

Die Kartoffeln zusammen mit der Zwiebel und der durch eine Knoblauchpresse gedrückten Knoblauchzehe in Rapsöl andünsten. Mit der Gemüsebrühe und der Milch ablöschen und 10–15 Minuten köcheln lassen. Den Meerrettich zugeben, mit Salz, Pfeffer und Muskat abschmecken und mit etwas Sahne verfeinern. Mit einem Stabmixer kurz pürieren.

In Suppenschüsseln anrichten und mit Schnittlauch bestreut servieren.

Meerrettich-Gelenktinktur

Ein tolles Einreibemittel für von Gicht und Rheuma geplagte Gelenke. Die Tinktur wirkt erwärmend und schmerzstillend.

» 2 EL fein geschnittener Meerrettich
» 200 ml Kirschwasser oder Korn (42 % Vol.)

Die Meerrettichstückchen in ein Glas füllen und mit dem Alkohol übergießen. 3 Wochen lang an einem dunklen Ort ziehen lassen, dann abseihen und in dunkle Fläschchen füllen. Bei Bedarf die schmerzenden Gelenke damit einreiben. Aber Vorsicht: Nicht zu oft anwenden, es kann leicht hautreizend wirken.

Möhren, Gold für die Haut

Möhren haben eine lange Geschichte, viele Namen und noch mehr Liebhaber: Heutzutage sind es die Sonnenanbeter, die Schlechtseher, Hautverehrer, Allergiker und sogar Tiere – sie alle lieben die Heilkraft der Möhren. Und jede Mutter weiß: Nach dem Stillen kommt der Karottenbrei, nährstoffreich und verträglich.

Möhre, Karotte, Gelbe Rübe

Daucus carota

DIE PFLANZE

Die Mutter aller Möhren ist die Wilde Möhre (*Daucus carota*), ein Doldenblütler, der in Asien und Europa beheimatet ist. Im 14. und 15. Jahrhundert gelangten weiße, rote und gelbe Varianten nach Mitteleuropa. Die heutige orangefarbene Möhre ist ein Zuchtergebnis des 20. Jahrhunderts und aufgrund ihres süßlichen, milden Geschmacks so beliebt.

DAS IST DRIN

Unter allen Gemüsearten enthalten Möhren am meisten Carotinoide: Betacarotin und Lycopin, der Gehalt schwankt je nach Intensivität der Farbe. Lycopin und das ebenfalls enthaltene Falcarinol dienen dem Körper als Krebsschutz. Möhren sind reich an Vitaminen: Betacarotin als Vitamin-A-Vorstufe, B_1, B_2, B_6, C und E. Zudem reichlich Mineralien und Spurenelemente wie Kalium, Calcium, Magnesium, Phosphor, Eisen, Zink und Selen. Sie sind kalorienarm und enthalten kaum Fett, dafür viel ernährungsphysiologisch bedeutsame Kohlenhydrate: Trauben- und Fruchtzucker, Pektine, Ballaststoffe und Oligogalakturonide.

EINKAUFEN UND LAGERN

Erntefrische Möhren sind fest und lassen sich nicht biegen. Kühl, trocken und dunkel im Keller gelagert halten sie monatelang, im Gemüsefach des Kühlschranks 7–10 Tage. Nach dem Kauf sollten Sie die Verpackung entfernen, sonst lässt das Schwitzwasser die Möhren schimmeln – lieber in ein feuchtes Tuch einwickeln. Das Grün bitte abschneiden (und natürlich weiterverwenden!) – so verlieren die Möhren weniger Wasser.

ZUBEREITEN

Möhren können Sie roh, gekocht oder als Saft verwenden, als Suppe, Gemüse, Eintopf, ja auch als Dessert und im Kuchen. Betacarotin ist recht hitzestabil, deshalb können Sie Möhren gedämpft, gedünstet oder gekocht genießen. Durchs Kochen, fein Reiben oder Entsaften kann der Körper Carotin und Selen besser aufnehmen. Immer etwas Fett zugeben, weil Carotin fettlöslich ist.
Je nach Sauberkeitsgrad genügt es, Möhren zu waschen. Beim Schälen einfach nur die äußere Haut abkratzen, denn in der Schale sitzen über 80 % der antioxidativen Polyphenole.

SO WIRKEN MÖHREN

Wer reichlich Möhren isst, kann Krebs und erhöhten Blutzuckerwerten vorbeugen, Verdauungsstörungen, Sodbrennen, Reizdarm und Reizmagen lindern, Augen, Haut und Schleimhaut schützen sowie Durchfall und Verstopfung vorbeugen.
Wertvoll für kleine Kinder und die Mama: Frisch geriebene Möhren verbessern die Vitamin-A- und Eisen-Werte im Blut stillender Mütter. Mit ihrem Reichtum an Kalium sind sie leicht harntreibend. Der hohe Selengehalt ist ein wichtiger Radikalenfänger und schützt Zellen vor vorzeitiger Alterung und Entartung.
Frisch gepresster Möhrensaft senkt mild den Blutdruck, schützt die Leber, stärkt das Immunsystem, beugt Arteriosklerose vor und lässt Sie nach schweren Erkrankungen (wie Krebs) schneller gesunden: Trinken Sie kurmäßig 3–5 Wochen lang 2–3 Gläser pro Tag.

PFLEGE FÜR HAUT, SCHLEIMHAUT UND AUGEN

Carotinoide (Betacarotin und Lycopin), Vorstufe von Vitamin A, schützen die Zellen vor schädigendem Lichteinfluss. Ein ausgeglichener Vitamin-A-Haushalt regt die Regenerationsprozesse von Haut und Schleimhaut an. Bei zu wenig Vitamin A verhornen die Talgdrüsen, die Hautzellen regenerieren langsamer, die Haut trocknet aus, wird spröde und infiziert sich leichter – wie das beispielsweise bei Schuppenflechte der Fall ist. Möhrengenuss verlängert die beschwerdefreien Intervalle; zum Einleiten der Therapie essen Sie 3 Tage Möhrensuppe als schnelle Entlastung. Zusätzlich lindert das Auftragen von Möhrensaft auf die Haut Ekzeme und Akne.
Damit die Carotinoide gut zur Verfügung stehen, sollten Sie Möhren kurz andünsten oder Saft daraus pressen, roh sind sie schwer aus ihren Zellwänden herauszulösen. Eine Überdosierung müssen Sie nicht befürchten: „Überschüssige" Betacarotine lagern sich im Unterhautfettgewebe ab und schenken Babys die bekannte „Karottenfarbe". Das schützt die Haut (begrenzt) vor zu viel Sonnenlicht und schädlichen UV-Strahlen. Auch Menschen mit Sonnenallergie profitieren davon.
Mit Möhren kann man sich auch einen Augenschutz „anessen": Carotin stärkt nämlich die Netzhaut. Das verbessert die Sehkraft und das Dämmerungssehen und beugt Nachtblindheit vor. Hier schließt sich der Kreis von Haut und Augen: Trockene Haut ist besonders an den Augen spürbar: Die Augen brennen, sind oft gerötet und fühlen sich entzündlich-trocken an.

ZUR DARMPFLEGE UND BEI DURCHFALL

Je nach Zubereitungsart wirken Möhren anders: roh gerieben abführend (auch auf Spul- und Madenwürmer); gekocht und gepresst stopfend. Die Ballaststoffe fördern mit ihrem hohen Flüssigkeits- und Pflanzenfaseranteil eine gute Verdauung und lindern Verstopfung. Andererseits binden Pektine Wasser im Darm, dicken den Darminhalt ein und festigen den Stuhl bei Durchfall. Sie schützen die Darmschleimhaut, binden Gifte und Krankheitskeime und hemmen das Wachstum krankmachender Keime im Darm. Möhren wirken deshalb bei Durchfall so gut, weil sie einen ganz speziellen Zucker (saure Oligogalakturonide, die erst durch langes Kochen entstehen) enthalten. Da dieser Zucker den Rezeptoren des Darmepithels ähnelt, docken die Erreger statt an der Darmwand an den Zuckermolekülen an – und werden ausgeschieden. Diese Mechanismen liegen auch der berühmten „Morosuppe" von 1908 zugrunde (Seite 136). Sie wurde später in der Medizin durch nebenwirkungsreiche Antibiotika verdrängt (mit Resistenzbildung und Lähmung von für die Darmflora wichtigen Keimen). Heute setzt man Morosuppe wieder ein, denn sie wirkt auch bei Keimen, die gegen Antibiotika resistent geworden sind, und stabilisiert die physiologische Darmflora. Davon profitieren Babys und Erwachsene, Menschen mit einer Fehlbesiedelung der Darmflora (z.B. nach Antibiotikagaben), ältere oder sondenernährte Menschen und selbst schwerkranke Intensivpatienten.

KREBSHEMMER KAROTTE

Möhren sind das drittwichtigste vor Krebs schützende Lebensmittel (Lungen-, Leber-, Prostata-, Kehlkopfkrebs). Möhrenkonsum von mehr als zweimal pro Woche (und eine gesunde Lebensweise) soll auch das Brustkrebs-Risiko verringern. Beteiligt an der Wirksamkeit sind neben dem krebsschützenden Vitamin A die antioxidativen Eigenschaften von Betacarotin, Lycopin und Lutein. Sie reduzieren die Neigung der Zellen zu entarten und fördern die Rückbildung krebsartiger Zellen. Sie verbessern die Rekonvaleszenz und machen Chemo- und Strahlentherapien besser verträglich und wirksamer. Weil der Gehalt an Falcarinol (am Krebsschutz beteiligt) während des Kochvorgangs sinkt, die Möhren zur Krebsprävention auch roh verzehren. Oder im Ganzen kochen und erst danach zerkleinern, dann soll der Falcarinolgehalt um ein Viertel höher sein als bei Möhren, die vor dem Kochen zerteilt wurden.

Möhren-Rezepte

Morosuppe

Lang gekochte Möhrensuppe lindert Durchfall und pflegt den Darm. Als „Entdecker" gilt der Direktor der Heidelberger Kinderklinik Dr. Moro, der mit dieser einfachen Suppe die Sterberate von Kindern mit Durchfallerkrankungen drastisch senken konnte.

FÜR 1 PERSON
» 500 g Möhren, geschält
» 1 l Gemüsebrühe, alternativ 1 l kochendes Wasser mit 3 g Salz

Möhren grob zerkleinern, mit 1 l Wasser 1–1½ Stunden auf 200 ml einkochen. Pürieren und durch ein Sieb streichen. Das lange Kochen ist ein Muss! (Erst dadurch werden die wirksamen Zuckermoleküle freigesetzt, die den Darmrezeptoren zum Verwechseln ähnlich sind. Nur dann docken die Erreger statt an der Darmwand an den Zuckermolekülen an und werden mitsamt dem Durchfall ausgeschieden, Seite 135) Diesen Brei in 1 l Gemüsebrühe (oder in 1 l kochendes Wasser mit 3 g Salz) einrühren. Über den Tag verteilt essen. Auch für Kinder geeignet, für Säuglinge ab 6 Monate.

Möhren-Orangen-Suppe

Vitaminreich, hautpflegend und leberfreundlich – mehr kann man von einer Suppe nicht erwarten.

FÜR 4 PERSONEN
» 2 Schalotten, fein gehackt
» 1 Knoblauchzehe, fein gehackt
» 1 EL Butter
» 1 EL Öl
» 500 g Möhren, grob gewürfelt
» 250 ml Orangensaft
» 500 ml Gemüsebrühe
» 200 ml Sahne
» Salz, Pfeffer
» 1 Prise Zucker

Schalotten und Knoblauch in Öl und Butter andünsten, dann die Möhrenwürfel zugeben und ebenfalls andünsten. Mit Orangensaft und Gemüsebrühe ablöschen und bei geringer Hitze ½ Stunde leicht köcheln. Danach fein pürieren. Die Sahne unterrühren und abschmecken.

Karottenöl: Sonnenschutz von innen und außen

Karottenöl entspricht etwa einem Lichtschutzfaktor von 3–4. Es schützt und regeneriert die Haut, strafft das Gewebe und pflegt nachhaltig trockene, spröde und schuppende Haut.

FÜR ETWA 100 ML
» 200–300 g Möhren, ungeschält, aber gut geputzt und sehr fein gerieben
» 100 ml Sesamöl
» 2 ml Sanddorn-Fruchtfleischöl
» evtl. 7 Tropfen ätherisches Karottensamenöl

Den „Möhrenbrei" mit dem Sesamöl in ein Schraubglas geben und verschließen, 3 Wochen lang an einem warmen Ort ausziehen lassen, täglich schütteln; danach abgießen. Zu diesem Karottenöl anschließend das Sanddorn-Fruchtfleischöl geben und auf Wunsch zur Optimierung der hautfreundlichen Wirkung das Karottensamenöl.

Dieses Öl dient als innerlicher Sonnenschutz (2–3 TL täglich), indem es z.B. Salatdressings zugegeben wird, oder wirkt äußerlich als besonders hautfreundliches Öl zum Schutz vor bzw. zur Nachbehandlung von Sonnenbrand. Auch einfach zur edlen Gesichtspflege für einen schönen Teint nutzbar.

Mandel-Möhren

Diese Vorspeise, lauwarm oder kalt gegessen, ist Haut- und Magenpflege von innen – und Genuss sowieso.

FÜR 4 PERSONEN
» 400 g junge Möhren, gut geputzt
» 2 EL Olivenöl
» 50 g Mandeln, gehäutet und klein gehackt
» 5 Knoblauchzehen, klein gehackt
» 100 ml Gemüsebrühe
» 3 EL Apfelessig
» 1 TL Meersalz
» ½ Bund Koriander, die Blätter grob gehackt

Die Möhren mit einem Sparschäler (oder dem Messer) der Länge nach in feine dünne Streifen schneiden. Mit Öl, Mandeln und Knoblauch zusammen in einer Pfanne 2 Minuten anschwitzen. Mit Gemüsebrühe ablöschen und 3–5 Minuten dünsten, bis die Möhren weich sind. Mit Essig und Salz abschmecken und im Sud ein bisschen abkühlen lassen. Mit Korianderblättern bestreut servieren.

Möhren-Orangen-Suppe

Möhren-Kosmetik

Möhrensaft tut gut: von innen und von außen! Er lässt sich zu Masken, Peelings und Co. verarbeiten oder pur als Gesichtswasser gegen Hautunreinheiten verwenden. Schützen Sie aber Ihre Kleidung vor der „Orangetönung".

FÜR DIE MASKE FÜR TROCKENE, REIFE HAUT:
» 100 ml frisch ausgepresster Möhrensaft (aus 2–3 Möhren; für ein Tonic etwas mehr)
» 2 EL Mehl
» 1 TL Mandelöl
» 1 Eigelb

FÜR DIE MASKE FÜR FETTE HAUT:
» 100 g fein geriebene Möhren
» 2 EL Quark
» 1 EL Apfelessig
» evtl. frisch ausgepresster Möhrensaft

FÜR DAS PEELING:
» 2 EL Mandelkleie
» 1 Möhre, fein gerieben
» etwa 1 Becher Naturjoghurt

Masken: Die jeweiligen Zutaten verrühren und aufs vorgereinigte Gesicht und Dekolleté auftragen. Nach 10 Minuten mit lauwarmem Wasser abnehmen und auf Wunsch mit frischem Möhrensaft als Tonic nachpflegen.
Peeling: Mandelkleie mit der Möhre und so viel Joghurt mischen, bis die Masse pastös ist. In die gereinigte Haut kreisförmig einmassieren und danach mit lauwarmem Wasser abtragen.

Möhren-Hustensirup

Lindert Husten und Heiserkeit. Sehr gut für Kinder geeignet, denn der Sirup ist supermild und pflegt auch noch die Rachenschleimhaut.

FÜR 1 KLEINES GLAS
» 250 ml Möhrensaft
» 100 g Kandiszucker

Beides zusammen kochen, bis ein zähflüssiger Sirup entstanden ist. In ein Schraubglas füllen, abkühlen lassen. Etwa 1 Woche im Kühlschrank haltbar.

Dreimal täglich je 2 EL einnehmen.

Paprika, die Bunten

In Südamerika kennt man Paprika seit mehr als 9000 Jahren: als Gewürz, als Währung – und als Heilpflanze. Die Mayas nutzten die verdauungsfördernden und antiseptischen Eigenschaften. Nach der Entdeckung Amerikas brachten sie die Spanier nach Europa, aber in Deutschland landete sie erst nach dem 2. Weltkrieg. Ab da gelang es, Gemüsepaprika zu züchten.

Gemüsepaprika Capsicum annuum

Gewürzpaprika, Chili Capsicum frutescens

DIE PFLANZE

Paprika gehört zu den Nachtschattengewächsen und punktet mit einer reichen Vielfalt an Schoten (botanisch korrekt sind es Beeren): unterschiedliche Größen, Formen und Farben, Geschmack und Schärfegrad. Man unterscheidet zwischen Gemüsepaprika mit wenig Capsaicin und Gewürzpaprika (Chili) mit hohem Capsaicin-Gehalt. Capsaicin ist der Stoff, der Chili so scharf schmecken lässt. Paprika ist eine Gattung mit Variationen, und bezüglich der genauen Begriffsbestimmung ist über die Jahrhunderte der Überblick verloren gegangen: Ob die oder der Paprika, ob Gemüsepaprika, die in der Schweiz Peperoni genannt wird (in Deutschland bezeichnet man damit schärfere Paprikas, in Österreich sagt man Pfefferoni, in Südtirol Peperoncini) – die Übergänge sind fließend. Es kommt in der Hauptsache auf die Schärfe und Ihren Geschmack an, wie Sie die obergesunden „Beeren" einsetzen. Sicherheitshalber fragen Sie beim Einkauf kleiner Paprika nach der Schärfe, damit Sie beim Kochen keine Überraschungen erleben.
Im Gemüsehandel ist häufig Spitzpaprika erhältlich, eine längere, dünnere Variante der Gemüsepaprika. Sie bekommen sie das ganze Jahr über, sie ist oft günstiger als die bauchig runde Schwester und schmeckt ein bisschen pfefferig-pikant, dabei aromatisch süßlich. Sie ist genauso gesund wie seine Gemüsepaprikageschwister und eignet sich besonders gut zum Grillen.
Neuerdings finden sich vermehrt Bratpaprika in den Läden, zumindest in den Erntemonaten Juni bis September: Pimientos de Padron, die als gleichnamiges Gericht in Spanien gerne als Tapas serviert werden. Sie sind mild-aromatisch und geeignet als Vorspeise oder als Beilage zu Gegrilltem aller Art, am besten als Fingerfood: Die gebratene, noch heiße Schote am Stiel greifen und mitsamt Kernen essen. Selten ist auch mal eine scharfe Schote dabei, deshalb sicherheitshalber etwas Brot griffbereit halten.

DAS IST DRIN

Gemüsepaprika enthält wenig Kalorien (unter 20 kcal/100 g) und kaum Fett, dafür viel Kalium, Magnesium, Zink und Calcium, ätherische Öle, etwas Saponine und Vitamine: Provitamin A, die Vitamine B_1, B_2 und B_6, E und reichlich Vitamin C, vor allem in den vollreifen Früchten. Sichtbarste Wirkstoffe sind ihre Farbstoffe wie Flavonoide (mit Rutin), Anthozyane, rotes Capsanthin

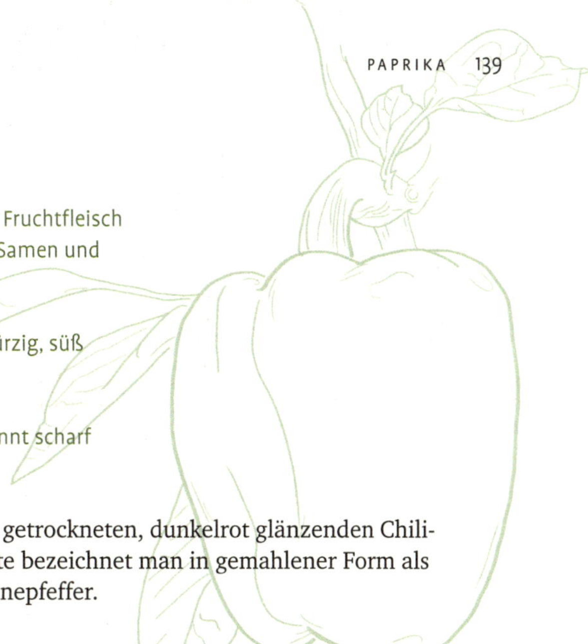

PAPRIKAPULVER: VON MILD BIS SCHARF

Je röter das Paprikapulver, desto milder ist es, denn dann ist mehr Fruchtfleisch enthalten. Helleres Paprikapulver enthält mehr Anteile der hellen Samen und Scheidewände und somit mehr Scharfstoffe.
Delikatess-Paprika (ohne Scheidewände und Samen): mild
Edelsüß-Paprika (keine Samen, aber mit Scheidewänden): mild-würzig, süß
Halbsüßer Paprika (Scheidewände mit vermahlen): etwas scharf
Rosenpaprika (nur Kelch und Stiel entfernt): würzig-scharf
Scharf-Paprika (mitsamt Scheidewänden und Samen): würzig, brennt scharf

und Curcumin. Beachtlich ist der hohe Anteil an Betacarotinoiden, wobei die rote Paprika sechsmal mehr Carotin als die grüne Paprika bietet. Der Hauptwirkstoff der Gewürzpaprika ist das scharfe Alkaloid Capsaicin. Capsaicin befindet sich vor allem an den Samenscheidewänden und den Samen, deshalb ist die Spitze weit weniger scharf als das Stielende. Gemüsepaprika enthalten kaum Capsaicin.

EINKAUFEN UND LAGERN

Gemüsepaprika bekommen Sie farbenreich wie die Ampel angeboten, wobei grüne und violette Paprika voll entwickelt, aber noch nicht ganz ausgereift sind und deshalb manchmal Verdauungsbeschwerden verursachen können. Reife Früchte sind rot, orange, gelb, braun oder weiß und milder, süßer und besser verdaulich; manche Sorten reifen von grün nach gelb zu rot. Wählen Sie feste, glänzende Früchte mit makelloser Haut. Sie halten sich bei Zimmertemperatur 2–3 Tage, im Kühlschrank 1 Woche. Gemüsepaprika können Sie gut einfrieren, je nach Wunsch klein geschnitten; blanchiert werden muss die Paprika nicht. Weil durchs Einfrieren die Zellstruktur des wasserreichen Gemüses zerstört wird, eignen sie sich am besten zum Kochen, und zwar direkt noch tiefgefroren. Geschmack und Schärfe bleiben erhalten. Natürlich können Sie Gemüsepaprika auch trocknen und anschließend Ihr eigenes Würzpulver herstellen. Legen Sie die entkernten, in grobe Stücke geschnittenen Paprika bei 50–80 °C für 6–8 Stunden (je dicker das Fruchtfleisch, desto länger die Trockenzeit) in den Backofen, immer mal wieder wenden und eventuell die Backofentür leicht geöffnet lassen, damit die Feuchtigkeit entweichen kann. Anschließend im Mörser fein mörsern oder in einer Gewürzmühle mahlen.
Chilischoten kauft man bei uns von November bis Dezember im Bund und trocknet sie kopfüber an einem warmen Ort, bis sie sich knisternd zerreiben lassen. So halten sie mindestens ein Jahr. Die reifen getrockneten, dunkelrot glänzenden Chili-Früchte bezeichnet man in gemahlener Form als Cayennepfeffer.

ZUBEREITEN

Paprika als Gemüse ist vielseitig einsetzbar: gefüllt, sauer eingelegt, gedünstet oder gebraten, gegrillt oder überbacken, mit etwas Wasser weich gekocht und püriert. Isst man sie roh, z.B. als Salat, bleibt der gesamte Gehalt an Vitamin C erhalten. Vor der Verwendung Stiel, Samen und Samenscheidewände entfernen. Fügen Sie beim Kochen keine Säuren wie Wein oder Zitrone hinzu, sonst verfärben sich die Früchte bräunlich. Übrigens: Wenn Sie beim Zubereiten einer „zu scharfen" Paprika Kerne, Plazenta und Scheidewände entfernen, bleibt der Geschmack milder. Der meiste Scharfstoff findet sich in den Samenscheidewänden der Schoten. Die Samenkörner selbst enthalten deutlich weniger; die Konzentration hängt von der Nähe zur Samenscheidewand ab.

PAPRIKA HÄUTEN: 3 METHODEN

Die Haut der Gemüsepaprika ist für manche schwer verdaulich, in diesem Fall häutet man die Früchte am besten.
Rohe Paprika für Salate: Schälen Sie die ganze Schote dünn mit einem Sparschäler.
Gegrillte Paprika für Antipasti: Die entkernte und geviertelte Schote im Elektrogrill oder vorgeheizten Backofen bei 200 °C rösten, bis sich die Haut als leicht gebräunte Blase vom Fruchtfleisch löst (maximal 15 Minuten). Die noch heißen Paprika in einen Plastikbeutel stecken und abkühlen lassen – nun können Sie die Haut gut von den Schoten abziehen. Durch diese Prozedur gewinnen die Paprikas an Süße und Aroma.
Geschmorte Paprika: Entkernte und geviertelte Paprikaschote 5 Minuten in Wasser kochen, abgießen und die Haut mithilfe eines Messers abziehen. Die Schoten entweder sofort verwenden oder direkt nach dem Schälen in gesalzenem Eiswasser abschrecken, damit sie ihre leuchtenden Farben behalten.

SO WIRKEN PAPRIKA

Ob mild oder scharf: Paprika ist gesund! Bezüglich ihrer wertvollen Inhaltsstoffe unterscheiden sich Gemüse- und Gewürzpaprika kaum – es ist im Gewürzpaprika lediglich mehr scharf machendes Capsaicin enthalten. Paprika gehören mit ihren wenigen Kalorien und kaum Fett zu den „Schlankmachern" unter den Gemüsen. Sie regen die Verdauung an und sind mild entwässernd. Hervorzuheben ist der Vitaminreichtum, die bunten Schoten übertreffen diesbezüglich die oft zitierten Zitronen bei Weitem: Die rote Paprika ist mit 400 mg/100 g eines der Vitamin-C-reichsten Gemüse: 30–100 g Gemüsepaprika decken schon den Tagesbedarf an Vitamin C. Der Vitamin-C-Gehalt variiert übrigens je nach Reifegrad zwischen 140 mg (grüne Paprika) über 200 mg (gelbe Paprika) bis 400 mg (rote Tomatenpaprika aus Ungarn) pro 100 g Fruchtfleisch. Die sekundären Pflanzenfarbstoffe wie Flavonoide, also ihre gelben und roten Farbstoffe, verstärken die Wirkung von Vitamin C und halten die kleinen Blutgefäße, die Kapillaren, gesund. Sie schützen mit ihren antioxidativen Eigenschaften vor Krebs, Arteriosklerose, Rheuma, Augen- und Herz-Kreislauf-Erkrankungen und wirken zusätzlich wachstumshemmend auf Bakterien und Viren. Gewürzpaprikas (Chilis) töten mit ihren Saponinen Krankheitserreger des Magen- und Darmtrakts ab. Also würzen Sie kräftig!

DIE HEILKRAFT DER FARBEN

Paprikas besitzen die ganze Palette an heilkräftigen Farben. Da wären gelbe Flavonoide mit Rutin, das für Gefäßstabilität sorgt und das Risiko für Herz-Kreislauf-Erkrankungen reduziert. Man nutzt Flavonoide sogar äußerlich in Antifalten- und Sonnencremes. Die orangefarbenen Betacarotinoide helfen bei der Regeneration von Hautzellen, die durch zu viel Sonne und natürliche Alterung geschädigt sind; sie spielen eine wichtige Rolle in der Krebsvorsorge und schützen die Augen vor Erkrankungen. Das rote Capsanthin, ein Carotinoid, gilt als Lebensmittelzusatzstoff E 160c, blaue Anthozyane als Krebsschutz und knallgelbes Curcumin (E 100) als entzündungshemmend und krebsvorbeugend.

SCHLANK WERDEN UND SCHLANK BLEIBEN

Die Gemüsepaprika hat kaum Kalorien, sättigt aber gut. Wenn Sie Gemüsepaprika mit Gewürzpaprika (oder Chilipulver) zusammen zubereiten, haben Sie einen doppelten Effekt: Studien zeigen Capsaicin als Appetitzügler. Der Scharfmacher mindert das Hungergefühl und hilft beim Abnehmen, weil Capsinoide die Fettverbrennungsrate erhöhen. Capsaicin hindert Fettvorläuferzellen daran, sich in reife Fettzellen zu verwandeln – ein würzig-scharfes Mittel gegen Übergewicht!

GEWÜRZPAPRIKA: INNERLICH …

Der Hauptwirkstoff der Gewürzpaprika bzw. Chili ist Capsaicin, das bei den Geschmacksnerven im Mund Hitze- und Schmerzreize auslöst. Seine Intensität wird mit Hilfe des Scoville-Index bestimmt oder, einfacher, auf einer Skala von 1–10 (Gemüsepaprika: 0, Habanero: 10 = unmensch-

BITTE BEACHTEN

Wenn beim Genuss von Gewürzpaprika die Mundschleimhaut brennt, nie mit Wasser „löschen", sonst wird die Schärfe noch mehr verteilt. Capsaicin löst sich gut in Alkohol oder Fett, deshalb sind Milch, Joghurt, Käse, Öl oder (hochprozentige) alkoholische Getränke wirkungsvollere Mittel.

lich scharf). Je mehr Capsaicin, desto schärfer. In vielen europäischen Sprachen nennt man gemahlene Chili auch Cayennepfeffer („Cayenne" stammt aus einer amerikanischen Indianer-Sprache). Man verwendet dafür meist die getrockneten, scharfen Früchte von Chilis der Cayenne-Gruppe. Capsaicin wirkt schweißtreibend. Die Indianer Südamerikas nutzten diese Eigenschaft zur Fiebersenkung: Die scharfen Schoten ließen die Kranken schwitzen, die durch den Schweiß hervorgerufene Verdunstungskälte senkte dann die Körpertemperatur.

Chilis wirken gefäßerweiternd, durchblutungsfördernd und verbessern die Fließeigenschaften des Blutes, deshalb gelten sie als leichte Blutdrucksenker. Das hat auch mit einer vermehrten Ausschüttung von Stickstoffmonoxid zu tun, der im Körper die Blutgefäße entspannt und somit den Blutdruck senkt. Capsaicin regt den Speichelfluss und die Bildung von Verdauungssäften an, fördert die Magendurchblutung und die Darmbewegung, wirkt somit verdauungsanregend und macht Mahlzeiten bekömmlicher.

ES BRENNT!

Beim scharfen „Geschmack" handelt es sich genau genommen um eine Schmerzempfindung, denn „Schärfe" wird nicht durch Geschmackszellen vermittelt. Die Capsaicin-Scharfstoffe reizen bestimmte Nervenenden (Nozizeptoren), die Schmerzreize erkennen. „Heiß" und „scharf", im Englischen beides „hot", sind ähnliche Empfindungen. Der Körper möchte den (vermeintlichen) Hitze-Schmerz lindern und reagiert mit einer vermehrten Durchblutung zur Wärmeabfuhr. In der Folge entsteht eine örtliche Rötung wie bei einer leichten Verbrennung; man hat das Empfinden, es „brennt".

... UND ÄUSSERLICH

Capsaicin ist als äußerlich eingesetzter Wirkstoff in der Schmerzforschung bekannt und wird in Cremes, Salben und Pflaster eingearbeitet. Es fördert die Durchblutung und wärmt. Wärme entkrampft die verspannte Muskulatur und lindert somit Schmerzen und rheumatische Beschwerden. Die verstärkte Durchblutung sorgt für einen schnelleren Abtransport schmerzerregender Entzündungsstoffe im Körper. So kann sich mehr Gelenkschmiere bilden, die Ernährung der Knorpelsubstanz wird verbessert – dadurch kann sie sich besser regenerieren. Das anfängliche „brennende" Schmerz- und Hitzegefühl macht bald einer wohltuenden Wärme Platz, und nach einigen Anwendungen fühlt sich die betroffene Stelle unempfindlicher an gegen Schmerz und Juckreiz, und zwar langanhaltend. Diese Eigenschaften sind schon lange bekannt: Seit 1928 gibt es ein Rheuma-Schmerz-Pflaster zum Aufkleben auf schmerzende Stellen, anzuwenden bei Rückenschmerzen, Hexenschuss, Ischias oder schmerzhaftem Muskelhartspann. Die Wirkstoffe aktivieren genau da eine gute Durchblutung, wo der Schmerz sitzt.

Capsaicin-Salben werden therapeutisch verordnet zur äußerlichen Behandlung von Schuppenflechte und Juckreiz, zur Linderung von Nervenschmerzen wie z.B. Gürtelrose (Post-Zoster-Neuralgie), bei Migräne, Trigeminusneuralgie oder diabetischer Polyneuropathie (Nervenschädigung nach schlecht eingestelltem Diabetes). Achtung: Diese Behandlungen sind nichts für die Selbstmedikation, weil es zu Nebenwirkungen kommen kann.

Untersuchungen amerikanischer Wissenschaftler beschäftigen sich derzeit mit den krebshemmenden Eigenschaften der Chilis: Capsaicin treibe Prostatakrebszellen in den Selbstmord, soll Krebs vorbeugen und das Risiko für Darmkrebs verringern – das Potenzial ist groß.

Übrigens: Der Körper schüttet als Reaktion auf die Schärfe des Capsaicins vermehrt Endorphine aus, die Glücksgefühle hervorrufen – vielleicht sind Chilis deshalb bei manchen so beliebt. Aber es kann auch zu viel des Guten werden: Capsaicin und damit scharfes Essen kann Gastritis, Durchfall und Magenschmerzen hervorrufen.

Paprika-Rezepte

Mojo verde

Die „Grüne Soße" – bekannt als Würze für kanarische Schrumpelkartoffeln (Papas arrugadas) – bietet Ihnen eine geballte Ladung gesunder, frischer Grünkraft.

FÜR 2 PERSONEN

» 2 grüne Paprikaschoten, entkernt und in grobe Stücke geschnitten
» 4 Knoblauchzehen
» je 1 Bund frischer Koriander und Petersilie, Stiele entfernt
» 100 ml Olivenöl
» 2–4 TL frisch gepresster Zitronensaft
» Salz, Pfeffer

Paprika, Knoblauch, Kräuter und Öl mit dem Stabmixer zu einer sämigen Masse pürieren. Mit Zitronensaft, Salz und Pfeffer abschmecken – fertig!

Antipasti

Paprika auf dem Antipasti-Teller wie beim Italiener? Das geht ganz einfach selbst gemacht.

» Paprikaschoten, entkernt und geviertelt
» Öl
» Salz, Pfeffer
» Zitronensaft

Die Paprika wie auf Seite 139 beschrieben häuten und in dünne Scheiben schneiden. Die restlichen Zutaten vermischen und die Paprikascheiben einige Stunden darin marinieren.

Mojo verde

Ajvar zum Gleichessen

In dieser jugoslawischen Paprikasoße finden Sie gesundes Gemüse zuhauf – da können Sie sich mit Genuss gesundessen.

FÜR 2 PERSONEN
» 3 rote Paprikaschoten, entkernt und geviertelt
» 2 Fleischtomaten
» 1–2 Auberginen (etwa 300 g), dünn geschält und gewürfelt
» 1 rote Peperoni, halbiert und entkernt
» 2 Knoblauchzehen, klein gehackt
» 1 Zwiebel, gewürfelt
» 10 EL Olivenöl
» 2 EL Zitronensaft oder Essig
» Salz, frisch gemahlener Pfeffer
» Paprikapulver, rosenscharf

Paprika- und Auberginenstücke mit der Haut nach oben auf ein mit Olivenöl gefettetes Backblech legen und im vorgeheizten Backofen bei 200 °C 8–15 Minuten backen. Die Paprika wie auf Seite 139 beschrieben häuten.

In der Zwischenzeit die Tomaten häuten: kreuzweise einschneiden, 3 Sekunden in kochendes Wasser legen, danach kalt abschrecken und die Haut abziehen. Tomaten halbieren, Kerne entfernen, Tomatenfruchtfleisch in Würfel schneiden.

Sämtliches Gemüse mit Olivenöl und Zitronensaft mit dem Pürierstab grob zerkleinern, aber nicht zu Mus werden lassen. Mit Salz, Pfeffer und Paprika abschmecken, bis es eine ausgewogene Mischung aus Säure, Süße und Schärfe besitzt.

Schmeckt zu Gemüse, Reis oder Nudeln, mit Frisch- oder Ziegenkäse als Brotaufstrich oder zu Lammfleisch.

Paprika-Tortilla mit Ziegenkäse

Mit buntem Salat eine vitaminreiche Mahlzeit mit der ganzen Heilkraft an Farben.

FÜR 2 PERSONEN
» 1 Zwiebel und 1 Knoblauchzehe, klein gehackt
» 2 EL Olivenöl
» je 1 rote, gelbe und grüne Paprikaschote, entkernt und in Streifen geschnitten
» 75 ml Weißwein
» 4 Eier
» 2 gekochte Kartoffeln, gewürfelt
» Salz, Pfeffer
» Kräuter der Provence
» 100 g Ziegenkäse, gewürfelt

Backofen auf 180 °C vorheizen. Zwiebel und Knoblauch in einer Pfanne im Olivenöl andünsten. Paprikastreifen zugeben und 5 Minuten schmoren, mit dem Wein ablöschen und ein paar Minuten einkochen lassen.

Eier verquirlen, mit den Kartoffelwürfeln zu den Paprika in die Pfanne geben und bei milder Hitze stocken lassen. Würzen.

Ziegenkäse darübergeben und die Tortilla im Backofen 15 Minuten überbacken.

Chilitee bei Kreislaufschwäche und Fieber

Klar, dass solch eine feurige Sache wie Chili starke Wirkungen hat, deshalb: Bitte wirklich nur 1 Messerspitze verwenden! Für Kinder nicht geeignet.

BEI KREISLAUFSCHWÄCHE:
» 1 Kanne Kräutertee nach Wunsch
» 1 Messerspitze Chili
» 1 EL Honig

BEI FIEBER:
» 2 cm großes Stück Ingwer, klein gehackt
» 1 Messerspitze Chili
» 1 TL Zitronensaft
» 1–2 EL Honig

Bei Kreislaufschwäche: In eine frisch aufgebrühte Kanne mit (Lieblings-)Kräutertee 1 Messerspitze Chili zugeben und mit Honig süßen. Das bringt den Kreislauf wieder in die Höhe.
Bei Fieber: Den Ingwer mit 750 ml heißem Wasser übergießen. 10 Minuten bedeckt ziehen lassen, abgießen. Chili, Honig und Zitronensaft zugeben und so heiß wie möglich trinken – danach im Bett gesundschlafen!

Pastinaken, Wurzelrübe in Weiß

Pastinaken, ein Grundnahrungsmittel mit hohem Nährwert, gehören zu den am längsten bekannten essbaren Pflanzen. Schon die Kelten genossen die Wurzel. Und auch heute ist die Pastinake eine bekömmliche Mahlzeit, die schlechte Esser und Kranke schonend satt macht.

Pastinake Pastinaca sativa

DIE PFLANZE

Der zweijährige Doldenblütler mit den gelben Blüten ist auf unseren Wiesen heimisch. Wie die Wilde Möhre hat auch die Wildform der Pastinake noch keine verdickte Wurzel. Erst später wurde bei der Pastinake diese dicke weiße Rübe herausgezüchtet, die heute zuhauf auf unseren Märkten angeboten wird.

DAS IST DRIN

Etwa 80 % Wasser, viel Eiweiß mit allen essenziellen Aminosäuren, reichlich Kohlenhydrate (Zucker, Stärke, Pektin, Ballaststoffe, Inulin), etwas Fett (mit Linol- und Linolensäure), Mineralien (reichlich Kalium, Magnesium, Zink) und Folsäure. Vitamine B_1, B_2, B_6 und C, Provitamin A sowie ätherische Öle (Myristicin, Carvon).

EINKAUFEN UND LAGERN

Frische Wurzeln, sie werden zwischen Oktober und Mai angeboten, sind fest, mit einer straffen Haut. „Lässt sie sich biegen, lässt man sie liegen!" Wenn Milchsaft austritt, ist das ein Zeichen von Frische. Kaufen Sie lieber kleinere Wurzeln, größere sind oft holzig. Pastinaken sind winterhart, frostfest und gut einzufrieren. Die Wurzeln halten sich über den Winter in feuchten Sand eingeschlagen im Keller. Unter Frosteinwirkung oder bei mehrwöchiger Lagerung werden sie zarter und süßer, weil sich die gespeicherte Stärke allmählich in Zucker umwandelt. Aber nicht zu lange lagern, sonst werden sie trocken! Im Haus werden Sie am besten kühl und trocken in einer Papiertüte aufbewahrt.

ZUBEREITEN

Weil Pastinaken weicher sind als Möhren, garen sie etwas schneller. Die Wurzeln müssen Sie nicht unbedingt schälen, bürsten genügt; die dünne Schale löst sich nach dem Kochen gut ab. Pastinaken schmecken leicht nussig, süßlich und würzig, ein bisschen nach Möhren, Sellerie und Petersilienwurzel. Sie können sie am besten wie Möhren roh raspeln oder weich kochen, pürieren, braten (nicht zu dunkel braten, das macht sie bitter), backen, glasieren oder zu Chips dörren. Mit ihrem hohen Stärkegehalt sind sie gut für Suppen, Eintöpfe, Bratlinge, Püree und Soufflés, roh gerieben als Salat, getrocknet als Würze, und sogar für Marmelade oder Sirup geeignet. Die Blätter lassen sich wie Petersilie zum Würzen verwenden.

BITTE BEACHTEN

Kraut und Früchte der Pastinake, weniger die Wurzel, enthalten fototoxische Psoralene und Furanocumarine, die nach Hautkontakt beim Ernten und anschließender Sonnenbestrahlung eine Hautentzündung hervorrufen können.

SO WIRKEN PASTINAKEN

Die leicht süßliche Pastinake macht angenehm satt, aber nicht voll. Deshalb eignet sie sich bestens als Babynahrung oder Krankenkost, für Allergiker und als heilendes Gemüse bei Magen-Darm-Leiden. Die Wurzel gehört zu den ballaststoff- und kaliumreichsten Gemüsearten und hält lange satt, obwohl sie lediglich 21 kcal/100 g hat. Dabei enthält sie relativ viele Kohlenhydrate (Zucker, Stärke, Inulin und den Quellstoff Pektin). Genau das Richtige also für Ihre Diät zur Gewichtsreduzierung oder zur Entschlackung im Rahmen Ihrer Frühjahrskur. Vielleicht hat „Mann" dann auch wieder mehr Lust auf die Liebe. Pastinaken sagt man nämlich eine leicht aphrodisische Wirkung nach: Myristicin ist nicht nur verantwortlich für die Freisetzung von Dopamin, sondern auch für die Weiterleitung des sexuellen Signals.

FÜR BABYS UND KINDER

Ihre Kleinen werden die Pastinake mögen. Nicht nur weil sie so gut schmeckt und dezent im Aroma ist, sie ist einfach sehr bekömmlich, auch noch besonders reiz-, allergen- und nitratarm. Eine regelrechte Schonkost und gut zu verdauen – genau das Richtige für schlechte Esser in Ihrer Familie. Übrigens: Pastinaken-Babybrei müssen Sie nicht kaufen, Selbermachen geht kinderleicht (Rezept Seite 146).

SCHONKOST UND MAGEN-DARM-PFLEGE

Bis ins 19. Jahrhundert verabreichte man das kräftigende Gemüse, in Milch gedünstet, Tuberkulosekranken zum Aufpäppeln bei Auszehrung und Kräfteverfall. Wenn Sie heute ein schonendes, bekömmliches, wärmendes und nährendes Kräftigungsmittel brauchen, etwas für ältere, erschöpfte Menschen oder in der Genesungsphase, dann greifen Sie zur weißen Wurzel. Pastinaken lindern Magen- und Darmbeschwerden, schonen die Schleimhaut, regen sehr mild die Verdauungstätigkeit an, sind leicht verdaulich und sorgen in Gemüseeintöpfen mit ihrem Carvongehalt dafür, dass diese weniger blähen.

DIABETIKERGEMÜSE

Für Diabetiker sind Pastinaken wegen des enthaltenen Inulins sehr verträglich. Inulin gehört zu den wasserlöslichen Ballaststoffen. Weil im menschlichen Dünndarm das notwendige Enzym (die Inulinase) fehlt, um Inulin aufzuspalten, gelangt es unverdaut in den Dickdarm. Es wird also nicht zu Glucose abgebaut und resorbiert. Das ist der Grund, weshalb für Inulin auch kein Insulin zur Verstoffwechslung ausgeschüttet werden muss. Und wo kein Zucker ins Blut aufgenommen wird, bekommt der Körper auch keine Kalorien. Was aber passiert stattdessen? Sie können Ihre Pastinake als sättigendes, schlank erhaltendes Darmpflegemittel essen. Inulin bindet im Darm nämlich, ähnlich wie Milchzucker oder Pektin, Wasser an sich und quillt dabei auf: Das macht fast ohne Kalorien satt. Das vermehrte Wasser im Darm macht ganz nebenher den Stuhl weich und pflegt Ihre Darmflora, denn die physiologischen Darmbakterien lieben solche komplexen Kohlenhydrate. Sie nehmen schnell an Zahl und Masse zu und verdrängen krankmachende Keime. Bei regelmäßigem Verzehr senkt Inulin sogar leicht den Cholesterinspiegel. Das stärkeähnliche Inulin finden Sie übrigens auch in Artischocke, Chicorée, Löwenzahn, Schwarzwurzel und Topinambur.

KLEINE NEBENWIRKUNG

Wie bei allem im Leben gibt es auch bei Pastinaken einen Wermutstropfen: Weil Inulin im Enddarm schlussendlich durch Darmbakterien umgebaut wird, kann es in seltenen Fällen zu Blähungen kommen.

WOMIT DIE PASTINAKE SONST NOCH HEILT

Pastinaken-Früchte werden in osteuropäischen Ländern pur oder gemahlen als verdauungsfördernde Würze blähenden Speisen zugegeben – das macht sie bekömmlicher.
Für Landwirtinnen: Tieren gab man früher die Wurzel ins Futter, damit sie über den Winter nicht abmagerten. Kühe gaben so fetthaltigere Milch.

Pastinaken-Rezepte

Babybrei

Das wird Ihr kleiner Spatz mögen – und besonders gut vertragen: Pastinake bläht nicht, schmeckt süßlich, ist nitratarm und somit bestens bekömmlich.

JE NACH ALTER FÜR 3–4 PORTIONEN
» 650 g Pastinaken, geschält und fein gewürfelt
» je nach Alter 1–5 TL Rapsöl

• Pastinaken in etwa 200 ml Wasser 6–7 Minuten weich köcheln, dann pürieren und das Öl zufügen. Für Säuglinge durch ein Sieb geben.
• Reste im Kühl- oder Gefrierschrank aufbewahren. Bei Bedarf Brei mit etwas heißem Wasser mischen oder im Wasserbad erwärmen.

Wurzel-Obstsalat

Frisch, würzig und gesund für Magen und Darm; für Diabetiker sehr gut geeignet.

FÜR 4 PERSONEN
» je 1 Pastinake, Möhre und Petersilienwurzel, gut abgebürstet und klein gewürfelt
» ½ Sellerieknolle, klein gewürfelt
» 1 Apfel, klein gewürfelt
» 1 Orange, geschält und klein gewürfelt
» ½ Bund Petersilie, gehackt
» Hasel- oder Walnüsse, gehackt

FÜR DAS DRESSING:
» 4 EL Öl
» 2 EL Balsamico-Essig
» 2 EL Zitronensaft
» ½ Becher Joghurt
» 1 EL Feigensenf
» 1 EL Instant-Gemüsebrühe (hefefrei), alternativ frische Gartenkräuter wie Petersilie, Liebstöckel etc., gehackt
» Salz, Pfeffer

• Die Gemüse- und Obstwürfel mischen. Die Zutaten für das Dressing mischen und darübergeben, 30 Minuten ziehen lassen. Den Salat austeilen und mit den Nüssen betreuen.

Pastinaken-Püree

Schonkost pur für Magen und Darm. Sie können das Püree abwandeln – ganz nach Belieben oder Beschwerden – und mit Kartoffeln oder Möhren, Petersilienwurzel oder Sellerie mischen.

FÜR 4 PERSONEN
» 500 g kleine zarte Pastinaken, geschält und klein geschnitten
» 1–2 EL Butter oder Walnussöl
» Salz, Pfeffer
» Muskat

• Die Pastinake 20 Minuten in wenig Salzwasser garen, abgießen und mit dem Mixer oder dem Kartoffelstampfer pürieren. Abschmecken. Variante: Ein Klassiker der englischen Küche ist „Mashed Parsnip“: Pastinaken mit etwas Buttermilch oder Magermilch püriert – das schmeckt wesentlich aromatischer als Kartoffelbrei.

Pastinakensuppe mit Petersilienöl

Diese Suppe ist nährende, wärmende Schonkost. Bei Unverträglichkeiten einfach die Schalotten oder das Petersilienöl weglassen.

» 250 g Pastinaken, geschält und fein gewürfelt
» 2 Schalotten, fein gewürfelt
» 2 EL Olivenöl
» 550 ml Gemüsebrühe
» 20 ml Sahne
» ½ Bund glatte Petersilie
» 150 ml Walnussöl
» Salz, Pfeffer

• Pastinaken und Schalottenwürfel im Öl andünsten, mit Brühe und Sahne auffüllen. Kurz aufkochen, dann 15–20 Minuten bei milder Hitze garen.
• Während die Pastinake köchelt, die Petersilie mit dem Öl pürieren und mit Salz abschmecken.
• Die Pastinakensuppe pürieren und durch ein Sieb streichen, abschmecken und in Suppenteller füllen. Mit dem Petersilienöl beträufeln.

Pastinaken-Püree

Pastinaken-Chips

Solche Chips sind etwas für alle, die zwischendurch gerne einen gesunden Snack naschen möchten.

» Pastinaken, in sehr dünne Scheiben gehobelt
» Öl
» evtl. Salz

Ein mit Backpapier belegtes Blech mit wenig Olivenöl bestreichen, auf Wunsch etwas Salz darüberstreuen. Die Pastinakenscheiben (je dünner, desto knuspriger) darauf verteilen und im Backofen bei 180–200 °C Umluft 20–30 Minuten backen. Die Scheiben zwischendurch gegebenenfalls wenden. Ab und zu die Backofentür kurz öffnen, damit die Feuchtigkeit entweichen kann.

Tipp: Pastinaken enthalten viel Wasser. Man kann sie deshalb auch vor dem Backen etwas salzen und die austretende Feuchtigkeit mit Küchenkrepp abtupfen, dann werden die Chips noch knuspriger. Auf Wunsch auch mit einer feinen Soße (Guacomole, Meerrettichsahne, Zitronenjoghurt) zum Dippen servieren. Übrigens: Auf dieselbe Weise lassen sich auch Rote-Bete-, Süßkartoffel- oder Möhren-Chips machen.

Pastinaken-Hummus

Eine wunderbar gesunde und raffinierte Vorspeise, schnell zubereitet und bestens bekömmlich.

FÜR 4 PERSONEN
» 1 EL Olivenöl
» 1 Zwiebel, fein gewürfelt
» 1 Knoblauchzehe, fein gewürfelt
» 250 g Pastinaken, geschält und in Scheiben geschnitten
» 30 g rote Linsen
» 1 EL Tahini (Sesampaste)
» 1 EL Ras EL Hanout (marokkanische Gewürzmischung)
» 2 EL Zitronensaft
» ½ Bund Koriander

Olivenöl im Topf erhitzen, Zwiebel und Knoblauch darin glasig dünsten. Pastinaken und Linsen zugeben, mit 300 ml Wasser ablöschen und in 15 Minuten weich kochen. Kochwasser abgießen, mit Tahini, Ras EL Hanout und Zitronensaft abschmecken und abkühlen lassen. Kurz pürieren, Korianderblättchen unterrühren. Passt als Dip zu Gemüsesticks, als vegetarischer Brotaufstrich, zu Salaten und Garnelen.

Pflaumen, saftig-süß

Weltweit gibt es 2000 Pflaumensorten; am bekanntesten ist wohl die blaue Zwetschge, aber es gibt auch andere: gelbe, rote, violette, rosafarbene ... Die Früchte können von kirschklein bis apfelgroß variieren. Und in mancher Sage verwandeln sie sich in Gold – also her mit den saftigen Pflaumen!

Pflaume, Zwetschge Prunus domestica

DIE PFLANZE

Pflaume oder Zwetschge, das ist hier die Frage: Als Pflaumen werden meist die großen runden Früchte bezeichnet, während Zwetschgen eher die kleinen und länglich ovalen genannt werden. Viele benutzen beide Begriffe aber synonym, auch regional gibt es Unterschiede: Im Süden spricht man eher von Zwetschge, im Norden von Pflaume – und meint immer dieselbe Frucht aus der Familie der Rosengewächse. Das Wort Pflaume ist außerdem noch ein botanischer Oberbegriff für verschiedenste Varianten des Steinobstes. Dazu gehören u. a. Echte Pflaumen, Zwetschgen, Haferpflaumen, Renekloden und Mirabellen. Oft ist es schwierig, die Früchte der einen oder anderen Unterart zuzuordnen, da sie sich sehr ähnlich sind.

DAS IST DRIN

Die Pflaume besteht aus etwa 85 % Wasser. Wichtige Inhaltsstoffe in der Frucht sind Betacarotin, das der Körper in Vitamin A umwandeln kann, die Vitamine C, E, K und Vitamine aus dem B-Komplex – keine Topwerte, aber durch ihre große Vitaminvielfalt eine gute Mischung. Zudem sind sie reich an Mineralstoffen und Spurenelementen wie Kalium, Calcium, Magnesium, Zink, Kupfer, Bor und Eisen, auch an Säuren wie Apfelsäure, an Antioxidantien und Anthozyanen. Wichtig sind außerdem die wasserlöslichen Pflanzenstoffe Zellulose, Pektin und der hohe Anteil an Fruchtzucker und dem Kohlenhydrat Sorbit.

EINKAUFEN UND LAGERN

Heimische Pflaumen gibt es von Juli bis Oktober. Vor allem in südlichen Regionen werden die ersten Frühzwetschgen schon Anfang Juli reif und sind im Bio-Laden oder auf dem Wochenmarkt zu finden. Achten Sie beim Einkauf auf feste und frische Früchte, diese halten etwas länger. Für 3–4 Tage sind Pflaumen im Kühlschrank gut lagerfähig. Weiche Früchte müssen schnell verarbeitet werden. Pflaumen lassen sich ohne Probleme einfrieren.

ZUBEREITEN

Pflaumen sind optimal verwendbar, wenn sie sich gut vom Stein lösen. Sie reifen im leicht grünen Zustand aber auch noch nach. Frische Früchte besitzen oft einen weißlichen Duftfilm, der sie vor dem Austrocken schützt. Deshalb ist es ratsam, die Pflaumen erst kurz vor der Zubereitung zu waschen. Sie können sie roh verwenden, backen, einlegen oder dörren. Für Zwetschgenkuchen eignen sich später reifende Sorten besser, die meist weniger Wasser enthalten und deshalb den Kuchen nicht so schnell durchweichen.

SO WIRKEN PFLAUMEN

Pflaumen bzw. Zwetschgen gelten als Multitalent. Ihnen werden neben der bekannten Anregung der Verdauung auch entgiftende und harntreibende Eigenschaften und zudem die Senkung des Cholesterinspiegels nachgesagt. Ihre Stärke liegt aber vor allem in der Förderung der Darmgesundheit.

PFLAUMEN BRINGEN DEN DARM IN SCHWUNG

Pflaumen haben die Fähigkeit, die Verdauung anzuregen. Das funktioniert vor allem durch den hohen Wassergehalt, ihrem idealen Verhältnis von viel Kalium zu wenig Natrium, durch Sorbit und ihre Ballaststoffe, wie Pektin und Zellulose. Sorbit und Ballaststoffe quellen in Verbindung mit Wasser stark auf, was einen Reiz auf den Darm ausübt und damit die Darmbewegung anregt. Das wiederum fördert die Stuhlausscheidung. Getrocknete Pflaumen, die sogenannten Dörrpflaumen, haben in Wasser eingeweicht und mit diesem genossen, eine optimale Wirkung auf die Darmentleerung. Sie sind ein beliebtes und nebenwirkungsfreies Mittel zur Behandlung und Vorbeugung von Verstopfung. Als Alternative kann auch Zwetschgensaft getrunken werden; die enthaltenen Fruchtsäuren und der Fruchtzucker unterstützen zusätzlich. Durch Pflaumen wird zudem die Darmflora verbessert und die Entgiftung gefördert – allesamt positive Wirkungen, die den Darm gesund erhalten.

GUT FÜR DIE NERVEN

Durch den hohen Anteil an Fruchtzucker gelten Pflaumen als gute Energielieferanten, vor allem die Dörrpflaumen bringen schnelle Energie. Sie machen nicht dick, da sie kalorienarm sind. Der enthaltene natürliche Fruchtzucker erhöht den Blutzuckerspiegel nur langsam. So werden Blutzuckerspitzen vermieden – und trotzdem Energie zum Denken geliefert!

Pflaumen schmecken lecker und machen aufgrund ihres hohen Ballaststoffanteils schnell satt und zufrieden. Das Zusammenspiel der B-Vitamine, Kupfer und Zink wirkt beruhigend bei Nervosität und depressiven Verstimmungen. Positiv wirkt sich der Verzehr auf die Konzentrationsfähigkeit und kognitive Leistungsfähigkeit aus.

VORBEUGUNG VON OSTEOPOROSE

Es gibt verschiedene Studien die aufzeigen, dass der regelmäßige Genuss von Pflaumen, vor allem von getrockneten, Osteoporose (Knochenschwund) vorbeugen kann. Dafür verantwortlich gemacht wird, neben Vitamin K und Antioxidantien, das Spurenelement Bor, das am Knochenstoffwechsel maßgeblich beteiligt ist und sich positiv auf die Aufnahme von Calcium in die Knochen auswirkt. Man vermutet, dass es auf das ausgewogene Verhältnis der Inhaltsstoffe in der Pflaume (Magnesium, Calcium) in Bezug auf den Knochenstoffwechsel ankommt. In einer amerikanischen Studie wurde untersucht, welche Menge an Dörrpflaumen gegessen werden müsste, um den Effekt der Osteoporosevorbeugung zu erzielen: 50 g am Tag, das entspricht etwa 4–5 Stück täglich – diese Menge reicht aus.

SCHUTZ VOR KREBSERKRANKUNGEN

Die verschiedenen Antioxidantien in der Pflaume und vor allem die Anthozyane, die sich besonders in der Schale befinden, sind ein guter Schutz vor Krebserkrankungen. Forschungsberichte weisen darauf hin, dass der regelmäßige Genuss vor allem von Dörrpflaumen eine gute Strategie sei, das Darmkrebsrisiko zu senken.

APFELSÄURE HILFT BEI FIBROMYALGIE

Fibromyalgie ist eine schwer therapierbare, chronische Krankheit mit Schmerzen mit wechselnder Lokalisation in der Muskulatur, u. a. im Bereich des Rückens und der Gelenke. Druckschmerzempfindlichkeit gehört ebenso dazu wie viele „allgemeine" Begleitsymptome: Schlafstörungen, Konzentrations- und Antriebsschwäche, Morgensteifigkeit und Wetterfühligkeit. Amerikanische Forscher haben herausgefunden, dass Obstsorten mit einem hohen Anteil an Apfelsäure (zusammen mit Magnesium) sehr wirksam Schmerzen lindern können. Die Pflaume besitzt solch einen sehr hohen Anteil an Apfelsäure, sogar mehr als der Apfel selbst.

Pflaumen-Rezepte

Dörrpflaumen für die Verdauung

Für alle, die unter Verstopfung leiden, ein verdauungsfördernder Genuss.

FÜR 1 PERSON

» 50 g Dörrpflaumen (Trockenpflaumen/-zwetschgen)

- Die Pflaumen in kaltem Wasser einweichen, sodass sie gut bedeckt sind. Über Nacht stehen lassen. Morgens die Früchte mitsamt dem Einweichwasser zum Frühstück essen und dabei bitte gut kauen.
- Täglich eingenommen, wird die Verdauung optimal in Schwung gebracht.
- Dörrpflaumen gibt es im Reformhaus, Naturkostladen und Supermarkt – oder Sie machen sie einfach selbst: Frische reife Pflaumen halbieren (Kern entfernen) und auf ein mit Backpapier belegtes Backblech setzen; für etwa 2 Stunden im Backofen bei 60 °C trocknen. Wenn sich die Pflaumen dann noch feucht anfühlen, noch etwas länger bei gleicher Temperatur trocknen. Getrocknete Pflaumen sind noch biegsam, sehen ledrig-zäh aus, sind aber nicht mehr feucht. Danach in einem dunklen verschlossenen Gefäß oder Stoffbeutel aufbewahren. Neben den eingeweichten Dörrpflaumen zur Verdauungsförderung schmecken die trockenen Früchte als sättigende Zwischenmahlzeit und im Müsli.

Zwetschgenröster

Ein Kompott, das mit dem süßsäuerlichen Geschmack der Pflaume eine Vielzahl von Süßspeisen veredelt – oder einfach solo schmeckt. In Kombination mit den Gewürzen stärkt die Leckerei sogar Gelenke und Muskeln.

FÜR 4 PERSONEN

» 500 g Pflaumen, entsteint und in Stücke geschnitten
» 50 g brauner Rohrzucker
» 2 EL Zitronensaft
» 1 Zimtstange
» Mark von ½ Vanilleschote
» 4 Gewürznelken
» 100 ml Wasser

- Die Pflaumenstücke zusammen mit dem Zucker, Zitronensaft, Zimt, Vanillemark und Gewürznelken im Wasser aufkochen lassen und zugedeckt 20 Minuten weich garen. Die Zimtstange und die Nelken entfernen, das Kompott auskühlen lassen. Passt wunderbar zu Pfannkuchen, Dampfnudeln oder Vanilleeis.

Zwetschgenröster

Badischer Zwetschgen-Datschi

Die süße Versuchung, die nicht nur in Baden beliebt ist, sorgt für starke Nerven.

FÜR 1 BLECH
» 200 ml lauwarme Milch
» 80 g Zucker
» 400 g Dinkelmehl
» 8 g Hefe
» 1–1,5 kg Pflaumen, entsteint und halbiert
» 2 Eier
» 1 Prise Salz
» 80 g weiche Butter
» 2 TL Zimtzucker

Mit der Hälfte der lauwarmen Milch, 1 TL Zucker, 3 EL Mehl und der Hefe in einer kleinen Schüssel einen Vorteig herstellen. An einem warmen Ort 30 Minuten bis 1 Stunde gehen lassen. (In der Zwischenzeit die Zwetschgen vorbereiten.) Dann das restliche Mehl mit dem restlichen Zucker, den Eiern, Salz und der weichen Butter vermengen, den Vorteig hinzugeben und zu einem geschmeidigen Teig verarbeiten. Nochmal 1 Stunde gehen lassen. Falls der Teig zu weich ist und an den Fingern klebt, noch etwas Mehl hinzugeben. Den Teig auf einem gefetteten oder mit einem Backpapier ausgelegten Backblech ausrollen. Die Zwetschgen dicht nebeneinander angelehnt, fast aufrecht, in Reihen auf dem Teig auslegen. Den Kuchen bei 180 °C Ober-/Unterhitze im vorgeheizten Backofen auf der mittleren Schiene 45 Minuten backen. Etwas auskühlen lassen und mit Zimtzucker bestreuen.

Mineralstoffreicher Obstsalat

Dieser Obstsalat ist mit seinen wertvollen Mineralstoffen (insbesondere Calcium) vor allem für Frauen in den Wechseljahren, die ein erhöhtes Osteoporoserisiko haben, sehr gesund.

FÜR 4 PERSONEN
» 15 Pflaumen, entsteint, in Stücke geschnitten
» 2 Äpfel, in Stücke geschnitten
» 2 Pfirsiche, entsteint, in Stücke geschnitten
» 200 g Weintrauben, halbiert
» 4 EL grob gehackte Walnüsse
» 2 EL Zitronensaft
» 2 EL Orangen- oder Pflaumensaft

Die Obststückchen und die gehackten Walnüsse vermischen, die Säfte als Dressing verrühren und über das Obst geben.

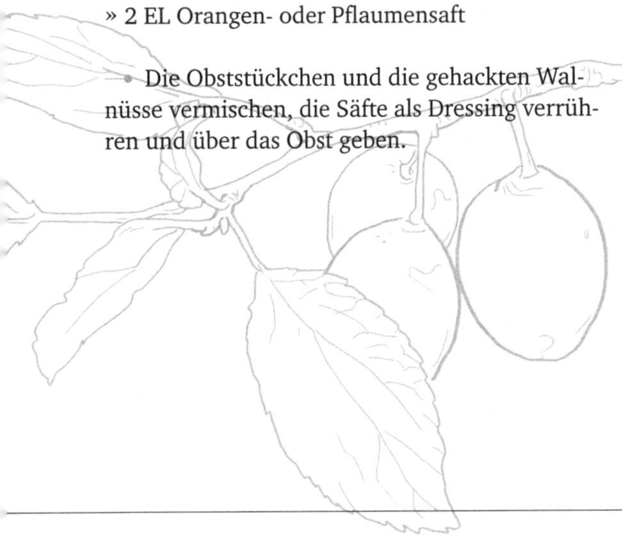

Pflaumensenf

Pflaumen einmal anders: Hier kommt die herzhafte Variante zum Pflaumenmus und bringt die Verdauung in Schwung.

FÜR 4 GLÄSER À 200 ML
» 500 g Pflaumen, entsteint und in Stücke geschnitten
» 150 g Gelierzucker (2:1)
» 2 EL Zitronensaft
» 3 EL Senfkörner oder 1 TL Senfmehl
» 1 TL Ingwerpulver
» 200 ml Weinbrandessig
» 1 TL Currypulver
» 1 TL Salz

Alle Zutaten zusammen aufkochen und 15 Minuten köcheln lassen. Zum Schluss mit einem Stabmixer pürieren und heiß in saubere Gläser füllen und fest verschließen. In geschlossenen Gläsern bis zu einem Jahr haltbar. Passt zu Käse oder Geflügel.

Quitten, Duft zur Winterzeit

Quitten durften im antiken Griechenland auf keiner Hochzeitstafel fehlen, sie galten als Symbol für Liebe, Glück und Fruchtbarkeit. „Quitten für die Hochzeitsleut, schafft Lieb' und Lust und Kinderfreud!", sagt der Volksmund und prophezeit damit so viele Kinder, wie die Quitte Samen enthält.

Quitte *Cydonia oblonga*

DIE PFLANZE

Quitten gehören wie Äpfel und Birnen zu den Rosengewächsen. Man unterscheidet rundliche Apfelquitten mit rötlichem Fruchtfleisch und herbem Aroma von länglichen Birnenquitten mit hellerem, saftigerem Fruchtfleisch. Alle strömen einen betörenden Duft nach Zitrone und Apfel aus.

DAS IST DRIN

Das Fruchtfleisch enthält Kohlenhydrate (Zucker, reichlich Pektine, Sorbit), Vitamin A, das wichtige B-Vitamin Folsäure und Vitamin C (mehr als Äpfel), viele Mineralstoffe wie Kalium, Calcium, Eisen, Flavonoide (Quercetin) und Gerbstoffe. In den Schalen ist Wachs, viel ätherische Öle, Vitamine A, B_1, B_2, Niacin und C sowie Carotin. Die Samen enthalten außen 20 % Schleimstoffe (sie können das 40-fache ihres Gewichtes an Wasser aufnehmen); innen Eiweiß, fettes Öl, außerdem giftige Blausäure (Amygdalin), weshalb die Kerne keinesfalls zerkaut werden sollten – zum Glück schmecken sie bitter!

EINKAUFEN UND LAGERN

Kaufen Sie fast reife Quitten (die Farbe schlägt von Grün nach Gelb um) und lassen Sie sie an einem kühlen Ort innerhalb von 2–4 Wochen nachreifen, dann entfalten sie ihr unnachahmliches Aroma. Lagern Sie Quitten dunkel, luftig, trocken und kühl (z.B. im Keller) und möglichst ohne, dass sie sich berühren. Quitten immer getrennt von anderem Obst aufbewahren, ansonsten überträgt sich ihr intensives Aroma. Vollreife Früchte (quittengelb, aromatisch duftend, kaum Flaum, stattdessen glatte Schale) zügig verarbeiten, sonst faulen sie.

ZUBEREITEN

Unsere heimischen Quitten schmecken nur gekocht, z.B. als Kompott, Gelee, Saft oder Likör. Roh sind sie holzig und hart, weil sie von Steinzellen durchsetzt und mit ihrem Gerbstoffgehalt herb sind. In Mittelmeerländern gibt es weiche, süße Sorten wie die Shirin-Quitte, die man wie Äpfel oder Birnen roh essen kann.

Zuerst den bitteren Flaum mit einem Tuch von der Fruchtschale reiben. Danach die Frucht in kleine Stücke schneiden (Samen möglichst ganz lassen und entfernen oder als „Hustenmedizin" aufbewahren, siehe Seite 153) und mit Zitronensaft beträufeln, damit sie nicht braun werden. Weil Quitten viel Pektin enthalten (der Gehalt nimmt mit dem Reifegrad ab), können Sie zum Einmachen statt Gelierzucker auch normalen Zucker nehmen. Dann kochen Sie sie ein bisschen länger (über 20 Minuten), damit sich das Pektin vollständig aus den Früchten löst.

SO WIRKEN QUITTEN

Quitten stärken Verdauung und Abwehrkräfte, helfen bei Erkältung und lindern Hautentzündungen. Sie sind mit 38 kcal/100 g kalorienärmer als Äpfel. Ihr Farbstoff Quercetin beugt Krebs vor. Mit ihren Gerbstoffen wirken die Früchte zusammenziehend, keim- und entzündungshemmend. Die Gerbstoffe vermindern die Sekretion und verringern so die Aufnahme toxischer Stoffe ins Blut. Deshalb empfiehlt die Volksmedizin bei Magen-Darm-Beschwerden und Durchfall Quittenkompott. Quitten enthalten viel Folsäure, die besonders wichtig ist für Zellteilung und Blutbildung in der Schwangerschaft. Und nicht zuletzt sind Quitten ein basenbildendes Obst und damit gut für eine basische Ernährung.

Bei Quitten dürfen Sie genau hinschauen: Sie wirken unterschiedlich, je nachdem ob Sie Fruchtfleisch, Schalen oder Samen verwenden.

DAS FRUCHTFLEISCH ZUR DARMPFLEGE

Das Wesentliche an den Quittenfrüchten ist ihr hoher Pektingehalt; er ist doppelt so hoch wie der von Äpfeln. Pektine quellen in Verbindung mit Wasser und bilden ein zähflüssiges Gel, das heißt, sie gelieren – das ist gut fürs Marmeladekochen und für die Gesundheit! Die Pektine quellen auf, dicken den Darminhalt ein und hindern krankmachende Keime am Wachstum, binden im Darm vorhandene Giftstoffe und verhindern dadurch deren Aufnahme ins Blut. Noch besser: Sie werden einfach mit dem Stuhl entsorgt. Weil auch Gallensäuren gebunden und mitsamt Fetten über den Stuhl ausgeschieden werden, senkt das den Cholesterinspiegel und damit das Herzinfarktrisiko. Selbst Darmkrebs wird vorgebeugt, weil auch potenziell krebsauslösende Stoffe auf diese Weise schneller aus dem Darm entsorgt werden.

Aufgrund der Quellfähigkeit der Pektine bleibt das Fruchtfleisch länger im Magen und verlangsamt die Aufnahme von Zucker und Nährstoffen ins Blut – Sie werden schneller satt. Sind Sie übergewichtig oder Diabetiker, könnten Sie mit pektin- und ballaststoffreichen Nahrungsmitteln einige Kilos verlieren und Ihren Blutzuckerspiegel niedriger halten. Übrigens: Wenn Sie das Quittenfruchtfleisch verwenden, können Sie die Schale ruhig dranlassen.

EIN SANFTER SCHUTZFILM AUS QUITTENSAMEN

Quittenkerne haben auf ihrer Außenhaut viele Pflanzenschleime gelagert, die eine Schutzschicht bilden und Feuchtigkeit binden. Die schleimige Substanz entsteht, sobald die Kerne mit Wasser in Berührung kommen. Diese gelartige Substanz, auf Haut- und Schleimhaut aufgetragen, wirkt reizlindernd, entzündungshemmend und beschleunigt die Wundheilung. Äußerlich pflegt Quittenschleim rissige, spröde Haut oder aufgesprungene Lippen, kleine Brandwunden und Sonnenbrand oder als Gesichtsmaske gereizte, empfindliche trockene Haut.

QUITTENSAMEN BEI HUSTEN

Lutschen: Wenn Sie getrocknete Quittenkerne wie einen Hustenbonbon lutschen, bildet sich ein Schleim, der Halsschmerzen und Reizhusten lindert. Aber Vorsicht: Die Kerne keinesfalls zerkauen! Sie schmecken extrem bitter und enthalten giftige Blausäure (daher ist diese Anwendung auch nichts für Kinder).

Gurgeln und trinken: Die Samen von 2–3 Quitten für 1 Stunde in 100 ml Wasser legen, Flüssigkeit abgießen und auffangen. Wenn Sie damit gurgeln, lindern Sie einen gereizten Hals und trockenen Husten, Zahnfleisch- und Rachenentzündungen. Getrunken hilft das geschmacklose Quittensamen-Wasser bei Sodbrennen und Magenschleimhautentzündung.

DIE FRUCHTSCHALE: SCHUTZ FÜR DIE HAUT

Dieser feine Duft, der Quitten entströmt, kommt von den ätherischen Ölen und wasserabweisenden gelborangefarbenen Wachsen der Quittenschale, die wie geschaffen sind zur Pflege von trockener, sensibler Haut. Die Öle und Wachse minimieren die Wasserverdunstung aus den Früchten und schützen sie vor Austrocknung. Das Gleiche machen sie mit Menschenhaut: Sie reichern sie mit Feuchtigkeit an und schützen. Deshalb ist in manchen Gesichts- und Handcremes Quitte enthalten.

Quitten-Rezepte

Magenfreundlicher Quittentee

Quittentee ist samtig weich und schmeichelt den Schleimhäuten der Verdauungswege – wohltuend bei Sodbrennen und empfindlichem Magen. Er schmeckt aber auch einfach so, ganz ohne Beschwerden, gut.

FÜR ETWA 1 LITER

» 2 Quitten
» ½ Stange Zimt
» evtl. Kardamomkapseln, Sternanis und Vanilleschote

Den Flaum der Quitten mit einem Tuch abrubbeln. Fruchtfleisch samt Schale klein würfeln; dabei die Samen ganz lassen und beiseitelegen. Fruchtwürfel mit 1,5 l Wasser aufkochen. Zimt und auf Wunsch weitere Gewürze zugeben, 30–60 Minuten leise köcheln lassen – je länger, desto aromatischer. Abfiltern, Fruchtfleisch etwas auspressen – und genießen.

Quitten-Magenschmeichler

Quitten und Honig – welch göttliche Kombination! Sie lindert Magen- und Darmprobleme; schmeckt pur, im Tee oder aufs Brot.

FÜR 1 GLAS À 500 ML

» 1–2 Quitten, geschält, in längliche Stifte geschnitten
» 200–300 g Akazienblütenhonig

Quittenstücke in einem Schraubglas mit Honig verrühren; je länger die Quitte im Honig zieht, umso geschmackvoller werden Quitte und Honig. Sie können die honiggetränkten Quittenstifte pur oder als Gemüsezutat genießen und den abgefilterten Honig für Tee oder zum geschmackvollen Süßen verwenden.

Quitten-Magenschmeichler

Back-Quitten mit Joghurt-Honig-Sauce

Das schmeckt oberfein – und pflegt ganz nebenher die Verdauungswege.

FÜR 2 PERSONEN
» 2 Quitten
» 4 Gewürznelken
» 200 g Joghurt
» 4 TL Honig
» 1 TL Zitronensaft
» Zimtpulver

• Backofen auf 220 °C Ober-/Unterhitze (Umluft 200 °C) vorheizen. Den Flaum der Quitten mit einem Tuch abreiben. Die Schalen mit einer Nadel jeweils zweimal einstechen und dort die Gewürznelken hineinstecken. Quitten in Alufolie wickeln und in eine ofenfeste Form setzen. Etwa 1 Stunde backen, bis die Früchte weich sind.
• Joghurt mit Honig und Zitronensaft verrühren. Quitten aus der Folie nehmen und mit Zimt bestreuen. Honig-Joghurt dazu servieren. Schmeckt warm am besten.

Quittenmark

Das Quittenmark schmeckt natürlich einfach so; es lindert aber auch eine entzündete Magen-Darm-Schleimhaut und beruhigt Durchfall.

FÜR 2 PERSONEN
» 3 Quitten

• Das Fruchtfleisch samt Schale klein schneiden (Quittenkerne entfernen und anderweitig verwenden) und in wenig Wasser weich kochen. Durch ein Sieb passieren.
• Genießen Sie das Quittenmark, solange es Ihnen guttut.

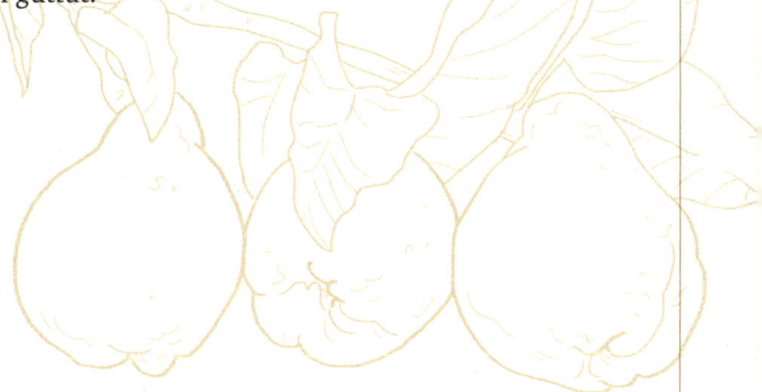

Quitten-Kosmetik

Quittensamen werden seit langem als Kosmetikum und „Augenglätter“ eingesetzt, wie „Merck's Warenlexikon“ 1884 berichtet. Quitten-Schönmacher gleichen den Feuchtigkeitshaushalt aus, nähren und schützen die Gesichtshaut - und sie duften herrlich!

FÜR DAS HAARGEL:
» 1 EL Quittensamen

FÜR DIE MASKE:
» ¼ Quitte mit Schale
» 1 EL flüssiger Honig
» 3 EL Quark oder Sahne

FÜR DAS HAUTÖL:
» 4–5 Quitten
» je 125 ml Oliven- und Jojobaöl
» evtl. 5 Tropfen ätherisches Rosen- oder Neroliöl

Haargel: Quittensamen in ¼ l Wasser 15 Minuten bei geringer Hitze köcheln, bis die Flüssigkeit gelartig wird. Abkühlen lassen und in Haar und Kopfhaut einmassieren; nicht ausspülen. Festigt und pflegt dünnes, schnell fettendes Haar. Wenn Sie Reste übrig haben, hält sich das Quittengel 2–3 Tage im Kühlschrank.
Verwöhn-Maske: Den Flaum von der Quittenschale rubbeln, Quitte raspeln, mit Honig und Quark bzw. Sahne verrühren, aufs Gesicht auftragen. Nach 10 Minuten behutsam abwaschen.
Hautöl: Den Flaum von der Quittenschale abrubbeln, die Schale dünn abschälen und die Schalen (!) sehr klein schneiden (Fruchtfleisch anderweitig verwenden). Schalen in ein Schraubglas geben, mit so viel Öl übergießen, dass sie bedeckt sind. 1–2 Wochen am Fensterbrett stehen lassen. Danach den Ansatz mitsamt den Quittenschalen einmal kurz auf 40–50 °C erwärmen, damit das Wachs noch besser in Lösung geht, anschließend abfiltrieren. Auf Wunsch mit ätherischem Öl aufbessern. Ein Balsam für empfindliche, trockene Haut. Hält sich ungekühlt 1 Monat, gekühlt 3 Monate.

Rote Bete, heilkräftiges Rot

Was als heilkräftige Krankenkost schon 500 v. Chr. erwähnt wurde, was von Pfarrer Kneipp zur Förderung der Verdauung und gegen Grippe empfohlen und vor 70 Jahren als „Saft gegen Krebs" gepriesen wurde, schätzt man heute noch als überaus heilkräftig: die Rote Bete.

Rote Bete, Rote Rübe

Beta vulgaris

DIE PFLANZE

Sie gehört zur Familie der Gänsefußgewächse und ist mit Zuckerrübe, Mangold und Spinat verwandt. Übrigens: Bete kommt von Beta: Rübe, und hat mit einem Pflanz-Beet im Garten nichts zu tun. Daher schreibt sie sich auch mit nur einem „e".

DAS IST DRIN

Neben 90 % Wasser, Kohlenhydraten, Eiweiß und wenig Fett ist eine große Vielfalt an Mineralien und Spurenelementen enthalten, u. a. besonders gut bioverfügbares Eisen und Silicium, Kalium, Magnesium, Mangan, stimmungsaufhellendes Lithium, Jod, Oxalsäure (nierensteinfördernd) und Saponin. Zudem reichlich A- und B-Vitamine (B_1, B_2, B_6, Folsäure) und Vitamin C. Das Besondere ist ihr leuchtend rotes Betenrot (das stickstoffhaltige, intensiv färbende Betanin, Lebensmittel-Farbstoff E 162, das auch Eis, Joghurt, Zahncreme und kurzzeitig den Urin färbt, was aber völlig ungefährlich ist) und Betain, ein Oxidationsprodukt des Cholins. Rote Bete ist sehr nitratreich, was als krebsfördernd angesehen wird. Dies wirkt sich aber erst bei so großen Rübenmengen aus, dass es im Alltag nicht zum Tragen kommt. Die positiven Eigenschaften von Nitrat dagegen wirken schon bei geringen Verzehrmengen.

EINKAUFEN UND LAGERN

Wählen Sie Rote Bete aus biologischem Anbau und Freilandware, sie sind weniger nitratreich als aus konventionellem Anbau oder Gewächshaus. Nehmen Sie kleinere Rüben, die sind schneller gar. Sie sollten fest, prall, saftig, unbeschädigt und ohne schwarze Flecken sein und eine glatte, einheitlich gefärbte Oberfläche haben. Rote Bete mögen es kühl und dunkel wie Kartoffeln. Sie halten, feucht eingeschlagen oder in durchlöcherten Gefrierbeuteln, bis 5 Wochen im Kühlschrank. Man kann sie 10–12 Monate lang gut einfrieren, noch länger halten sie sauer eingelegt.

ZUBEREITEN

Die Knolle unter fließendem Wasser waschen, die Blätter entfernen und als Spinat oder Salat genießen. Rote Bete ist frisch und roh am gesündesten, da viele Vitalstoffe, vor allem Folsäure, hitzeempfindlich sind und bei Lagerung abgebaut werden. Sonst die ungeschälte Bete dämpfen oder kochen (Schnellkochtopf), danach mit kaltem Wasser abschrecken – jetzt lässt sich die Schale abziehen und die Bete blutet nicht aus. Rote Bete nicht lange warm halten oder erneut aufwärmen, sonst bildet sich zu viel Nitrit. Etwas Vitamin C (z.B. Zitronensaft) dazu, hemmt die Bildung von Nitrit aus Nitrat.

SO WIRKT ROTE BETE

Rote Bete bietet eine ernährungsphysiologisch außerordentlich wertvolle Kombination an Inhaltsstoffen. Sie wirkt verdauungsfördernd, regt Appetit und Gallefluss an, stärkt die Leber und das Immunsystem, wirkt mild harntreibend und abführend, senkt den Blutdruck, aktiviert die Zellatmung und besitzt krebshemmende Eigenschaften. Ihr Betain gilt als Stimmungsaufheller, da es den Spiegel unseres Glückshormons Serotonin erhöht. Zum Glücklichsein trägt auch ihr hoher Folsäuregehalt bei, der die Dopamin- und Noradrenalinproduktion stimuliert. Durch den hohen Mineralstoffgehalt sind Rote Rüben basenüberschüssig und helfen, das Säure-Basen-Gleichgewicht im Körper aufrecht zu erhalten. Ihr gut bioverfügarer Siliciumgehalt kräftigt Binde-, Knorpel- und Knochengewebe und unterstützt das Immunsystem.

GEFÄSSSCHÜTZER, BLUTDRUCKSENKER UND FITMACHER

Wer täglich 2–3 Gläser Rote-Bete-Saft trinkt, senkt den Blutdruck schon nach 1 Stunde deutlich. Diese Wirkung soll bis zu 24 Stunden anhalten, wie mehrere Studien belegt haben. Erklärt wird es damit, dass das im Gemüse enthaltene Nitrat durch Bakterien auf der Zunge in Nitrit und anschließend im Magen in Stickoxid umgewandelt wird. Stickoxide entspannen und erweitern die Blutgefäße. Das senkt den Blutdruck. Die Entspannung der Gefäße führt zu verbessertem Blut- und Sauerstofffluss und das wiederum zu beschwingtem Treppensteigen, besseren sportlichen Leistungen und verminderter Höhenkrankheit, denn der vermehrte Sauerstoff in den Erythrozyten (roten Blutkörperchen) hilft im Gebirge, sich besser an die Höhe zu gewöhnen. Die verbesserte Sauerstoffverwertung in unseren „Zellkraftwerken", den Mitochondrien, kommt Gesunden wie (Herz-)Kranken entgegen. Menschen mit Herzinsuffizienz profitieren, weil der Herzmuskel ausreichend mit Blut und Sauerstoff versorgt ist, und ältere Menschen mit einer verminderten Hirndurchblutung, weil erweiterte Gefäße die Durchblutung des Gehirns sichtbar verbessern. Vermutlich werden durch Rote Bete auch Schäden an den Blutgefäßen und eine Zusammenballung der Blutplättchen in den Arterien vermindert – und damit das Risiko für Thrombosen und Arteriosklerose. Ein wahrhaft herzgesunder Genuss!

GUT FÜR SCHWANGERE UND VEGETARIER

Rote Bete ist reich an Folsäure (80 mg/100 g), die für die Produktion neuer Zellen, vor allem roter Blutzellen, benötigt wird und besonders für Schwangere von Bedeutung ist. Ein zusätzlicher Baustein bei der Blutbildung sind Eisen und Vitamin B_{12} – diese sind im milchsauer vergorenen Rote-Bete-Saft enthalten. Genügend Vitamin C fördert die gute Verwertung des Eisens – im Gegensatz übrigens zu Kaffee, Schwarztee oder Rhabarber, die Eisen binden.

KREBSHEMMUNG

Rote Rüben gelten mit ihren antioxidativen Eigenschaften als „Krebsschutz": Sie stärken das Immunsystem, verbessern die Zellatmung und schützen vor dem Angriff von Sauerstoff-Radikalen. Seit Langem schon reicht man krebskranken Patienten zusätzlich zur Strahlen- oder Chemotherapie Rote-Bete-Saft, weil sie mit ihm diese Behandlungsmethoden besser vertragen und sich das Allgemeinbefinden bessert: Also während der Behandlung regelmäßig 500–750 ml frischen Rote-Bete-Saft trinken, und auch danach immer wieder kurweise (gerne mit anderen Fruchtsäften gemischt, damit der Saft auch langfristig schmeckt).

BETAIN SCHÜTZT HERZ UND BLUTGEFÄSSE, LEBER UND GALLE

Rote Bete ist reich an Betain, einem vitaminähnlichen Stoff, der die Funktion der Leberzellen stimuliert und die Gallen-Gesundheit unterstützt. Das sorgt für eine reibungslose Verdauung und hilft, Stoffwechselendprodukte und Toxine auszuscheiden. Betain ist ein Oxidationsprodukt des Cholins, welches Blutfette flüssiger macht und so deren Anlagerung an die Gefäßwände verhindert. Es verbessert im Körper den Fettabbau, beugt Leberschäden vor und senkt den Homocysteinspiegel im Blut. Zuviel Homocystein, eine toxische Aminosäure, schädigt die Blutgefäße und gilt als Mit-Auslöser von Herz-Kreislauf-Erkrankungen und vielem mehr. Höhere Betain-Gehalte im Blut senken mit Folsäure und Vitamin B_6 und B_{12} zusammen den Homocysteinspiegel – wie gut, dass dies alles in Roter Bete enthalten ist.

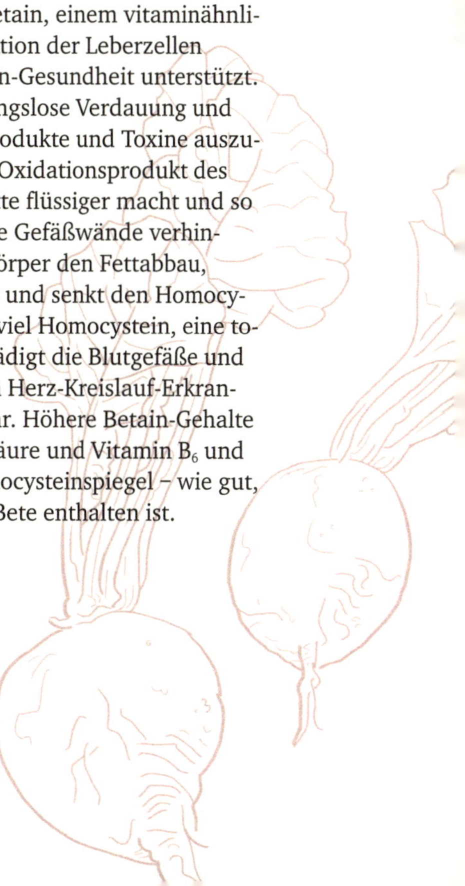

Rote-Bete-Rezepte

Rote-Bete-Carpaccio mit Meerrettich

Mit diesem Gericht können Sie sich jede Erkältung vom Leib halten. Die wertvollen Inhaltsstoffe der Roten Bete vereinigen sich mit den Scharfmachern des Meerrettichs.

FÜR 2 PERSONEN
- » 2 Rote Bete, geschält und in sehr dünne Scheiben geschnitten
- » 1 Stück Meerrettich, etwa 2–4 cm
- » 2 EL Walnussöl
- » 1–2 TL Zitronensaft
- » je 1 TL gehackter Schnittlauch und Petersilie
- » Salz, Pfeffer

Rote-Bete-Scheiben dekorativ auf einer Platte auslegen. Meerrettich darüberraspeln und mit Salz und Pfeffer würzen. Zum Schluss mit Walnussöl und Zitronensaft beträufeln. Vor dem Servieren 10 Minuten ziehen lassen. Dazu passt Fladenbrot.

Das Rote-Bete-Carpaccio ist auch eine tolle Vorspeise (dann reicht das Rezept für 4 Personen).

Rote-Bete-Carpaccio

Rot-Gelb-Grün

Farben essen ist Zellschutz essen. Die antioxidativen Eigenschaften aller Gemüse- und Obstfarben schützen die Zellen vor vorzeitiger Alterung und Entartung.

FÜR 2 PERSONEN
- » 1 EL Balsamico-Essig
- » etwas Olivenöl
- » Salz, Pfeffer
- » 600 g Rote Bete, geschält und in dicke Spalten geschnitten
- » 400 g Möhren, gut geputzt in grobe Stücke geschnitten
- » 2 Eier, hart gekocht
- » 1 EL Senf und 1 EL Zitronensaft
- » 8 EL Olivenöl
- » 1 großer Bund glatte Petersilie, gehackt
- » 2 Knoblauchzehen, klein gehackt
- » 3 EL Kapern, klein gehackt
- » 40 g Gewürzgurken, klein gehackt

Backofen auf 200 °C vorheizen. Essig, Olivenöl und Salz verrühren; Rote Bete und Möhren (getrennt) mit dieser Marinade vermengen, sodass sie gerade benetzt sind. Rote Bete auf dem Backblech verteilen, 10 Minuten im Ofen backen, dann Möhren zugeben und weitere 15 Minuten backen; zwischendurch wenden.

Für das Dressing die Eigelbe herauslösen, mit Senf, Zitronensaft, Olivenöl, Salz und Pfeffer verrühren. Petersilie, Knoblauch, Kapern und Gewürzgurken zugeben, abschmecken und zum gebackenen Gemüse reichen.

Breuss-Saft

Rote Bete ist ein wichtiger Bestandteil des bekannten Breuss-Safts, der ursprünglich entwickelt für eine Saftkur entwickelt wurde.

FÜR I TAG UND I PERSON
» 300 g Rote Bete
» 100 g Möhren
» 100 g Sellerieknollen
» 1–2 Kartoffeln

Diese Gemüsemenge (nach Geschmack auch immer mal variierende Mischungsverhältnisse) täglich in einem Entsafter entsaften und über den Tag verteilt trinken.

Hintergrund dieser Diät: Der Heilpraktiker Rudolf Breuss (1899–1990) glaubte, Krebszellen durch ausschließlich flüssige Nahrung besiegen zu können, sie quasi „auszuhungern". Eingebettet waren seine Diätempfehlungen in eine Fastenkur mit Gemüsesäften und Kräutertees. Die moderne Ernährungswissenschaft lehnt diese extreme Diät ab, aber der reine Breuss-Saft gilt als vitalstoffreiches und basisches Getränk, das sich für den gesunden Genuss im normalen Alltag eignet.

Obergesunder Aufstrich

Rote Bete mit Kräutern und Zwiebeln – mehr braucht es nicht an gesunder Kost.

FÜR I KLEINES GLAS
» 1 kleine Zwiebel, klein gehackt
» 2 EL Olivenöl
» 2 Rote Bete, geschält und klein geschnitten
» 1 Handvoll frische Kräuter, z.B. Majoran oder Thymian, fein gehackt
» Salz, Pfeffer
» 1 Handvoll Walnüsse, gehackt
» 3 EL Sauerrahm oder (Ziegen-)Frischkäse
» 1 EL Zitronensaft

Zwiebel im Olivenöl anbraten. Die Rote Bete mit den Kräutern zugeben, würzen und mit wenig Wasser ablöschen. Zugedeckt ½ Stunde sanft garen, abkühlen lassen. Anschließend mit den Walnüssen, Sauerrahm oder Frischkäse und Zitronensaft im Mixer pürieren und abschmecken. Fein zu Baguette.

Olympischer Powersaft

Dieser erfrischende Saft strotzt nur so vor gesundheitsfördernden Inhaltsstoffen: Vitamine, Betacarotin, Eisen, Kalium, Magnesium, Mangan und vieles mehr.

FÜR I PERSON
» 2 Äpfel
» 1 Rote Bete
» 1 Möhre
» 1 Selleriestange
» ¼ Salatgurke

Alles grob zerkleinern und in einem leistungsstarken Mixer entsaften. Alternativ im Mixer zu einem Smoothie pürieren und gerne mit Wasser verdünnen.

Obergesunder Aufstrich

Salate, grüne Kraft

Salate, das sind grüne Blätter in feinem Dressing angemacht, roh und kalt gegessen, meist vor einer Mahlzeit. Früher sagte man von Salat, er mindere Unkeuschheit und körperliche Gelüste – dass Salat eine leicht beruhigende Wirkung hat, war schon im alten Ägypten bekannt.

Kopfsalat Lactuca sativa

Feldsalat, Ackersalat Valerianella locusta

DIE PFLANZE

Die Vielfalt der Blattsalate ist gigantisch und kunterbunt. Traditionelle und neue Sorten sind an den Markständen zu finden: von Eichblatt- und Endiviensalat über Rucola bis Zuckerhut. Wir beschränken uns hier auf die Vertreter Kopf- und Feldsalat. Aber alle Salatsorten sind gesund und verdienen ihren Platz in unserem Speiseplan. Während der Kopfsalat eine typische Frühjahrs- und Sommerpflanze ist, wächst der Feldsalat im Winter.

DAS IST DRIN

Bekannt sind Salate vor allem für ihren Vitaminreichtum. Besonders die Vitamine der B-Gruppe, A, C und E und das Betacarotin (auch Provitamin A genannt) sind in Kopf- und Feldsalatsorten reichhaltig vorhanden. Auch Mineralstoffe wie Kalium, Magnesium, Calcium, Phosphor, Natrium und besonders Eisen; gerade Feldsalat ist einer der besten Eisenspender unter den Gemüsesorten. Besonders wertvoll in beiden Salaten sind die Spurenelemente Zink und Mangan und vor allem die Bitterstoffe, wie Lactucin und Lactucerol. Im Kopfsalat ist der Stoff Lactucarium, ein milchiger Saft, enthalten, zudem Apfelsäure und reichlich Chlorophyll, die „grüne Kraft".

EINKAUFEN UND LAGERN

Kopfsalat gibt es das ganze Jahr über zu kaufen. Im Frühjahr und in den Sommermonaten kommt er frisch vom Feld und hat dann die meiste Heilkraft. Im Winter kommt er aus dem Treibhaus, was oft mit erhöhtem Nitratgehalt einhergeht. Deshalb: Kaufen Sie wenn möglich den Salat, der gerade Saison hat, und vermeiden Sie Treibhausware. Bei Feldsalat ist es unproblematischer, dieser wird nur in der Saison im Winter angeboten. Salat sollte stets frisch gegessen und nur wenige Tage im Kühlschrank aufbewahrt werden; er wird sonst schnell welk und verliert an Geschmack und gesundheitlichem Wert.

ZUBEREITEN

Die Blätter vom Kopfsalat vom Strunk trennen und in mundgerechte Stücke zerteilen. Der Strunk wird weggeworfen. Beim Feldsalat entfernen Sie lediglich die unschönen äußeren Blätter und eventuelle Wurzelreste. Die Rosette an sich können Sie ganz lassen. In der Regel wird Salat frisch mit einem Dressing zubereitet. Ungewöhnlich, aber schmackhaft sind Salatpestos und -smoothies oder sogar gegarter Salat.

SO WIRKEN SALATE

Salate als Beilage oder gar als Hauptgericht sind von unserem Speiseplan nicht wegzudenken. Sie sind das ganze Jahr über, in allen möglichen Variationen und Sorten, erhältlich. Mit ihrem chlorophyllreichen Blattgrün, das Pflanzen ermöglicht, Photosynthese zu betreiben, unterstützen Salate die Bildung von roten Blutkörperchen und lindern somit Eisenmangel. Sie helfen bei der Entgiftung und mindern das Krebsrisiko.

BESTENS GERÜSTET

Die gut untereinander abgestimmten Vitalstoffe im Salat, wie Vitamine und Spurenelemente, sorgen dafür, dass der Mensch gesund und leistungsstark bleibt. Früher galt vor allem Treibhaussalat als „viel Grün mit wenig Inhalt". Immer mehr Untersuchungen belegen aber das Gegenteil. Im Blut von Salat- und Rohkostliebhabern konnte mehr Vitamin C, Folsäure, Vitamin E und Betacarotin festgestellt werden als von Nicht-Salat-Essern. Deshalb ist es für Ihre Gesundheit umso wichtiger, dass Sie viel frischen Salat der Saison in die tägliche Ernährung integrieren.

BLUTBILDUNG

Salate liefern neben dem Spurenelement Eisen vor allem auch Vitamin C – welches wiederum notwendig ist, um das Eisen überhaupt aufnehmen zu können. Eisen ist der wichtigste Baustein für die roten Blutkörperchen. Besonders empfehlenswert ist hier der Feldsalat, der der wichtigste Eisenlieferant unter den Salaten ist. Grundsätzlich ist also Salat optimal für all diejenigen, die einen erhöhten Eisenbedarf haben, z.B. Frauen, die unter starker Menstruation leiden oder während der Schwangerschaft.

BITTERSTOFFE FÜR DIE VERDAUUNG

Die Bitterstoffe im Salat dienen der Pflanze zum Schutz vor Fressfeinden und Schädlingen. Feld- und Kopfsalat sind Salatsorten, die verhältnismäßig wenige Bitterstoffe haben. Andere, wie Zuckerhut oder Endiviensalat, tragen deutlich mehr Bitterstoffe in sich – was Sie auch schmecken. Nichtsdestotrotz besitzen auch die milderen Salatsorten einige Bitterstoffe, die sich, egal ob viel oder wenig, positiv auf die Verdauung auswirken. Sie regen die Verdauungssäfte an, die Gallen- und Speichelsekretion werden erhöht, was wiederum dazu führt, dass die Nährstoffe besser vom Körper aufgenommen werden können. Auch haben Bitterstoffe einen positiven Einfluss auf die Blutbildung und stärken ganz allgemein den Körper.

KOPFSALAT-PRESSSAFT

Den Kopfsalat in kleinere Stücke schneiden und in einer hochwertigen Saftpresse auspressen – Sie erhalten Gesundheit pur für starke Nerven und guten Schlaf. Aber Saft aus Salat allein schmeckt langweilig, kombinieren Sie ihn mit anderem Gemüse, z.B. Möhre oder Pastinake. Trinken Sie den Saft frisch, da er nicht lange haltbar ist.

SCHLAF GUT!

Der milchige Saft des Kopfsalats, das fettlösliche Lactucarium, enthält Stoffe, die eine beruhigende Wirkung haben, den Schlaf fördern und schmerzlindernd wirken. Früher aß man abends aus diesem Grund Kopfsalat. Zudem ist Kopfsalat reich an Calcium, was für einen ruhigen Schlaf wichtig ist und zusammen mit dem Kalium das Nervensystem stärkt. Deshalb: Bei Schlafstörungen und Nervosität – gerne auch tagsüber – Kopfsalat essen!

AUF DIE VIELFALT KOMMT ES AN

Ihr Speiseplan darf ruhig aus verschiedenen grünen Salaten bestehen, die Sortenvielfalt ist groß. Auch weitere Zutaten wie Walnüsse, Radieschen oder Tomaten bereichern und ergänzen sinnvoll den Gesundheitsgehalt Ihrer Mahlzeiten. Verschiedene Studien haben ergeben, dass bei gleich großen Mengen an Salaten die Variante mit unterschiedlichen Zutaten die gesündere war. Es ist die Vielfalt, die den Ausschlag gibt und die unser Körper optimal zu nutzen weiß!

Salat-Rezepte

Grüner Kraft-Smoothie

Dieser Smoothie sorgt für Kraft, Energie und eine gesunde Konstitution.

FÜR 2 PERSONEN
» ½–1 Kopfsalat, grob zerteilt, Strunk entfernt (alternativ 400 g Feldsalat)
» 1 Apfel, grob zerteilt
» 1 Kiwi, grob zerteilt
» 1 TL Zitronensaft
» 300 ml Mineralwasser ohne Kohlensäure

Salat und Obst mit Zitronensaft im Mixer pürieren, mit Mineralwasser auffüllen (je nach gewünschter Konsistenz auch etwas mehr Wasser verwenden).

Kopfsalat mit Erbsen

Diese Kombination aus der französischen Küche vereint Grün mit Grün. Ein feines, mildes Sommergemüse, lecker zu Pasta oder jungen Kartoffeln.

FÜR 2 PERSONEN
» ½ Kopfsalat
» 1 kleine Zwiebel, in dünne Halbringe geschnitten
» 1 TL Butter
» 400 g Erbsen (frisch oder TK-Ware)
» 100 ml Sahne
» Salz, Pfeffer, Muskat
» etwas Zitronensaft
» 1 EL gehackte Petersilie

Den Kopfsalat vom Strunk befreien, die Blätter waschen, trocken schleudern und in Streifen schneiden. Die Zwiebelringe in der Butter andünsten, bis sie hellgelb werden. Die Erbsen und etwas Wasser hinzufügen, leicht salzen und abgedeckt 3–6 Minuten köcheln lassen, sodass die Erbsen noch bissfest sind. Kopfsalat und Sahne hinzufügen, noch 1–2 Minuten köcheln lassen. Mit Salz, Pfeffer, Muskat und Zitronensaft abschmecken und gut vermischen. Mit Petersilie bestreut servieren.

Kopfsalat mit Dinkel

Laut Hildegard von Bingen ist Kopfsalat ein Universal-Verdauungsmittel und hilft bei Verdauungsschwäche und Verstopfung, aber auch bei Durchblutungsstörungen im Gehirn.

FÜR 2 PERSONEN
» 3–4 EL Dinkelkörner
» 1 Kopfsalat, in mundgerechte Stücke gezupft

FÜR DAS DRESSING:
» ½ Zwiebel, gehackt
» 1 Knoblauchzehe, gehackt
» frische Kräuter: Dill, Petersilie, Ysop, Melde, Brennnessel, gehackt
» 4 EL Sonnenblumenöl
» 2 EL Weinessig
» 1 TL flüssiger Honig
» Salz, Pfeffer

Die Dinkelkörner in Wasser 30–40 Minuten weich kochen. Alle Zutaten des Dressings verrühren und abschmecken. Die Salatblätter und die Dinkelkörner vermischen, das Dressing unterheben. Fertig ist ein leichtes Hauptgericht.

Feldsalat-Pesto

Es muss nicht immer Basilikumpesto sein! Der Feldsalat verleiht dem Gericht einen nussigen Geschmack und Ihnen Energie.

FÜR 4 PERSONEN
» 300 g Feldsalat
» 30 g Walnusskerne, alternativ Pinienkerne
» 30 g Parmesan
» 300 ml Olivenöl
» Saft einer Zitrone
» 1 Prise Salz

Alle Zutaten in einen Mixer geben und fein pürieren, zum Schluss noch einmal abschmecken. Passt zu Nudeln oder als Brotaufstrich.

Feldsalatsuppe

Feldsalat als heiße Suppe? Aber ja – die gibt Kraft!

FÜR 2 PERSONEN
» 250 g Feldsalat
» ½ Zwiebel, fein gehackt
» 1 Knoblauchzehe, fein gehackt
» 2 EL Butter
» 2 Kartoffeln, gekocht
» 300 ml Gemüsebrühe
» 1 TL Zitronensaft
» Salz, Pfeffer
» Muskat
» 100 ml Sahne

2–4 Salatröschen aufbewahren, den Rest für ein paar Minuten blanchieren. Derweil Zwiebel und Knoblauch in etwas Butter andünsten, den blanchierten Salat und die gekochten Kartoffeln dazugeben. Gemüsebrühe angießen und alles erhitzen. 15 Minuten köcheln lassen. Den Zitronensaft zufügen und die Suppe pürieren. Mit Salz, Pfeffer und Muskat abschmecken.

Zum Schluss die Sahne zugeben, dann noch einmal kurz erhitzen. Die grasgrüne Suppe in Teller verteilen und mit den Feldsalatröschen garnieren.

Feldsalatsuppe

Schwarzwurzeln, schwarzes Gold

Im Mittelalter schrieb man der Pflanze giftwidrige und heilsame Kräfte zu. Sie wurde bei Schlangenbissen und der Pest eingesetzt und stand überhaupt hoch im Kurs. Heute ist nachgewiesen, dass Schwarzwurzeln die Entgiftungsfunktion der Leber anregen.

Schwarzwurzel Scorzonera hispanica

DIE PFLANZE

Die Schwarzwurzel, eine winterharte Pflanze aus der Familie der Korbblütler, wird auch als Winterspargel, Arbeiterspargel oder „Spargel des armen Mannes“ bezeichnet. Sie stammt ursprünglich aus Spanien und war bei uns lange Zeit als beliebtes Gemüse und Heilpflanze in aller Munde, bis sie fast in Vergessenheit geriet. Jetzt erlebt das Wintergemüse eine Renaissance.

DAS IST DRIN

Schwarzwurzel enthält überdurchschnittlich viel Kalium, zudem Magnesium, Calcium und vor allem Eisen. Bedeutsam ist der Anteil an B-Vitaminen, Vitamin E und Folsäure. Zudem ist die Wurzel reich an Wasser, Ballaststoffen (vor allem viel Inulin) sowie Asparagin, Cholin, Allantoin und Bitterstoffen. Des Weiteren die Spurenelemente Mangan, Phosphor und Kupfer.

EINKAUFEN UND LAGERN

Schwarzwurzeln finden Sie von Oktober bis April auf dem Gemüsemarkt oder im Bioladen, seltener im Supermarkt. Wenn Sie die Wurzeln nicht kennen, erahnen Sie nicht, welche Leckerei sich unter der dunklen Schale verbirgt. Achten Sie beim Kauf auf feste, unversehrte Stangen und wählen Sie nicht allzu dünne Exemplare aus. Schwarzwurzeln halten sich am besten, wenn Sie sie in ein Küchenpapier gewickelt ein paar Tage im Gemüsefach Ihres Kühlschranks aufbewahren. Für eine längere Haltbarkeit eignen sich die Lagerung in Sand oder Erde eingeschlagen im Keller oder das Einfrieren in gekochter Form.

ZUBEREITEN

Das zarte Gemüse hat einen leicht nussigen, erdigen und ein wenig süßen Geschmack. Waschen Sie die Schwarzwurzel gründlich unter fließendem Wasser. Ratsam ist es, beim Schälen Handschuhe zu tragen, da die Wurzeln einen klebrigen Milchsaft absondern, der die Hände verfärbt. Danach die geschälten Schwarzwurzeln rasch weiterverarbeiten, sonst verfärben sie sich dunkel. Die Verfärbung können Sie vermeiden, wenn Sie die Wurzeln kurz in Zitronen- oder Essigwasser legen. So geht es auch: Sie können Schwarzwurzeln gut gewaschen und gesäubert mit Schale in Salzwasser kochen und erst danach schälen. Das Schälen ist dann weniger mühsam.
Schwarzwurzeln passen gut in Eintöpfe, Gratins und Aufläufe. Als Gemüsebeilage werden sie gekocht oder im Dampfgarer gegart und harmonieren gut zu Fleisch- oder Fischgerichten. Auch Rohessen ist möglich: Probieren Sie Schwarzwurzel mit etwas Zitronensaft verfeinert als Salat aus.

SO WIRKEN SCHWARZWURZELN

Die Schwarzwurzel ist eine der wertvollsten Gemüsesorten überhaupt. Unter anderem senkt sie mit ihrem hohen Inulingehalt den Cholesterinspiegel und beugt somit Arteriosklerose vor. Das aufwendige Säubern und Schälen ist auf alle Fälle jede Mühe wert.

ÄUSSERST GESUND FÜR DIABETIKER

Es steckt viel Inulin in diesem Wurzelgemüse. Inulin ist ein unverdaulicher Ballaststoff, der den Blutzuckerspiegel nicht beeinflusst und trotzdem satt macht. Zumal das Kohlenhydrat Mannit nur zu einem geringen Teil im Darm resorbiert wird und sich ebenso kaum auf den Blutzuckerspiegel auswirkt. Nicht zuletzt sind Schwarzwurzeln kalorienarm: 100 g enthalten nur 16 kcal. Gleich drei Gründe, warum Schwarzwurzeln so gut für Diabetiker geeignet sind und auch für diejenigen, die überschüssige Pfunde loswerden wollen.

GUT FÜR DIE VERDAUUNG

Das Inulin und die anderen Ballaststoffe sorgen für eine aktive Verdauung. Inulin hat neben der verdauungsfördernden Wirkung noch zwei Pluspunkte: Es sorgt für eine gesunde Darmflora, indem es durch die Ansiedlung von gesundheitsfördernden Bifido- oder Laktobakterien den pH-Wert so senkt, dass in diesem Milieu keine krankmachen Bakterien überleben können. So werden Krankheitserreger reduziert und Darminfektionen vorgebeugt. In neuen Studien wird diskutiert, ob dieses Milieu auch das Darmkrebsrisiko senken kann.

HILFE BEI DER ENTGIFTUNG

Die in Schwarzwurzeln enthaltenen Bitterstoffe und das Spurenelement Mangan unterstützen die körpereigene Entgiftung über die Leber. Mangan fördert den schnellen Abbau von Harnsäure und hilft damit, Gicht und rheumatischen Erkrankungen vorzubeugen – und spielt ganz nebenbei noch eine wichtige Rolle bei der Immunabwehr. Der hohe Kaliumgehalt sorgt neben der Asparaginsäure für eine entwässernde und harntreibende Wirkung. Die vermehrte Ausscheidung von Stoffwechselendprodukten lindert immer auch rheumatische Beschwerden und chronische Hautkrankheiten.

ANTI-STRESS-MITTEL

Bekannt sind Schwarzwurzeln u. a. als Gemüse mit beruhigender Wirkung. Besonders als Abendessen fördern sie die Entspannung und verhelfen zu gutem Schlaf. Verantwortlich gemacht werden hierfür das entspannende Kalium und das ausgewogene Zusammenspiel von weiteren Mineralstoffen und Spurenelementen. Zudem trägt das Vitamin B_1 zur Nervenstärkung bei, die Gehirnaktivität wird gefördert – und Lernende und Vergessliche dürfen sich satt essen.

ZUR BLUTBILDUNG UND WUNDHEILUNG

Der sehr hohe Eisengehalt, zudem die B-Vitamine und Folsäure helfen bei der Bildung von roten Blutkörperchen. Frauen, die unter Eisenmangel aufgrund einer starken Menstruation leiden oder einen erhöhten Eisenbedarf in der Schwangerschaft haben, profitieren von dem Wurzelgemüse. Weitere interessante Inhaltsstoffe in Schwarzwurzeln sind Allantoin und Kupfer. Allantoin, das vor allem auch im Beinwell vorkommt, unterstützt bei äußerlicher Anwendung die Hautregeneration und die Wundheilung (früher nutzte man dafür mit Schwarzwurzeltee getränkte Kompressen). Zusätzlich wirkt der hohe Kupfergehalt zusammen mit Calcium einer Osteoporose (Knochenentkalkung) entgegen, was mit zunehmendem Alter von Bedeutung ist.

Schwarzwurzel-Rezepte

Anti-Stress-Wurzeln mit Petersilien-Walnuss-Soße

Ein wohlschmeckendes Abendessen, das obendrein zur Nacht beruhigt. Für einen gesunden entspannten Schlaf, damit Sie am nächsten Morgen fit und ausgeruht aufwachen.

FÜR 4 PERSONEN
» 900 g Schwarzwurzeln
» 2–3 EL Zitronensaft
» 150 ml Milch
» Salz, Pfeffer
» 80 g Walnüsse
» 1 Bund Petersilie, fein gehackt
» 3 EL Walnussöl
» 1 EL Gemüsebrühe
» 1–2 EL Balsamico-Essig
» 2 EL Butter

- Die Schwarzwurzeln gründlich waschen, schälen und in Stücke schneiden. In etwas Wasser mit Zitronensaft einlegen, damit sie nicht braun werden. In einem großen Topf 250 ml Wasser mit der Milch und etwas Salz aufkochen und darin die Schwarzwurzeln 15–20 Minuten garen.
- Parallel dazu die Petersilien-Walnuss-Soße vorbereiten: In einer Pfanne ohne Fett die Walnusskerne rösten, kurz abkühlen lassen und ganz fein hacken. Mit der gehackten Petersilie vermengen. Walnussöl, Gemüsebrühe und Essig verrühren und unter die Nuss-Petersilien-Mischung rühren. Mit Salz und Pfeffer abschmecken.
- Die gegarten Schwarzwurzeln vorsichtig aus dem Wasser heben, in ungefähr 10 cm lange Stücke schneiden und in wenig Butter goldbraun anbraten. Schwarzwurzeln auf Tellern anrichten und mit der Petersilien-Walnuss-Soße beträufeln. Schmeckt sehr gut zu grünem Salat und Fladenbrot.

Anti-Stress-Wurzeln

Winter-Risotto

Ein Magenschmeichler-Gericht, das für eine gute Verdauung sorgt und sehr bekömmlich ist.

FÜR 2 PERSONEN
» 300 g Schwarzwurzeln
» 1 EL Zitronensaft
» 500 ml Gemüsebrühe
» 1 Zwiebel, fein gehackt
» 125 g Risotto-Reis
» 1 EL Butter
» 100 ml Weißwein
» Salz, Pfeffer
» Muskat
» Schnittlauch, klein geschnitten

Die Schwarzwurzeln waschen und schälen, sofort in kaltes Wasser mit 1 EL Zitronensaft legen, damit sie sich nicht verfärben. Nachdem alle geschält sind, die Schwarzwurzeln in schräge, 2–3 cm lange Stücke schneiden. Die Gemüsebrühe in einem Topf aufkochen.

Den Risotto-Reis mit den Schwarzwurzeln und der Zwiebel in einem zweiten Topf ohne Deckel in etwas Butter kurz andünsten, mit dem Weißwein ablöschen und fast vollständig einkochen lassen. Etwa 200 ml der heißen Brühe zugießen und das Risotto 25–30 Minuten garen, dabei ab und zu umrühren und nach und nach die restliche heiße Brühe zugießen. Mit Salz, Pfeffer und Muskat abschmecken. Mit Schnittlauch bestreut servieren.

Schwarzwurzeln mit Pilzen

Eine tolle Kombination: verdauungsfördernde Schwarzwurzeln und aromatische Pilze.

FÜR 4 PERSONEN
» 700 g Schwarzwurzeln
» 1 EL Zitronensaft
» 100 g Pilze, z.B. Shiitake-Pilze oder Pfifferlinge, geschnitten
» ¼ Zwiebel, fein gewürfelt
» 1 Knoblauchzehe, fein gehackt
» 20 g Butter
» ½ TL Curry
» Salz, Pfeffer
» 2 EL Sauerrahm oder Crème fraîche
» 1 Stängel Petersilie, fein gehackt

Die Schwarzwurzeln unter fließendem Wasser gründlich waschen, schälen und sofort in kaltes Wasser mit etwas Zitronensaft legen. Danach in daumenlange Stücke schneiden und in Salzwasser 15–20 Minuten köcheln lassen, dann abgießen. In der Zwischenzeit die klein geschnittenen Pilze, Zwiebel und Knoblauch in Butter andünsten. Die gekochten Schwarzwurzeln hinzufügen. Mit den Gewürzen abschmecken. Zur Verfeinerung den Sauerrahm hinzugeben und kurz mit erhitzen. Vor dem Servieren mit der Petersilie bestreuen. Passt gut zu Reis oder Nudeln.

Schwarzwurzelsalat

Ein schnell zubereitetes und leichtes Gericht zum Entschlacken und Entgiften. Auch für Diabetiker ideal.

FÜR 2 PERSONEN
» 200 g Schwarzwurzeln
» ¼ Zwiebel, fein gehackt
» 2 EL Zitronensaft
» 1 EL weißer Balsamico-Essig
» 1 EL Olivenöl
» ½ Becher Sauerrahm
» 1 TL Instant-Gemüsebrühe (hefefrei)
» Salz, Pfeffer
» evtl. Walnusskerne, gehackt

Die Schwarzwurzeln gründlich waschen, schälen und mit einer groben Reibe reiben. Aus den übrigen Zutaten (außer den Nüssen) ein Dressing zubereiten und mit den geriebenen Schwarzwurzeln vermischen. Mit Salz und Pfeffer noch einmal abschmecken. Auf Wunsch den Salat mit frisch gehackten Walnüssen bestreuen.

Sellerie, potente Wurzelknolle

Diese intensiv duftende Gemüsepflanze war von der Antike bis ins Mittelalter eine der bedeutendsten Arzneipflanzen überhaupt. Sellerie diente als Ritualpflanze, Grabbeigabe und männliches Fruchtbarkeitsmittel, das Kraut wurde zum Siegerkranz gewunden.

Sellerie Apium graveolens

DIE PFLANZE

Wilder Sellerie wurde früher vor allem wegen seines pikanten Geschmackes kultiviert. Nach und nach entstanden verschiedene Auslesen und Sorten des Doldenblütlers. Heute unterscheiden wir unterirdisch wachsenden Knollensellerie und den Stauden- oder Stangensellerie, der beim Wachsen die Sonne sehen will. Zudem gibt es noch Schnittsellerie, der ähnlich wie Liebstöckel als Würzkraut dient. Alle Pflanzenteile haben einen würzig-aromatischen Geruch.

DAS IST DRIN

Der typische Geruch des Selleries kommt von seinem hohen Gehalt an ätherischen Ölen, vor allem von Terpenen und Phthaliden. Die Vitamine des B-Komplexes B_1, B_2, B_3, B_5 und Folsäure sind zwar nicht in hoher Menge, aber in für die Gesundheit idealer Zusammensetzung enthalten und deshalb sehr wirkungsvoll. Zudem enthalten Blätter wie auch Knolle Provitamin A, die Vitamine C, E und K sowie Flavonoide (Apiin). Des Weiteren Ballaststoffe, Eiweiß, wenig Fett, Mineralstoffe wie Kalium, Natrium, Magnesium, Eisen, Calcium und die Spurenelemente Mangan, Zink und Kupfer. Der Wasseranteil im Sellerie ist hoch, der Kaloriengehalt gering.

EINKAUFEN UND LAGERN

Sellerie ist ein typisches Herbst- und Wintergemüse. Lagern Sie Knollensellerie kühl und trocken im Keller, so ist er bis zum Frühjahr haltbar. Stangen- bzw. Staudensellerie lässt sich nicht so lange aufheben. Das Gemüse, sowohl Blatt als auch Wurzel, ist aber robust und hält sich am besten in Frischhaltefolie gewickelt ein paar Tage im Kühlschrank. Bewahren Sie Stangensellerie getrennt von Äpfeln, Birnen und Avocados auf. Diese Früchte geben das Reifegas Äthylen ab, das Sellerie schneller welken lässt. Grundsätzlich ist auch das Einfrieren in gekochter Form möglich, hier gehen allerdings ein paar Vitamine verloren. Zerkleinern Sie die Selleriestangen und auch die Knolle erst kurz vor der Zubereitung, um die maximale Wirksamkeit der Inhaltsstoffe zu gewähren.

ZUBEREITEN

Sie können alle Teile vom Sellerie, egal ob Stauden-, Knollen- oder Schnittsellerie, roh essen, kochen oder backen. Knollensellerie zeichnet sich durch seine mächtige Wurzel aus. Wird sie roh verwendet, bleiben alle wertvollen Wirkstoffe erhalten. Toll schmeckt die Wurzel auch als Suppenzutat oder als gebratenes Sellerie-„Schnitzel“. Stangensellerie hat nur eine kleine Wurzelknolle, dafür aber lange, fleischige Blattstiele, die als aromatisches Gemüse gedünstet werden. Beim Schnittsellerie werden die Blätter verwendet, die optisch an Petersilie erinnern. Nehmen Sie vor allem die jungen frischen Blätter: Sie sind herrlich gesund und zudem ein erstklassiges Würzmittel.

SO WIRKT SELLERIE

Sellerie ist ein Suppengemüse, das entwässert, entspannt und einen gereizten Darm beruhigt. Zudem sind die ätherischen Öle des Selleries, vor allem die der Wurzelknolle, scharf und hemmen das Wachstum von Keimen, insbesondere von Pilzen (Candidapilze) und Bakterien. Die keimhemmende Eigenschaft wirkt sich auf den gesamten Verdauungstrakt aus, vom Mund bis zum Darm. Auch in den ableitenden Harnwegen kommt die keimhemmende Eigenschaft zum Tragen, weshalb der Genuss von Sellerie gleichzeitig Entzündungen der Blase und Harnwege vorbeugt. Selbst seine Flavonoide wirken keimhemmend. Mit seinen Antioxidantien (Flavonoide, Vitamin C und Betacarotin) unterstützt Sellerie die Krebsprävention.

ENTWÄSSERN UND ENTSCHLACKEN

Eine Besonderheit, vor allem beim Staudensellerie, ist der hohe Kaliumgehalt. Er hat eine harntreibende Wirkung mit gutem Entwässerungseffekt. Falls Sie unter rheumatischen Beschwerden oder unter Gicht leiden, können Sie mit Sellerie „das Blut reinigen", wie es im Volksmund heißt. Entzündungen werden gehemmt und das lindert auch Schmerzen und Rheumaleiden.
Zudem ist Sellerie äußerst kalorienarm. Die leichteste Form der Anwendung: Es gibt Selleriesäfte im Reformhaus oder Sie bereiten den Saft selbst zu. Nur Nierenkranke sollten mit Sellerie zurückhaltend sein, da er die Nieren reizen kann.

SELLERIE SCHÜTZT DEN MAGEN

Wissenschaftler aus den USA haben Hinweise gefunden, dass Extrakte aus Sellerie entzündliche Reaktionen des Verdauungstrakts und in den Blutgefäßen lindern können. Dafür verantwortlich ist vor allem die Kombination aus Vitaminen, Flavonoiden und ätherischen Ölen. In einer weiteren Studie wurde festgestellt, dass der basische Sellerie die Magensäure reguliert und damit die Magenschleimhaut pflegt und Magengeschwüren vorbeugt – Sie selbst können Ihre Magenschleimhaut mit Sellerieextrakten aus der Apotheke, mit Säften oder mit Staudensellerie-Tee schützen.

SELLERIE-PRESSSAFT

Selleriestangen mit Kraut, auf Wunsch auch die geschälte Knolle, in kleine Stücke schneiden und mit einer hochwertigen Saftpresse auspressen. Purer Selleriesaft schmeckt sehr intensiv, deshalb können Sie ihn mit anderem Gemüse kombinieren, beispielsweise Möhren oder Gurken. Den Saft täglich frisch zubereiten.
Bei einer dreiwöchigen Kur zur Unterstützung bei Gicht und Rheuma und auch zur Behandlung von Bluthochdruck und zur Konzentrationsförderung trinken Sie täglich 100 ml Sellerie-Presssaft. Sie können die Kur drei- bis viermal jährlich wiederholen, ideal ist sie im Frühjahr.

AUF DEN BLUTDRUCK EINWIRKEN

Das ätherische Öl (u. a. Phthalid) unterstützt das Herz-Kreislauf-System, indem es die glatte Muskulatur der Blutgefäße entspannt. Sie weiten sich dadurch und der Blutdruck kann sinken (laut Studien mit 2 Stangen Sellerie pro Tag sogar bis 14 %!). Mit seinen Antioxidantien beugt Sellerie zudem Arteriosklerose vor mit all seinen Risiken wie Schlaganfall und Herzinfarkt.

KONZENTRATION FÖRDERN, STRESS REDUZIEREN

Der ausgewogene Anteil der einzelnen B-Vitamine fördert die Konzentration. Zudem reduziert das Gemüse das Stressempfinden. Verantwortlich dafür sind Flavonoide und auch die ätherischen Öle (Pthalide). Pthalide haben generell eine muskelentspannende Wirkung, wie schon zuvor erwähnt bei der Muskulatur der Blutgefäße. Somit sorgt der Genuss von Sellerie für starke Nerven, gute Konzentration und für lang anhaltende Kondition.

APHRODISIAKUM

Im Altertum spielte Sellerie als Potenzmittel für Männer eine Rolle. Neuere Untersuchungen weisen darauf hin, dass das ätherische Öl im Sellerie die Produktion von Sexualhormonen und die Durchblutung der Unterleibsorgane ankurbeln kann – es scheint, dass die Menschen im Altertum mit ihrer Beobachtungsgabe richtig lagen.

Sellerie-Rezepte

Magenschutz-Tee

Falls Sie unter Stress stehen und zu einer Übersäuerung des Magens neigen: Dieser Tee reguliert die Magensäureproduktion. Zudem unterstützt er das Entschlacken während einer Fastenkur oder Abnehmdiät.

» Selleriestangen mit Blättern, klein geschnitten
» alternativ: Sellerieknolle, geschält und klein geschnitten

Pro Tasse 2 TL Selleriestückchen mit etwa 300 ml aufgekochtem Wasser überbrühen, 5–8 Minuten ziehen lassen. 2–3 Tassen über den Tag verteilt trinken.

Selleriesalat

Eine schnelle leichte Mahlzeit und gesunde Kraftquelle.

FÜR 2 PERSONEN
» 1 Sellerieknolle, geschält und grob geraspelt
» 1 Möhre, geschält und grob geraspelt
» 1 Apfel, grob geraspelt

FÜR DAS DRESSING:
» ¼ Zwiebel, fein gehackt
» 2 EL weißer Balsamico-Essig
» 1 EL Olivenöl
» ½ Becher Sauerrahm
» Salz, Pfeffer
» evtl. 1 Stück frischer Meerrettich

Sellerie- und Möhrenraspeln gut vermischen. Die Dressing-Zutaten verrühren und unterheben. Mit Salz und Pfeffer nochmal abschmecken.

Auf Wunsch den Salat noch mit frisch geriebenem Meerrettich bestreuen. Das verleiht dem Selleriesalat einen besonders kraftvollen Geschmack.

Sellerieschnitzel

Das vegetarische kalorienarme „Schnitzel“ fördert die Leistungsfähigkeit – und schmeckt.

FÜR 2 PERSONEN
» ½ Sellerieknolle, geschält
» Salz, Pfeffer
» 1 Ei
» 3 EL Paniermehl
» 2 EL Olivenöl
» evtl. Zitronensaft

Sellerie in etwa 1,5 cm dicke Scheiben schneiden, mit Salz und Pfeffer würzen und etwas ziehen lassen. In der Zwischenzeit das Ei verquirlen und gegebenenfalls auch noch etwas würzen. Die Selleriescheiben durch das Ei ziehen und danach gleichmäßig im Paniermehl wenden. Die „Schnitzel“ in etwas Öl bei mittlerer Hitze von beiden Seiten braten; die Kruste sollte schön goldgelb und der Sellerie weich sein. Die fertigen Sellerieschnitzel auf Wunsch mit etwas Zitronensaft beträufeln. Dazu schmeckt wunderbar ein frischer grüner Salat.

Potenter Brotaufstrich

Der Brotaufstrich, der die Sexualhormone auf Trab bringt und nicht nur Männern schmeckt!

- 200 g Knollensellerie, geschält und gewürfelt
- 200 g Kartoffeln, geschält und gewürfelt
- 100 g Sauerrahm
- 3–4 Stängel Petersilie, fein gehackt
- 50 g Walnüsse, fein gehackt
- Salz, Pfeffer
- Muskat
- Zitronensaft

Sellerie- und Kartoffelwürfel in etwas gesalzenem Wasser weich dünsten und abgießen. Sellerie und Kartoffeln mit dem Kartoffelstampfer zu Brei stampfen. Den Sauerrahm unterziehen. Gehackte Petersilie und Walnüsse unterheben. Mit Salz, Pfeffer, Muskat und etwas Zitronensaft abschmecken. Fertig ist ein leckerer Aufstrich, der gut zu frischem Bauernbrot passt.

Potenter Brotaufstrich

Spargel, bleiche Delikatesse

Die Griechen schätzten wild wachsenden Spargel als harntreibende Medizin, die Römer haben die „liebliche Speiss für Leckmäuler" als erstes kultiviert. Im 16. Jahrhundert haben die edlen Stangen bei uns Einzug gehalten – zuerst im Stuttgarter Lustgarten.

Spargel Asparagus officinalis

DIE PFLANZE

Der Aristokrat unter den Gemüsepflanzen gehört zu den Spargelgewächsen. Verwendet werden die saftigen, fingerdicken Sprosse. Beim Bleichspargel erntet man die noch weißen Triebe vor dem Durchbrechen des aufgeschütteten Erdwalls, wogegen der grüne Spargel ebenerdig die Sonne begrüßt und daher grün wird. Saison ist je nach Wetterlage ab Ende März/Anfang April bis offiziell zum 24. Juni (Johannitag).

DAS IST DRIN

Gesund sind beide, aber der grüne Spargel enthält mehr Vitamin C und Carotin als der weiße. Spargel besteht zu 93 % aus Wasser. Er besitzt fast kein Fett, nur 15 kcal/100 g und kein Cholesterin. Dafür viel Kalium, Calcium, Chrom, Mangan, Phosphor, Zink, Stickstoff, viel Vitamin A, C und K sowie die B-Vitamine B_1, B_2, B_3, B_5 (Pantothensäure), B_6 und Folsäure. Und so viel Vitamin E, dass 1 Portion („pro Mund ein Pfund") den Tagesbedarf deckt. Spargel ist das selenreichste Gemüse, außerdem enthält er harntreibende Saponine, wichtige Kohlenhydrate (Ballaststoffe, Inulin, Fructane, Asparagose), Aminosäuren, Purine und Schwefelverbindungen. Und sekundäre Pflanzenstoffe (Carotin, Lutein, Zeaxanthin, Rutin, Quercetin).

EINKAUFEN UND LAGERN

Spargel ist empfindlich, behandeln Sie ihn sorgsam. Kaufen Sie Stangen mit seidiger Oberfläche, geschlossenen Köpfen (nur beim grünen Spargel dürfen sie leicht geöffnet sein), feuchten Schnittenden und fester Konsistenz. Es sollte quietschen beim Aneinanderreiben der Stangen. Genießen Sie ihn möglichst frisch gestochen. Ansonsten hält er sich in ein feuchtes Handtuch gewickelt 2–3 Tage im Kühlschrank. Er eignet sich auch zum Einfrieren: geschält, roh oder gekocht.

ZUBEREITEN

Bleichspargel schält man von Kopf bis Fuß, beim grünen Spargel nur das untere Drittel. Die holzigen Enden abschneiden; diese sowie die Schalen können Sie kochen und den Sud als Grundlage für Suppen oder Saucen nehmen. Weil die Köpfe schneller garen als der Rest, köcheln die Stangen gern in einem schmalen, hohen Topf, dann garen die „Füße" im Wasser und die Köpfe im Dampf. Sie können vor allem den grünen Spargel auch dünsten oder braten, auch gut wieder aufwärmen. Und roh essen (dann ist er besonders harntreibend)!

SO WIRKT SPARGEL

Spargel schätzt man als mineralstoffreiches Gemüse und gute Vitaminquelle, z.B. für Pantothensäure (für Haut und Haar) sowie Folsäure. Sie müssen gar nicht viel Spargel essen, manchmal deckt schon 1 Portion den Tagesbedarf an wertvollen Inhaltsstoffen (Vitamin E, Folsäure und Selen). Spargel liefert blutdrucksenkendes, harntreibendes Kalium sowie Calcium für die Zahn- und Knochengesundheit, außerdem Phosphor für Transport, Speicherung und Verwertung von Energie und eine Menge „Augen"-Vitamin A. Er erhöht den körpereigenen Glutathionspiegel – ein Antioxidans, das Zellgifte und krebserregende Stoffe unschädlich macht und die Aktivität von Abwehrzellen sowie die Entgiftungsfunktion der Leber unterstützt. Sekundäre antioxidative Pflanzenstoffe wie Carotin, Lutein, Zeaxanthin, Rutin und Quercetin schützen Zellen und Blutgefäße.

SPARGEL IST EIN GUTES DIABETIKERGEMÜSE

Nicht nur, weil eine 400-g-Portion nur knapp 1 Broteinheit (BE) zählt, sondern auch weil Spargel zu den inulinhaltigen Gemüsen gehört, die insulinunabhängig verstoffwechselt werden; man kann sich damit also satt essen. Außerdem ist er reich an Chrom, einem Spurenelement, das die Fett- und Zuckerwerte im Blut reguliert. Übrigens, auch bei erhöhtem Cholesterinspiegel ist reichlicher Spargelgenuss angesagt, weil Chrom mit Saponinen zusammen günstig auf den Fettstoffwechsel wirkt.

DURCHSPÜLUNGSTHERAPIE UND BLUTHOCHDRUCK

Durch den Genuss von wassertreibendem Spargel können Sie Ihre Harnwege „durchspülen", so können sich Krankheitskeime weniger gut einnisten, und wasserlösliche Gifte werden ausgeschieden. Bitte immer reichlich zusätzliche Flüssigkeit trinken, so beugen Sie Reizblase oder Harnwegsinfektionen vor und regen den Stoffwechsel an. So eine „Entgiftung" lindert auch stoffwechselbedingte Hauterkrankungen und rheumatische Beschwerden. Übrigens hat auch der gute diätetische Einfluss auf den Bluthochdruck mit der entwässernden Wirkung zu tun. Dafür ist erstens der hohe Gehalt an Kalium verantwortlich, vor allem das günstige Kalium-Natrium-Verhältnis (kaliumreiche und zugleich natriumarme Ernährung unterstützt die entwässernde Wirkung). Zweitens das Asparagin, eine Aminosäure, die den Organismus bei der Entgiftung körperfremder Stoffe unterstützt. Es regt die Funktion der Nieren an und wirkt somit harntreibend. Drittens wirken die Saponine harntreibend. Diese Effekte konnten in einer Anwendungsbeobachtung bei übergewichtigen Patienten mit Bluthochdruck beobachtet werden, bei der die Probanden ein Arzneimittel aus dem Spargelwurzelstock und Petersilie erhielten. Nach 4–6 Wochen hatten sich bei den meisten Testpersonen Blutdruck und Körpergewicht deutlich verringert.

SPARGELWASSER

Gießen Sie den Spargelsud, das Kochwasser Ihres Spargelgemüses, nicht weg! Es steckt voller wertvoller Wirkstoffe. Trinken Sie es! Bis zu 1 l am Tag darf es während der Spargelzeit sein. Auch die Schalen können Sie aufkochen und wie einen Tee genießen. Therapeutisch genutzt sollte das Spargelwasser ungesalzen sein.

FOLSÄURE FÜR SCHWANGERE

Schwangere werden Spargel schätzen, weil er ein wichtiger Folsäurelieferant ist: Schon 200 g der Stangen decken den Tagesbedarf. Folsäure verbessert die Hirnleistung und die Laune und ist an der Zellteilung und -neubildung beteiligt.

KREBS UND CANDIDA

Laut einer Studie weisen die im Spargel vorhandenen Saponine Antitumor-Aktivitäten auf und sollen das Wachstum menschlicher Leukämiezellen hemmen. Außerdem wirken die Saponine pilzhemmend gegen Candida-Infektionen und diverse Hautpilze wie Microsporum und Trichophyton. Spargel ermöglicht also eine genussvolle Antipilz-Diät.

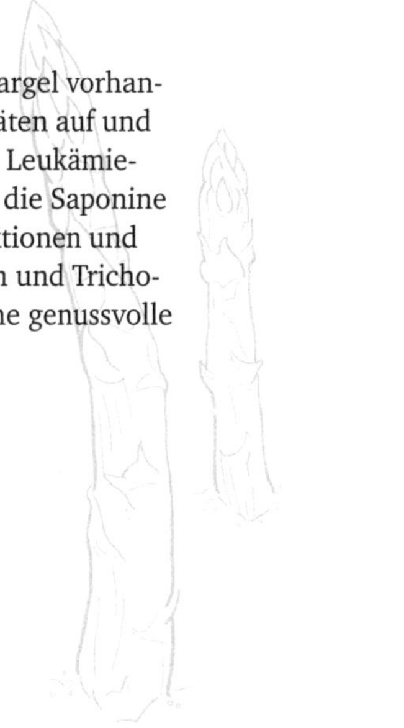

BITTE BEACHTEN

Der typische schwefelige Geruch des Harns nach Spargelgenuss ist auf die Schwefelverbindung Methylmercaptan zurückzuführen und hat keine nachteiligen Eigenschaften. Vor allem im Spargelkopf sind Purine enthalten (im Vergleich zu anderem Gemüse relativ viel, jedoch deutlich weniger als in Fleisch), die im Körper zu Harnsäure umgewandelt werden. Wenn Sie erhöhte Harnsäurewerte oder Gicht haben, sollten Sie sich mit Spargel zurückhalten. Wegen der Saponine auch bei Nierenerkrankungen.

Spargel-Rezepte

Spargelsalat Rot-Weiß-Grün

Spargel-Smoothie

Mit Spargel, Erdbeere, Birne, Vanille und Löwenzahnblättern haben Sie in diesem Drink gleich fünf harntreibende Zutaten – genial für eine Frühjahrskur.

FÜR 2 PERSONEN

» 300 g weißer Spargel, geschält und in Stücke geschnitten
» 300 g Erdbeeren, halbiert
» Saft einer Bio-Limette
» Mark einer Vanilleschote
» 1 Handvoll frische Löwenzahnblätter
» falls vorhanden 1 kleine Handvoll Löwenzahnblütenköpfchen, mit oder ohne (bitteren) Kelch
» je ½ Banane und Birne
» 1 EL Kokosöl, alternativ ½ Avocado
» je 2 getrocknete Datteln und Feigen

Alle Zutaten mit 200–400 ml Wasser (je nach gewünschter Konsistenz) im Mixer pürieren.

Spargel-Pesto

Hier vereint sich harntreibendes Gemüse mit harntreibendem Kraut.

FÜR 2 PERSONEN

» 300 g grüner Spargel, im unteren Drittel geschält
» 1 Bund Petersilie
» Salz, Pfeffer
» 1–2 EL Limettensaft
» 1 EL Olivenöl
» 100 g Mascarpone

Spargel knapp 4 Minuten in Salzwasser kochen. Spargel herausnehmen, abkühlen lassen, den Sud aufbewahren. Spargel mit Petersilie zusammen fein cremig pürieren. Abschmecken mit Salz, Pfeffer und Limettensaft. Öl und Mascarpone unterrühren, eventuell auch etwas vom beiseite gestellten Spargelsud, um eine schöne Konsistenz zu erreichen. Zu Spaghetti oder Baguette servieren.

Spargel-Chips auf Grünspargel

Das ist eine feine, sehr kleine Sünde, die hin und wieder erlaubt ist.

FÜR 2 PERSONEN

» 300 g grüner Spargel, unteres Drittel geschält, in 3–4 cm lange Stücke geschnitten
» 300 g weißer Spargel, geschält
» Frittieröl, z.B. Erdnussöl

Den grünen Spargel in Salzwasser garen, abtropfen. Mit dem Sparschäler von den weißen Spargelstangen dünne Streifen abschälen. Diese in heißem Öl kurz frittieren und auf Küchenpapier abtropfen lassen.

Die weißen Spargel-Chips auf den gegarten Grünspargel legen und sofort servieren. Schmeckt pur oder mit einem feinen Sößchen.

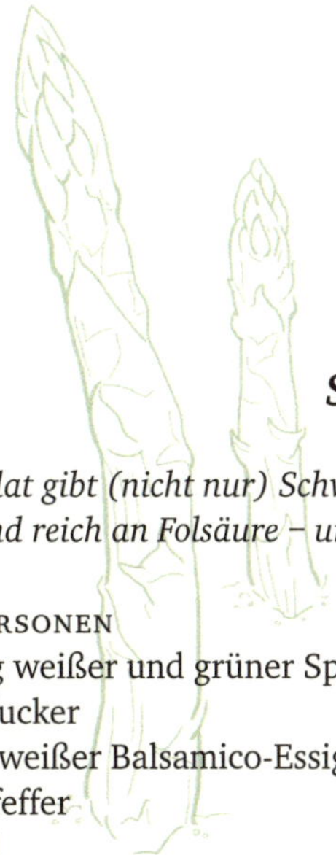

Spargelsalat Rot-Weiß-Grün

Dieser Salat gibt (nicht nur) Schwangeren einen guten Folsäureschub. Denn nicht nur Spargel, auch Erdbeeren sind reich an Folsäure – und gute Vitamine gibt's obendrauf.

FÜR 4 PERSONEN
» je 750 g weißer und grüner Spargel
» 100 g Zucker
» 100 ml weißer Balsamico-Essig, erhitzt
» Salz, Pfeffer
» 2 EL Öl
» 250 g Erdbeeren, halbiert oder geviertelt
» 150 g Rucola, geputzt
» 2 EL klein gehackte Nüsse nach Wahl
» 1 Bund frischer Basilikum

Den weißen Spargel komplett, beim grünen Spargel nur das untere Drittel schälen – und jeweils die unteren Enden abschneiden. Weißen Spargel in Salzwasser 15 Minuten garen, den grünen Spargel nach 5 Minuten Kochzeit zufügen und mitkochen.

Für die Vinaigrette Zucker gleichmäßig dünn in eine trockene, fettfreie Pfanne geben und vorsichtig ohne umzurühren erwärmen, bis er goldbraun karamellisiert ist. Dann unter Rühren vorsichtig mit 100 ml heißem Wasser und heißem Essig ablöschen – Achtung, es kann spritzen! 7 Minuten köcheln lassen. Salz, Pfeffer und Öl unterrühren.

Spargel abtropfen, mit Erdbeeren und Rucola zusammen dekorativ auf Tellern anrichten. Vinaigrette darübergießen, 30 Minuten ziehen lassen. Zum Schluss Nüsse und Pfeffer darüberstreuen. Mit Basilikumblättern garniert servieren.

Grünspargel-Risotto

Genuss mit doppelt heilkräftiger Wirkung: Denn auch Petersilie wirkt harntreibend.

FÜR 4 PERSONEN
» 1 Bund grüner Spargel, das untere Drittel geschält
» 2 Bund glatte Petersilie, Blättchen von den Stielen gezupft
» 1 Knoblauchzehe
» 1 kleine Zwiebel, klein gehackt
» 3 EL Olivenöl
» 500 g Risotto-Reis
» 150 ml Weißwein
» 1200 ml heiße Gemüsebrühe
» 200 g Pilze, z.B. Kräutersaitlinge oder Champignons, in Scheiben geschnitten
» Salz, Pfeffer
» 50 g Butter
» 3 EL gehackte Kräuter nach Wahl (gerne Wildkräuter)
» Parmesan

Den Spargel 6 Minuten dampfgaren (alternativ blanchieren), unter kaltem Wasser abschrecken. Schräg in 4 cm lange Stücke schneiden. Petersilienblättchen mit wenig Wasser pürieren und Knoblauchzehe dazupressen. Zwiebelwürfel in 1 EL Olivenöl andünsten, Reis zugeben und glasig dünsten, mit Wein ablöschen. Etwas Brühe zugießen und bei schwacher Hitze 15–20 Minuten köcheln, dabei nach und nach unter Rühren weitere Brühe hinzugeben, bis der Reis bissfest ist. Den grünen Spargel zugeben und bedeckt einige Minuten stehen lassen. Pilze kurz in 2 EL Olivenöl braten, mit Salz und Pfeffer würzen.

Kurz vor dem Servieren Petersilienpüree und Butter unter das Risotto rühren. Pilze obenauf geben. Mit gehackten Kräutern und frisch geriebenem Parmesan garnieren.

Spinat, starkes Grün

Dass Spinat besonders viel Eisen enthält, stellte sich als Irrtum aufgrund eines Tippfehlers heraus. Dennoch: Spinat besitzt ein Füllhorn an gesundem Grün und weiteren Inhaltsstoffen, die das beliebte Blattgemüse zu einer wertvollen und kraftvollen Pflanzenkost machen.

Spinat Spinacia oleracea

DIE PFLANZE

Spinat gehört zur Familie der Gänsefußgewächse. Der Anbau im eigenen Garten ist unkompliziert, 6–8 Wochen nach der Aussaat dürfen Sie ernten.

DAS IST DRIN

Spinat kann zwar nicht wie ursprünglich gepriesen mit einem Rekord-Eisengehalt aufwarten, aber der Eisenanteil ist mit 3–4 mg/100 g dennoch beachtlich und liegt über dem vieler anderer Gemüsesorten. Reichlich enthalten sind die Carotinoide Betacarotin (Provitamin A) und Lutein. Zudem die Vitamine K, C, B_3, B_6 und Folsäure, außerdem Calcium, Kalium und vor allem Magnesium und Zink. Mit 16 kcal/100 g ist der Spinat besonders kalorienarm. Relativ hoch ist der Eiweißanteil. Spinat enthält Oxalsäure und Nitrat.

EINKAUFEN UND LAGERN

Spinat können Sie selbst im Garten anbauen oder vom Frühjahr bis zum Winter frisch auf dem Markt oder im Supermarkt kaufen. Auch die Tiefkühlvariante ist empfehlenswert, die gesunden Inhaltsstoffe bleiben beim Einfrieren weitgehend erhalten. Bevorzugen Sie Spinat aus biologischem Anbau und – wenn Sie ihn selbst biologisch anbauen, ernten Sie an einem sonnigen Tag. Beides begünstigt einen niedrigen Nitratgehalt. Frischer Spinat lässt sich einige Tage im Kühlschrank aufheben.

ZUBEREITEN

Blanchierter oder gekochter Spinat enthält deutlich weniger Oxalsäure und Nitrat (siehe unten) als roher (dennoch können Sie junge zarte Spinatblätter auch roh im Salate verwenden, diese sind besonders vitaminreich und kräftigend). Das Kochwasser bitte wegschütten, da Oxalsäure und Nitrat darin übergehen können.
Zu hohe Nitratmengen können Sie vermeiden, wenn Sie dicke Blattrippen entfernen, die Blätter vor dem Verzehr blanchieren und das Kochwasser weggießen. Übrig gebliebenen Spinat rasch in den Kühlschrank stellen. Das Hinzugeben von etwas Zitronensaft minimiert die Umwandlung von Nitrat zu Nitrit. Und wenn Sie Spinat noch mit etwas Sauerrahm, Crème fraîche oder anderen Milchprodukten verfeinern, wird der Oxalsäuregehalt verringert.

ZU BEACHTEN

! Spinat enthält von Natur aus Nitrat. Nitrat an sich ist nicht gesundheitsschädlich, wird aber im Körper in Nitrit umgewandelt, das in hohen Mengen vor allem für Säuglinge und Kleinkinder gesundheitsschädlich sein kann (Seite 42). Haben Sie Nierenprobleme, Osteoporose oder neigen Sie zu Nierensteinen, essen Sie nur ab und zu Spinat, da ein erhöhter Oxalsäuregehalt zur Bildung von Nierensteinen und Calciummangel führen kann. Calciummangel begünstigt Osteoporose.

SO WIRKT SPINAT

Spinat gilt von jeher als äußerst gesundes Gemüse. Seine Stärke hat er vor allem in der Erhaltung der Sehkraft, beim Hautschutz und der Stärkung der Muskelzellen. Er lindert Blähungen und ist gut verträgliche Schonkost. Zink unterstützt die Abwehrkräfte; der hohe Kaliumgehalt hilft bei der Übertragung von Impulsen an Muskeln und Nerven: Spinat macht mobil.

DER MUNTERMACHER

Spinat ist das ideale Gemüse für Stressgeplagte, insbesondere der Magnesiumgehalt ist diesbezüglich wertvoll. Spinat enthält auch Nitrate, die im Körper zu Stickstoffmonoxid umgebaut werden, die Blutgefäße wirksam entspannen und Thrombosen vorbeugen helfen. So kann man sich mit Spinat eine Art Schutz vor Schlaganfall und Herzinfarkt „anessen". Auch die Nervenzellen profitieren von den energiegebenden Eigenschaften seiner Inhaltsstoffe: Spinat stärkt und weckt die Lebensgeister.

ZAHNGESUNDHEIT

Dass Spinat Nitrat (Seite 42) enthält, hat durchaus seine Vorteile, wie aktuelle Studien mit nitratreichen Gemüsesäften aus Rucola und Spinat aufzeigen: Nitrat fördert bei chronischer Parodontitis die Zahngesundheit. Das mit der Nahrung aufgenommene Nitrat, von Magen und Dünndarm resorbiert und zu den Speicheldrüsen transportiert, wird von den im Mundraum und in den Zahnzwischenräumen befindlichen Bakterien vor Ort in Nitrit umgewandelt – und wirkt antimikrobiell und entzündungshemmend. Die nachfolgende Umwandlung von Nitrit zu Stickstoffmonoxid wirkt blutdrucksenkend.

BESSER SEHEN MIT SPINAT

Spinat enthält viel Betacarotin, das Provitamin A, welches im Körper in Vitamin A umgewandelt wird. Vitamin A verbessert die Sehfähigkeit, insbesondere bei Nacht und in der Dämmerung. Der Pflanzenfarbstoff Lutein schützt durch seine antioxidative Eigenschaft die empfindliche Netzhaut in den Augen, dies schützt vor Altersbedingter Makuladegeneration und unterstützt den Erhalt der Sehkraft (Seite 25).

SPINAT-PRESSSAFT ZUR STÄRKUNG DER AUGEN

1 kg Spinat gründlich unter fließendem Wasser waschen, dann kurz in kochendem Wasser blanchieren. Den Spinat in Stücke schneiden und mit einer hochwertigen Saftpresse auspressen. Spinatsaft pur schmeckt fade. Mit anderen Presssäften, z.B. aus Möhre, Apfel oder Roter Bete, wird es ein Genuss. Den Saft nicht lange aufheben, bitte immer frisch trinken!

ZUR BLUTBILDUNG

Auch wenn der ursprünglich nachgesagte Eisen-Spitzenwert auf einem Kommafehler beruhte, der tatsächliche Eisengehalt ist so hoch, dass zusammen mit Vitamin B_6 und Folsäure die Bildung der roten Blutkörperchen unterstützt wird. Vor allem Schwangere und Kinder, die einen erhöhten Eisenbedarf haben, profitieren davon.

FÜR HAUT UND SCHLEIMHAUT

Die Betacarotinoide im Spinat schützen Haut und Schleimhäute von innen, um gegen schädigende UV-Bestrahlung oder gegen Keime gewappnet zu sein. Auch die Vitamine B_3 (Niacin) und B_6 (Pantothensäure) sowie die Mineralstoffe sorgen für eine gesunde Haut, indem sie die Zellerneuerung fördern. Das Powergemüse Spinat aktiviert die Selbstheilungskräfte der Haut. Oder probieren Sie es einmal mit einem Spinat-Presssaft (siehe oben), aber bitte nicht täglich, sondern höchstens zwei- oder dreimal pro Woche, um sicher zu sein, dass Sie nicht zu viel Oxalsäure und Nitrat zu sich nehmen.

Spinat-Rezepte

Spinat-Lachs-Röllchen

Gut vorzubereiten, toll für Gäste – und hat nicht zu viele Kalorien.

FÜR 4 PERSONEN (ODER MEHR ALS PARTY SNACK)

» 600 g frischer Blattspinat oder 400 g TK-Spinat
» 2 Eier
» Salz, Pfeffer
» 200 g Gouda, gerieben
» 200 g Frischkäse
» 200 g Räucherlachs in Scheiben
» evtl. Petersilie oder Spinatblätter

Frischen Spinat in etwas Salzwasser blanchieren, abgießen und gut abtropfen lassen, danach fein pürieren. Falls Tiefkühlware verwendet wird: rechtzeitig auftauen. Den Backofen auf 200 °C Ober-/Unterhitze vorheizen.

Den abgekühlten Spinat mit den verquirlten Eiern vermengen, mit Salz und Pfeffer abschmecken. Die Masse gleichmäßig auf ein mit Backpapier ausgelegtes Backblech verteilen. Mit dem geriebenen Gouda bestreuen und 20 Minuten backen, bis der Käse goldbraun wird.

Nach dem Abkühlen mit Frischkäse bestreichen und dünn mit Lachsscheiben belegen. Das Ganze vorsichtig mithilfe des Backpapiers von der Längsseite her zusammenrollen (geht leichter, als man vielleicht befürchtet) und in Alufolie einpacken. Die so entstandene Rolle für 8–12 Stunden in den Kühlschrank legen.

Zum Servieren die Alufolie entfernen und die Spinat-Lachs-Rolle in Scheiben schneiden. Ideal für ein Partybüfett.

Spinat-Nocken

Mit diesem Gericht können Sie auch Kinder für Spinat begeistern – das schmeckt richtig gut.

FÜR 4 PERSONEN

» 850 g frischer Blattspinat, alternativ 600 g TK-Spinat
» 1 kleine Zwiebel, grob gehackt
» 1 EL Butter
» 200 g Ricotta, alternativ Magerquark
» 100 g Parmesan, fein gerieben
» Salz, Pfeffer
» Muskat
» 2 Eier
» 200 g Mehl

Frischen Spinat in etwas Salzwasser blanchieren, danach fein pürieren (falls Tiefkühlware verwendet wird: rechtzeitig auftauen). Die Zwiebel in Butter glasig dünsten, den Spinat unterrühren und etwas abkühlen lassen.

Den Ricotta cremig rühren und die Hälfte des Parmesans untermischen. Den abgekühlten Spinat dazugeben und die 2 Eier unterrühren. Mit Salz, Pfeffer und Muskat abschmecken. Nach und nach das Mehl einarbeiten und zu einem glatten Teig verarbeiten.

In einem großen Topf etwa 2 l Salzwasser aufkochen lassen. Aus der Teigmasse mit zwei Esslöffeln Nocken abstechen und ins Salzwasser geben; die Temperatur etwas verringern. Wenn die Nocken an der Oberfläche schwimmen, mit einem Schöpflöffel herausholen. Nocken zum Schluss mit dem restlichen Parmesan bestreuen. Dazu passt ein grüner Salat.

Orientalischer Spinatsalat

Für die schnelle gesunde Küche – exotisch und würzig.

FÜR 2 PERSONEN
» 1 kleine Zwiebel, in feine Ringe geschnitten
» 100 g Rosinen
» Weißweinessig
» 200 g junger Spinat
» 4 EL Olivenöl
» 3 EL Zitronensaft
» Chilipulver, Salz, Pfeffer
» 30 g Walnüsse, gehackt, alternativ Pinienkerne

Zwiebelringe und Rosinen mit 3 EL Essig in eine Schale geben und 20 Minuten ziehen lassen. Den Spinat waschen, trocken schleudern, verlesen und in eine Salatschüssel geben. Für die Vinaigrette Olivenöl, Zitronensaft, etwas Chilipulver, Pfeffer und eine ordentliche Prise Salz vermischen. Walnüsse oder Pinienkerne in einer Pfanne ohne Fett anrösten.

Die Rosinen-Zwiebel-Mischung über einem Sieb abgießen und über dem Spinat verteilen.

Vinaigrette und Nüsse über den Salat geben.

Spinat-Pesto

Spinat-Kokos-Suppe

Spinat einmal in einer etwas anderen, exotischen Geschmacksvariante: Die Suppe hilft bei Erschöpfung wieder auf die Beine.

FÜR 2 PERSONEN
» 300 g frischer Blattspinat oder 200 g TK-Spinat
» ½ Zwiebel, klein gehackt
» 1 Knoblauchzehe, klein gehackt
» 4 EL Olivenöl
» 3 Kartoffeln, geschält und gekocht
» 250 ml Gemüsebrühe
» 200 ml Kokosmilch
» Salz, Pfeffer, Curry
» 1 TL Zitronensaft
» 200 g Garnelen

Den Spinat für ein paar Minuten in Salzwasser blanchieren, dann abgießen, oder den TK-Spinat rechtzeitig auftauen. Zwiebel und Knoblauch in 2 EL Olivenöl andünsten. Den Spinat und die gekochten Kartoffeln dazugeben, mit Curry würzen.

Mit Gemüsebrühe und Kokosmilch auffüllen und 10–15 Minuten köcheln lassen. Die Suppe pürieren. Mit Salz, Pfeffer und Curry abschmecken. Zitronensaft hinzufügen, damit die grüne Farbe erhalten bleibt.

Zum Schluss die Garnelen im restlichen Olivenöl 3–5 Minuten anbraten und direkt vor dem Servieren in die Suppe geben.

Spinat-Pesto

Ein leckeres und tiefgrünes Pesto, das für gute Sehkraft sorgt: besonders in der Dämmerung und bei Nacht.

FÜR 2 PERSONEN
» 300 g frischer Blattspinat
» 30 g Mandeln
» 40 g Parmesan
» 300 ml Olivenöl
» Saft einer Zitrone
» 1 TL Salz

Spinat kurz in Salzwasser blanchieren und mit Mandeln, Parmesan, Olivenöl und Zitronensaft fein pürieren. Mit Salz abschmecken. Das Pesto passt super zu Spaghetti oder auch als Dip auf einem Grillteller.

Tomaten, gut fürs Herz

Tomaten, ursprünglich von den Azteken in Mexiko kultiviert, sind heute in aller Munde mit einer paradiesischen Auswahl an etwa 10 000 Sorten, von winzig klein bis kiloschwer, grün, rot, gelb oder schwarz: gesund sind sie alle.

Tomate *Lycopersicon esculentum*

DIE PFLANZE

Tomatenpflanzen sind Nachtschattengewächse und botanisch gesehen ein Fruchtgemüse, das Beeren trägt. Diese enthalten im unreifen Zustand das giftige Solanin – es verschwindet im Reifezustand. Dann färben sich (die meisten) Tomaten rot, weil das Chlorophyll in den Beeren zugunsten des roten Lycopins abgebaut wird.

DAS IST DRIN

Tomaten enthalten reichlich Wasser (95 %) und Vitamin C, zudem die Vitamine A, B_1, B_6 und E, Mineralstoffe wie Kalium, Magnesium, Eisen und Folsäure. Reife Tomaten enthalten stimmungsaufhellendes Tyramin und Serotonin. Und Pflanzenfarben: gelborange Flavonoide (Quercetin), dunkelviolette Anthozyane und vor allem das knallrote Carotinoid Lycopin, eines der wirksamsten natürlichen Oxidationsschutzstoffe (zugelassen als Lebensmittelfarbstoff E 160d).

EINKAUFEN UND LAGERN

Am besten schmecken am Strauch gereifte Tomaten: je mehr Sonne, desto mehr Aroma und Heilkraft! Ein klares Plädoyer für regional angebaute Bio-Tomaten: der Antioxidantiengehalt in Bio-Tomaten ist fast doppelt so hoch wie in konventionell erzeugten. Tomaten aus Kühlhäusern fehlt es an Geschmack und Heilkraft, da sind sogar Dosentomaten besser. Kaufen Sie feste, unverletzte, nicht zu weiche Früchte. Je „röter“, desto mehr gesundes Lycopin enthalten sie.

Tomaten sind nicht gut lager- und transportfähig, deshalb sollten Sie sie innerhalb von 4–5 Tagen aufbrauchen. Bitte getrennt von anderen Gemüsesorten lagern, weil sie Äthylen absondern und so das Nachbargemüse schneller reifen oder verderben lässt. Kälte (z.B. im Kühlschrank) vertragen die Sonnenkinder nicht, sie schrumpeln und verlieren an Geschmack. Unreife Früchte reifen nach, wenn Sie sie einzeln mit dem Strunk nach oben bei Zimmertemperatur lagern.

Sie können Tomaten gut einfrieren: roh, ganz oder geschnitten – nach dem Auftauen lassen sie sich für Soßen oder Suppen verwenden.

ZUBEREITEN

Einerseits ist bei frischen Tomaten der Vitamingehalt am höchsten. Andererseits wird das heilkräftige Lycopin erst beim Erhitzen freigesetzt. Am besten kombinieren Sie und geben in Ihre lang gekochte Tomatensoße etwas Tomatenmark und zum Schluss frische rohe Tomatenwürfelchen. Lycopin ist fettlöslich – fügen Sie also noch feines Olivenöl oder Sahne hinzu.

SO WIRKEN TOMATEN

Regelmäßiger Tomatengenuss hilft Krebs, Herz-Kreislauf-Erkrankungen und vorzeitigem Altern vorzubeugen – mit Tomaten können Sie sich regelrecht gesundessen. Und mit 20 kcal/100 g dabei schlank bleiben. Vor allem ihre Farben machen die Tomate so gesund: Lycopin und die anderen Tomatenfarben, gelbe Flavonoide und violette Anthozyane sind Radikalfänger und schützen Zellen. Tomatensaft gilt als Anti-Katermittel, weil es den Mineralienverlust durch zu viel Alkohol ausgleicht und die fruchtige Säure Kopfschmerzen und Übelkeit lindert. Die B-Vitamine stärken zusammen mit dem „Glücklichmacher" Tyramin die Nerven. Reife Tomaten wirken stimmungsaufhellend. All das sind schon Gründe genug, reichlich Tomaten zu essen, hinzukommen aphrodisische Eigenschaften.

TOMATENROTER FARBSTOFF: HERZGESUNDES LYCOPIN

Es wirft alles durcheinander, was wir über gesundes Kochen gelernt haben. Nein, nicht immer ist roh oder schonend gegart das Beste. Je länger Tomaten kochen, desto gesundheitsfördernder werden sie! Warum? Weil sich erst beim Kochprozess das Lycopin freisetzt: 30 Minuten Kochen verdoppelt den Lycopingehalt. Tomatenmark aus der Tube enthält gar zehnmal so viel Lycopin wie frische Tomaten. Der Effekt geht auch bei Dosentomaten nicht verloren, die reif geerntet und sofort verarbeitet wurden.
Lycopin unterstützt das Immunsystem, hilft Blutfett, Blutzucker und Blutdruck zu senken und lindert Augenerkrankungen. Es ist ein Carotinoid, dessen Gehalt vom Reifegrad der Frucht abhängig ist – tiefrote Tomaten enthalten am meisten Lycopin. Sein Schutz gegen freie Radikale ist zehnmal so hoch wie der anderer Betacarotine. Lycopin wirkt antioxidativ, blutfettsenkend und entzündungshemmend. Wer genügend davon im Blut hat, hat ein deutlich geringeres Risiko, Arteriosklerose, einen Herzinfarkt oder einen Schlaganfall zu bekommen. Verantwortlich dafür sind die tomateneigenen Antioxidantien, die als Radikalfänger mit Vitamin C zusammen Ablagerungen in den Gefäßen verringern und die Fließfähigkeit des Blutes erhalten – das senkt das Infarktrisiko. Zudem belegen mehrere seriöse Studien, dass Tomatensaft (bzw. daraus entwickelte Präparate) die Thrombenbildung in den Gefäßen verhindert, was wiederum Herzinfarkt und Schlaganfall vorbeugt – so schmeckt Gesundheit!

BITTE BEACHTEN

In Blättern, Stängeln und unreifen Früchten ist giftiges Solanin enthalten und in Stängeln und Blättern tomatentypisch duftende ätherische Öle, die bei empfindlichen Personen allergische Hautreaktionen hervorrufen können.

ERSTE HILFE BEI SONNENBRAND

Hat die Haut zu viel Sonne abbekommen, möchte man nur eines: kühlen und den Schmerz lindern. Frische Tomaten mit ihrer feuchten Kühle bieten genau dieses. Halbieren Sie eine Tomate und reiben Sie mit der Schnittfläche die betroffene Hautstelle immer wieder behutsam ab.

KREBS VORBEUGEN

Tomaten sollen vor zahlreichen Krebsarten schützen. Bei Menschen, die regelmäßig lykopinreiche Tomatengerichte essen, wurde eine geringere Krebshäufigkeit nachgewiesen: Die Krebsinzidenz, also die Neuerkrankung innerhalb eines bestimmten Zeitraumes, ist laut Studien um 30–40 % geringer als bei „Selten-Tomaten-Essern".

HAUT- UND SONNENSCHUTZ

Mit schönen Farben schützen sich Pflanzen vor zu viel Sonnenbestrahlung. Die gleiche Wirkung entfalten Pflanzenfarben auf der menschlichen Haut. Ja, Lycopin aus der Tomate, vor allem aus Tomatenmark, schützt vor zu viel Sonnenlicht und vor lichtbedingten Hautschäden. Es baut eine Art UV-Filter auf und schenkt Sonnenschutz-Faktor 2–3. Einige Wochen vor einer Reise in den Süden oder vor Beginn der Gartensaison also täglich 4–5 EL Tomatenmark (40 g) essen, zusammen mit etwas Öl – das ist Ihr Sonnenschutz von innen. Weiterer Pluspunkt: Lycopin versorgt das Bindegewebe mit mehr Elastizität, Ihre Haut wirkt straffer und jünger.

Tomaten-Rezepte

Sonnenschutz-Bruschetta

Tomaten bekommen keinen Sonnenbrand, sie sind schon rot – und damit beugen sie Sonnenbrand vor! Davon können Sie profitieren: Sonnenschutz kann man essen.

FÜR 4 PERSONEN

- » 12 Scheiben Baguette oder Walnussbrot
- » 1 kg Tomaten, am besten Fleischtomaten, klein gewürfelt
- » Salz, Pfeffer
- » 3 EL Olivenöl
- » 2–3 Knoblauchzehen, halbiert
- » 200 g Tomatenmark
- » Oregano, Basilikum

Die Brotscheiben im Toaster oder Backofen bei 200 °C rösten. In der Zwischenzeit die Tomatenwürfel salzen und pfeffern und mit dem Öl beträufeln.

Die heißen Baguettescheiben mit den halbierten Knoblauchzehen bestreichen und üppig Tomatenmark darauf verteilen. Die marinierten Tomatenstückchen auf die Brotscheiben häufeln und mit Oregano- und Basilikumblättchen garniert sogleich genießen.

Sonnenschutz-Bruschetta

Tomatensoße fürs Herz

Eine Soße voller tomatenrotem Lycopin – gesünder und schmackhafter kann Herzschutz nicht sein. Lycopin senkt das Risiko für Krebs, Arteriosklerose und Herzinfarkt.

FÜR 2 PERSONEN ODER 1 GLAS

» 2 Zwiebeln, klein geschnitten
» 3 Knoblauchzehen, klein geschnitten
» 6 EL Olivenöl
» 6 EL Tomatenmark
» 1 kg (möglichst kernarme) Flaschentomaten, klein gewürfelt
» Salz, Pfeffer
» 1 Bund Basilikum, klein geschnitten

Zwiebeln und Knoblauch in Olivenöl goldgelb dünsten, Tomatenwürfel, Tomatenmark, Salz und Pfeffer zugeben und bei kleiner Hitze mindestens 30 Minuten köcheln lassen. In den letzten Minuten kurz das Basilikum zugeben, dann die Soße z.B. zu Spaghetti reichen oder in heiß ausgespülte saubere Gläser abfüllen und sofort verschließen (mehrere Monate haltbar).

Hausgemachtes Tomatenmark

Erst langes Köcheln setzt das wertvolle Lycopin der Tomaten richtig frei. Im Tomatenmark ist viel mehr „Sonnenschutz" enthalten als in rohen oder kurz gegarten Tomaten.

FÜR ETWA 750 G

» 3 kg vollreife Tomaten, in kleine Stücke geschnitten

Tomaten etwas zerdrücken und mitsamt dem entstehenden Saft 5–10 Minuten kochen. Anschließend durch ein Sieb oder die Flotte Lotte passieren, um Kerne und Haut der Tomaten zu entfernen. Das Tomatenpüree bei steter Hitze langsam einkochen: 2–3 Stunden lang – und rühren, rühren, rühren! Anschließend in heiß ausgespülte Gläser abfüllen und fest verschließen. Mehrere Monate haltbar.

Würziges Ketchup

Neben Tomatenmark können Sie auch mit selbst zubereitetem Ketchup viel Gesundheit bieten.

FÜR ETWA 6 KLEINE GLÄSER

» 1 kg Tomaten
» 1 Apfel, klein geschnitten
» 250 g Zwiebeln, gehackt
» ½ TL Piment
» 6 Korianderkörner
» 2 Salbeiblätter
» 1 Lorbeerblatt
» 250 ml Apfelessig
» 250 g Zucker
» Paprika edelsüß
» Salz, Pfeffer

Die Tomaten mit kochendem Wasser überbrühen und dann in Eiswasser geben – so lässt sich ihre Haut leicht abziehen. Enthäutete Tomaten mit Apfelstücken, Zwiebeln und Gewürzen (Piment, Koriander, Salbei und Lorbeer zuvor anmörsern und in ein kleines Stoffsäckchen geben, alternativ in ein großes Teeei) langsam zum Kochen bringen. Unter Rühren köcheln, bis die Tomaten zerfallen. Das Gewürzsäckchen entfernen, den Rest im Topf pürieren und Essig, Zucker, Paprika, Salz und Pfeffer zugeben. Noch einmal aufkochen und sofort in heiß ausgespülte Gläser füllen. Verschließen, auf den Kopf stellen, nach 15 Minuten wieder umdrehen. Hält verschlossen, dunkel und kühl gelagert, 1 Jahr. Nach dem Öffnen im Kühlschrank aufbewahren und alsbald verbrauchen.

Topinambur, das Diabetikergemüse

Topinambur, eine Kulturpflanze der Indianer aus vorkolumbianischer Zeit, kam vor 400 Jahren nach Westeuropa: zuerst als Delikatesse an Fürstenhöfe, später als Grundnahrungsmittel – bis er von den kalorienreicheren Kartoffeln verdrängt wurde.

Topinambur Helianthus tuberosus

DIE PFLANZE

Der 2 m hohe Korbblütler aus Mexiko ist hitze- und kälteunempfindlich und mit der Sonnenblume verwandt, seine Blüten sind aber kleiner und erscheinen im Herbst. Im Garten gepflanzt vermehrt er sich üppig über Wurzelschösslinge. Wirksame Gegenmaßnahme: Aufessen!

DAS IST DRIN

Wichtigster Inhaltsstoff ist der Ballaststoff Inulin. Außerdem Eiweiß, mehrfach ungesättigte Fettsäuren, Aminosäuren und die vitaminähnlichen Stoffe Cholin und Betain (krebshemmend, abwehrstärkend), viel Eisen (mehr als im Spinat!). Dazu Calcium, sechsmal so viel Kalium wie Bananen, Kieselsäure und Spurenelemente (vor allem Selen), Polyphenole, Saponine und die Vitamine A, B_1, B_2, B_6 und C, ätherische Öle und Tryptophan.

EINKAUFEN UND LAGERN

Das frostfeste Wintergemüse wird von Oktober bis April angeboten. Kaufen Sie Topinambur immer frisch, er ist nicht lange lagerfähig, weil durch die dünne Haut Wasser schnell verdunstet. Größere Mengen in feuchte Tücher einschlagen und dunkel aufbewahren oder 3–4 Tage im Kühlschrank – aber nicht in Plastiktüten, dort schimmeln sie schnell. Sind die Knollen schon etwas verschrumpelt, vor der Zubereitung in kaltes Wasser legen.

ZUBEREITEN

Topinamburknollen möglichst frisch verzehren. Ältere Knollen verlieren an Aroma und Zartheit und werden süß, da längeres Lagern einen Teil des Inulins durch knolleneigene Enzyme in freie Fructose zerlegt. Topinambur müssen Sie nicht schälen, es genügt, die dünne Schale nach dem Waschen gut abzubürsten; höchstens nach dem Erhitzen wie Pellkartoffeln enthäuten. Sie können ihn roh als Salat zubereiten (hobeln oder raspeln, dem Braunwerden mit Zitronensaft vorbeugen) oder dünsten, dämpfen, braten und backen; als Chips, Püree, Suppe, Auflauf, Gemüse oder sogar geröstet als Kaffee-Ersatz. Nur beim Kochen gibt Topinambur seinen fruchtzuckerhaltigen Saft ins Kochwasser ab und schmeckt dann fade und etwas bitter. Frisch schmeckt er nussartig süß und ein bisschen nach Artischocke, Chicorée und Schwarzwurzel – sie alle enthalten ebenso Inulin. Topinambursirup wird in Deutschland als alternatives Süßmittel gehandelt, zum Backen oder als Brotaufstrich.

BITTE BEACHTEN

Manche Menschen reagieren auf Topinambur mit Blähungen, Aufstoßen oder Bauchschmerzen. Steigern Sie deshalb Ihren Topinamburgenuss langsam (weniger als 30 g/Portion macht keine Blähungen) und geben Sie Fenchel oder Kümmel hinzu. Bei starken Blähungen die Knollen schälen.

SO WIRKT TOPINAMBUR

Topinambur ist eine natürliche Appetitbremse, mindert Gelüste auf Süßes, hält den Blutzucker stabil und wirkt sich positiv auf Übergewicht, die Darmflora und den Cholesterinspiegel aus, weil Inulin Gallensäuren und Cholesterin bindet und sie mit dem Stuhl ausscheidet. Jüngste Untersuchungen wiesen hohe Konzentrationen an Polyphenolen nach, die zusammen mit dem Selen, Vitamin A und C beste Radikalfänger sind. Dadurch sorgt Topinambur für gesunde Gefäße, beugt Bluthochdruck und Arteriosklerose vor und senkt das Risiko für Herz-Kreislauf-Erkrankungen. Zudem ist reichlich Tryptophan enthalten, eine Aminosäure, aus der im Gehirn das Glückshormon Serotonin gebildet wird. Sie dürfen sich also einfach glücklich essen!

INULIN: BALLASTSTOFF, ABER KEIN BALLAST

Topinambur enthält nur wenig Glucose, dafür viel Inulin und ist deshalb für Diabetiker und Übergewichtige besonders geeignet. Inulin hat zwar einen hohen Sättigungswert, aber nur einen geringen Nährwert und erhöht den Blutzucker nicht. Es wird sogar als Verdickungs- und Süßungsmittel in Lebensmitteln wie in Salatsoßen oder Cremefüllungen eingesetzt, um andere Süßungsmittel reduzieren zu können. Das kalorienarme Inulin (1–2 kcal/g) vermittelt dabei lediglich einen süßen Geschmack, ein bisschen wie Sahne.

Der Ballaststoff Inulin ist ein wasserlöslicher stärkeähnlicher Zucker, er wird im Dünndarm nicht bzw. nur in geringem Maße abgebaut und verwertet, denn im menschlichen Körper fehlt das entsprechende Enzym, die Inulase. Nach Einnahme gelangt der größte Teil ungespalten – eben als Ballaststoff – in den Dickdarm. Dort wird er durch Mikroorganismen abgebaut, fördert die gesunde Darmflora und senkt das Darmkrebsrisiko.

NAHRUNG FÜR DIE GESUNDE DARMFLORA

Inulin gehört zu den Prebiotika (oder Präbiotika), das sind unverdauliche Stoffe, die das Wachstum und die Aktivität von Milchsäurebakterien (Lactobazillen) und Bifidusbakterien im Darm positiv beeinflussen. Sie ernähren quasi die gesunderhaltenden Bakterienkulturen im Darm, was deren Anzahl und Masse steigert – auf Kosten der unerwünschten, krankmachenden Bakterien. Durch die Zunahme von Bakterienmasse und Wasserbindekapazität erhöht sich das Stuhlvolumen, der Stuhl wird weicher und der Quellstoff regt die Verdauung an. Die gesunden Bifidobakterien vermindern die Aktivität krebsfördernder Enzyme, und die veränderte Zusammensetzung der Darmflora stärkt das Immunsystem. Eine gesunde Darmflora beugt Allergien vor, wehrt Krankheitserreger ab und bildet Nährstoffe wie B-Vitamine und Verdauungsenzyme. Übrigens: Bei regelmäßigem Inulin-Verzehr vermehren sich die gesundheitsfördernden Bakterienarten (Bifidus), die keine Blähungen verursachen.

SPITZNAME: „DIABETIKERKNOLLE"

Inulin verhält sich insulinunabhängig, das heißt, Diabetiker müssen beim Verzehr von Inulin keinen Anstieg des Blutzuckerspiegels befürchten. Die Insulinproduktion wird umgangen, weil Inulin im Dünndarm nicht gespalten und so auch keine Glucose oder Fructose freigesetzt wird. Was von der Bauchspeicheldrüse nicht als Zucker wahrgenommen wird, braucht auch kein Insulin zur Verstoffwechslung.

SCHLANKMACHER MIT APPETITBREMSE

Zwar ist Topinambur relativ kalorienarm, dennoch macht er satt. Denn Inulin wird zwar nicht verdaut, quillt aber im Magen-Darm-Trakt auf, weil der Ballaststoff viel Wasser bindet – das füllt den Magen. Somit werden Hungergefühle hinausgezögert und Heißhungerattacken vorgebeugt. Das spürbar schneller eintretende und länger anhaltende Sättigungsgefühl lässt automatisch weniger essen und hilft so bei einer langsamen kontinuierlichen Gewichtsabnahme. Zudem wirkt Topinambur mild abführend ohne Nebenwirkungen und kann auch über einen längeren Zeitraum eingenommen werden.

IN APOTHEKEN, DROGERIEN UND REFORMHÄUSERN

Hier finden Sie Topinambur als Tinktur, Pulver, Kautabletten und Trockenextrakt, die allesamt schnell sättigen, sodass die nachfolgende Mahlzeit deutlich geringer ausfallen kann. In der Homöopathie wird Helianthus tuberosus als Appetithemmer und Mittel zur Gewichtsreduktion eingesetzt.

Topinambur-Rezepte

Topinambur-Joghurt-Salat

Gesünder kann eine Mahlzeit nicht sein – und gegen eventuelle Blähungen einfach mit Fenchel und Koriander würzen.

FÜR 2 PERSONEN
» 300 g Topinambur, geschält
» 1 Becher Joghurt
» je 1 Prise Kräutersalz, Fenchel- und Koriandersamen
» 1 EL Tamari (mild würzige Sojasauce)
» 1 EL grober Senf
» 1 EL Olivenöl
» 1 EL klein gehackte Petersilie
» 1 TL abgeriebene Zitronenschale
» ½ Knoblauchzehe, gepresst
» 2 EL schwarze, entsteinte Oliven

• Topinambur in Scheiben oder Stäbchen hobeln. Alle anderen Zutaten zu einem Dressing rühren und sofort über den Topinambur geben.

Schnelle Topi-Pfanne

Wenn Sie auf gesunde Weise Ihr Gewicht halten möchten, bereiten Sie sich mit dieser Mahlzeit einen gesunden Genuss zu. Auch für Diabetiker bestens geeignet.

FÜR 2 PERSONEN
» 8 kleine Topinamburknollen
» 200 g Champignons
» Zitronensaft
» 2 Knoblauchzehen, zerdrückt
» 3–4 EL Sonnenblumenöl
» Salz, Pfeffer
» 2 Zweige frischer Thymian

• Topinambur und Champignons in Scheiben schneiden und sofort mit Zitronensaft beträufeln, damit sie nicht braun werden. In einer Pfanne den Knoblauch kurz im Öl anbraten, Topinambur und Champignons zugeben und 3–5 Minuten dünsten, zum Schluss würzen. Gut schmeckt ein frischer Salat dazu.

Veganer Brotaufstrich

So ist Gesundheit schnell gemacht: Darm, Immunsystem und Gefäße freuen sich!

FÜR 2 SCHEIBEN BROT
» 5–6 Topinamburknollen, geschält
» 2–3 EL Zitronensaft
» 3 EL Sonnenblumenöl
» Salz, Pfeffer

• Den Topinambur sehr fein reiben und sofort mit Zitronensaft beträufeln, damit er nicht braun wird. Alle Zutaten verrühren oder im Mixer kurz pürieren – fertig! Schmeckt gut auf Vollkornbrot.

Abnehmtinktur

Mit diesem einfach herzustellenden Ansatz können Sie ganz gezielt etwas für die Gesundheit tun. Die Tinktur sorgt für eine natürliche Hunger-Sättigungs-Balance.

FÜR ETWA 500 ML
» 1 große Handvoll frische Topinamburknollen, sehr gut gewaschen und gerieben
» etwa 500 ml Wodka

• Ein sauberes 500-ml-Schraubglas bis oben hin mit fein geriebenem Topinambur füllen. Mit Wodka bis an den oberen Rand übergießen, verschließen und am Fensterbrett stehen lassen. Täglich schütteln, nach 3 Wochen abgießen.
• Mindestens 8 Wochen lang dreimal täglich 20 Tropfen einnehmen.
• Wer die Tinktur nicht selbst machen möchte, kann sie unter dem Namen Helianthustinktur in der Apotheke kaufen.

Topinambursuppe

Eine frische Frühlingssuppe mit Kerbel ist magenfreundlich und schenkt Power.

FÜR 2 PERSONEN
» 100 g Topinambur, gebürstet
» Saft einer Zitrone
» 1 kleine Möhre, klein gehackt
» 1 kleine Frühlingszwiebel, klein gehackt
» 1 EL Olivenöl
» 20 g grobes Haferschrot
» Salz, Pfeffer
» 500 ml Gemüsebrühe
» Muskat
» 2 EL Sauerrahm
» 1 Bund frischer Kerbel, die Blättchen grob zerzupft

Topinambur fein würfeln und sofort mit Zitronensaft beträufeln, damit er nicht braun wird. Möhre und Frühlingszwiebel im heißen Öl andünsten. Dann Topinambur und Haferschrot zugeben und leicht anschwitzen, etwas salzen und pfeffern. Mit der kalten Gemüsebrühe ablöschen, aufkochen lassen und das Gemüse in 5–10 Minuten bissfest kochen. Mit Muskat abschmecken. In vorgewärmte Teller füllen und mit Sauerrahm und Kerbelblättern dekoriert servieren.

Topinambur-Püree

Darmpflege pur ist dieses feine, schnelle Püree.

FÜR 2 PERSONEN
» etwa 300 g Topinambur, geschält und klein geschnitten
» 2 EL Milch
» 2 EL weiche Butter
» Salz
» Muskat

Topinambur in leicht gesalzenem Wasser 15 Minuten kochen. Abgießen, mit Milch und Butter pürieren, mit Salz und Muskat abschmecken. Passt überall dort, wo Kartoffelbrei passt.

Topinambur-Apfel-Salat

Topinambur-Apfel-Salat

Ein genialer und äußerst wohlschmeckender Darmpfleger-Salat, für Diabetiker und zur Gefäßpflege gleichermaßen geeignet.

FÜR 2 PERSONEN
» 200 g Topinambur, in dünne Scheiben oder Stifte gehobelt
» 200 g Apfel (alternativ geschälte Orangen), in dünne Scheiben oder Stifte gehobelt
» 1–3 EL klein gehackte Walnüsse

FÜR DAS DRESSING:
» 50 ml Olivenöl
» 50 ml Orangensaft
» 1 TL Senf
» je 1 Prise Salz, Pfeffer und Zucker

Topinambur und Äpfel mischen. Die Zutaten für das Dressing mit dem Pürierstab cremig pürieren und darübergeben. Mit den Walnüssen überstreut anrichten. Der Salat schmeckt auch – gut durchgezogen – am nächsten Tag.

Walnüsse, wertvoller Energielieferant

Die Walnuss ist eine Frucht mit geballter Energie, die sich positiv auf das Herz-Kreislauf-System auswirkt. Im Vergleich zu anderen Nüssen enthält sie außerordentlich viel Vitamin B, was die Nerven stärkt. Zudem gilt sie als Symbol der Fruchtbarkeit.

Walnuss Juglans regia

DIE PFLANZE

Walnuss liebt Wärme! Sie wächst überall dort, wo auch Wein wächst. Sie gehört, wie sollte es anders sein, zur Familie der Walnussgewächse.

DAS IST DRIN

Walnüsse enthalten viel ungesättigte Fettsäuren, vor allem Omega-3- und Omega-6-Fettsäuren und die Untergruppen Alpha- und Gamma-Linolensäure, die in ihrem Zusammenspiel in einzigartiger Form in der Nuss vorkommen. Zudem wertvolles Eiweiß mit lebenswichtigen Aminosäuren wie Arginin. Dazu Kohlenhydrate, Ballaststoffe und hochwertige Vitamine der B-Gruppe, Vitamine A, C und E als Antioxidans sowie die Mineralstoffe Kalium und Phosphor, die Spurenelemente Zink und Eisen und das Hormon Melatonin. Der Nährstoffgehalt ist mit 660 kcal/100 g enorm.

EINKAUFEN UND LAGERN

Im Handel werden Walnüsse mit und ohne Schale angeboten. Walnusskerne ohne Schale, als Walnusshälften oder gehackt, werden in der Regel zur Haltbarmachung geschwefelt; das kann zu Unverträglichkeiten führen. Ohne Schale werden Nüsse schnell ranzig. Kaufen Sie Nüsse aus ökologischem Anbau in der Schale, am besten frisch auf dem Markt oder im Bioladen; sie sind meist erst ab November erhältlich. Gartenbesitzer können Walnüsse natürlich selber ernten: Jeden zweiten Tag auflesen (feuchte Nüsse neigen zu Schimmel) und ungewaschen an einem warmen Ort locker zum Trocknen auslegen (regelmäßig wenden!). Nach 4–6 Wochen sind sie trocken, dann luftdurchlässig, dunkel und trocken mit intakter Schale aufbewahren. Von der Schale befreite Nüsse sind nicht so lange haltbar, können aber eingefroren werden. Grüne unreife Nüsse werden mitsamt der grünen Schale vor Johanni (24. Juni) gepflückt und zu einem stärkenden, verdauungsfördernden Likör verarbeitet. Grüne Nüsse sind im rohen Zustand nicht zum Verzehr geeignet.

ZUBEREITEN

Nüsse erst direkt vor dem Essen knacken! Die Nusskerne können Sie pur knabbern, in Kuchen oder Brot verbacken oder ins Müsli geben. Einem Salat bringen sie eine besondere Geschmacksnote und etwas „zu beißen". Übrigens können Sie Nüsse auch gleich nach dem Auflesen essen; da sind sie noch schön weich, können aber auch leicht bitter schmecken (das verliert sich durch das Trocknen).

BITTE BEACHTEN

Schimmlige Nüsse bitte auf jeden Fall wegwerfen, da sie giftige Aflatoxine enthalten. Menschen mit einer Walnussallergie müssen auf den Nussgenuss leider verzichten.

SO WIRKEN WALNÜSSE

Walnüsse sind sehr kalorienreich. Aber sie machen nicht dick, da insbesondere das Fett gut verwertet wird und sättigend ist. Die in den Nusskernen enthaltenen Fettsäuren, Ballaststoffe, hochwertigen Vitamine und Melatonin beugen Krankheiten wie Arthrose, Alzheimer, Bluthochdruck, Diabetes, Krebs und Autoimmunkrankheiten vor.

ALS NERVENNAHRUNG

Walnüsse gelten seit Jahrhunderten als Nahrung fürs Gehirn. Die halbierte Walnuss ähnelt in ihrer Form diesem Organ; daraus wurde früher abgeleitet, dass sie bei „Geisteskrankheiten" helfen müssten. Heute weiß man, dass durch die vermehrte Durchblutung und Erweiterung der Blutgefäße im Gehirn die Gedächtnisleistung gestärkt werden kann – dabei unterstützt die Walnuss. Verantwortlich dafür sind vor allem das Vitamin A und die Vitamine des B-Komplexes, insbesondere B_6. Aber auch die Spurenelemente Eisen, Zink und die Fettsäuren sind gut fürs Denkvermögen. Nicht umsonst gehören Wal- und andere Nüsse ins „Studentenfutter" zur Förderung von Gedächtnis und Konzentration. Eine geballte Ladung an Inhaltsstoffen also, die Energie liefert und die Denkkraft steigert. Das Hormon Melatonin spielt ebenfalls eine Rolle: Es wirkt beruhigend auf die Psyche, was gerade in Stresszeiten wohltuend ist. Sprich, Walnüsse sind für alle, die viel denken müssen und Stress-Geplagte ein gesunder Snack.

WALNUSS STÄRKT DAS HERZ

In den letzten Jahren stellten mehrere wissenschaftliche Untersuchungen fest, wie gut man mit regelmäßigem Walnussverzehr Herz-Kreislauf-Erkrankungen vorbeugen kann. Täglich eine Handvoll Walnüsse – mit ihrem hohen Vitamin-B_6-Gehalt wirkt sich dies positiv auf das Herz-Kreislauf-System aus und reduziert das Herzinfarkt- und Schlaganfallrisiko. Vor allem enthalten die fettreichen Nüsse einen ungewöhnlich hohen Anteil an ungesättigten Omega-3- und Omega-6-Fettsäuren, die einen günstigen Einfluss auf den Blutfettspiegel ausüben. Die ungesättigten Fettsäuren verhindern das Ablagern von Cholesterin an den Blutgefäßen, sorgen deshalb für eine bessere Durchblutung und Dehnbarkeit der Gefäße und beugen Arteriosklerose vor. Vor allem das „böse" LDL-Cholesterin (Seite 34) wird gesenkt, das die Gefäßverkalkung fördert und damit einen Risikofaktor für Herzinfarkt und Schlaganfall darstellt. Zudem wirken Omega-3-Fettsäuren nachweislich blutdrucksenkend.

NUSSKUR FÜR HERZ UND HIRN

Am 1. Tag 1 Walnuss essen, am 2. Tag 2 Walnüsse essen … die Menge jeden Tag um eine Nuss erhöhen, bis Sie bei 15 Nüssen am Tag angekommen sind. Dann die Walnussmenge jeden Tag um eine Nuss reduzieren.
Es empfiehlt sich, die Kerne über den Tag verteilt zu essen. Aber denken Sie daran: Diese Kur ist zur Mitte hin, wo Sie viele Nüsse essen, sehr kalorienreich – hier müssen die Nüsse als Teil der Nahrung eingerechnet werden. Wer nicht jeden Tag Nüsse abzählen möchte: Eine Alternative ist, 4 Wochen lang täglich 1 Handvoll Walnüsse zu essen.

DIE MÄNNLICHE FRUCHTBARKEIT STEIGERN

Laut einer Studie führt der regelmäßige Verzehr von Walnüssen zu beweglicheren Spermien beim Mann – ein wesentlicher Faktor der männlichen Fruchtbarkeit. Verantwortlich sind u. a. die Omega-3-Fettsäure und die Alpha-Linolensäure. In Walnüssen stecken zudem viele Antioxidantien, Mineralstoffe und Spurenelemente, die sich positiv auf den Erhalt der Spermienqualität auswirken. Männer mit Kinderwunsch: Bitte täglich Walnüsse essen!

WERTVOLLE ANTIOXIDANTIEN

In der Walnuss stecken viele Antioxidantien: vor allem Vitamin E, C und Spurenelemente. Antioxidantien schützen die Körperzellen vor schädigenden Einflüssen und stärken das Immunsystem. Daneben gilt der regelmäßige Genuss von Walnüssen auch als Schutz vor Krebserkrankungen. Es sind abermals die Antioxidantien in der Nuss, die potenziell krebshemmend wirken: Sie schützen die Zellen und fangen freie Radikale ab.

Walnuss-Rezepte

Gemüse-Gnocchi mit Walnüssen

Gnocchis einmal anders, die Omega-Fettsäuren und Vitamine der Walnuss machen dieses Gericht ganz besonders gesund.

FÜR 4 PERSONEN
» 800 g mehlig kochende Kartoffeln
» 300 g Wurzelgemüse, wie Möhre, Pastinake oder Petersilienwurzel
» 100 g Mehl
» 1 Ei
» Salz, Pfeffer
» 100 g Walnusskerne, grob gehackt
» 1–3 EL Butter
» 1 Stängel Petersilie und/oder Thymian, klein geschnitten

Kartoffeln mit der Schale kochen, danach schälen. Restliches Gemüse gegebenenfalls schälen und in Salzwasser garen. Kartoffeln und Gemüse zusammen möglichst fein stampfen, Mehl und Ei dazugeben und zu einem Teig kneten. Mit Salz und Pfeffer abschmecken.

Aus dem Teig Rollen von etwa 3 cm Durchmesser formen, in 1 cm dicke Scheiben schneiden, mit einer Gabel eindrücken und portionsweise in Salzwasser kochen. Sobald die Gnocchi an die Oberfläche steigen, sind sie fertig.

Die Walnüsse in Butter goldbraun rösten, die Gnocchi dazugeben und kurz mit anbraten. Mit frischen Kräutern bestreut servieren.

Grüner Walnusslikör

Der Nusslikör mit seiner kräftigen dunklen Farbe schmeckt sehr aromatisch und hilft, in Maßen genossen, die Nerven zu behalten.

FÜR ETWA 500 ML
» 8–10 grüne (unreife) Walnüsse, idealerweise am Johannitag (24. Juni) geerntet
» 1 Stange Zimt
» 5 Gewürznelken
» 1 Vanillestange
» 3 Bio-Orangen, mit Schale zerkleinert
» 500 ml Korn, Wodka oder Apfelschnaps (42 %vol.)
» 250 g Rohrzucker

Die grünen Walnüsse in Viertel schneiden, dabei unbedingt Handschuhe tragen, da die Nüsse stark abfärben. In ein großes weithalsiges Glas geben, die Gewürze und die Orangenstücke zugeben und dann mit dem Alkohol auffüllen. Das Glas verschließen und 6–8 Wochen an einem dunklen Ort ziehen lassen. Danach wird der Likör durch ein feines Tuch oder einen Filter abgeseiht.

Rohrzucker in etwa 200 ml warmem Wasser auflösen, abkühlen lassen und zur Walnussmischung gießen. Noch einmal etwa 4 Wochen lang ziehen lassen, dann in kleine dunkle Fläschchen abfüllen. Und fertig ist ein bekömmlicher Digestif.

Walnussbutter

Eine abwechslungsreiche Variante für das Partybüfett oder einfach fürs Vesper: köstlich und nervenstärkend.

FÜR ETWA 12 BROTSCHEIBEN
» 250 g Butter
» 2 Schalotten, fein gehackt
» 1 Knoblauchzehe, fein gehackt
» 200 g Walnusskerne, gemahlen
» Salz, Pfeffer
» 3–4 Stängel Petersilie, gehackt

Butter zerlassen, Schalotten und Knoblauch kurz darin andünsten. Gemahlene Walnüsse unterrühren und mit Salz und Pfeffer abschmecken. Alles noch einmal gut verrühren und ganz zum Schluss die Petersilie untermischen. Schmeckt lecker auf frischem Bauernbrot oder Baguette.

Walnussbrot

Wenn dieses leckere Brot noch mit Gemüse-Brotaufstrichen kombiniert wird, ist es gesundheitstechnisch und kulinarisch 1A. Oder mit Walnussbutter bestrichen – Nussgenuss hoch drei!

FÜR 1 BROT
» 300 g Roggenmehl, Typ 1150
» 200 g Weizen-Vollkornmehl
» 8 g Hefe
» 1 EL Honig
» 150 g Walnusskerne, grob gehackt
» 1 EL Olivenöl
» 10 g Salz

Beide Mehlsorten in einer Schüssel vermischen. In der Mitte eine Mulde bilden und darin die Hefe zerbröckeln, den Honig und etwas lauwarmes Wasser hineingeben und in der Mulde verrühren. 10–15 Minuten zugedeckt ruhen lassen.

Danach die Nüsse, das Öl und das Salz hinzugeben und mit 250 ml lauwarmem Wasser in einer Küchenmaschine oder mit den Knethaken des Handrührgeräts zu einem weichen Teig kneten. Er soll elastisch sein und sich gut vom Schüsselrand lösen lassen. Bei Bedarf noch etwas Mehl oder Waser, je nach Konsistenz, unterkneten.

Teig zu einer Kugel formen und in einer Schüssel (zugedeckt) an einem warmen Ort 1 Stunde gehen lassen.

Backofen auf 200 °C Ober-/Unterhitze vorheizen. Teig auf einer bemehlten Arbeitsfläche noch einmal von Hand durchkneten und zu einem Laib formen. In eine gefettete Brotbackform oder auf ein Backblech mit Backpapier legen, auf der mittleren Schiene 50–60 Minuten backen.

Walnussbrot

Weintrauben, stark fürs Herz

Die Weintraube wird schon in der Bibel erwähnt: Im Garten Eden wuchs sie mit Feigen, Datteln und Olivenbäumen Seite an Seite. Der vergorene Saft, der Wein, wird als Zaubertrank der Alchemisten bezeichnet und gilt als Getränk des Lebens und der Unsterblichkeit.

Weintraube *Vitis vinifera*

DIE PFLANZE

Vor allem in südlichen Ländern ist der Traubenanbau weit verbreitet, denn Wein mag Wärme und Sonne. Die Pflanze gehört zur Familie der Weinrebengewächse. Im Weinbau wird unterschieden zwischen Tafeltrauben, die zum Verzehr angebaut werden, und Keltertrauben für die Weinherstellung. Tafeltrauben enthalten weniger Säure und Gerbstoffe und sind deshalb zur Weinherstellung nicht so gut, schmecken dafür umso besser! Rote und blaue Traubensorten gelten als gesünder als helle Trauben, da sie Anthozyane enthalten, die besonders zellschützend wirken.

DAS IST DRIN

Trauben sind besonders reich an Trauben- und Fruchtzucker, mit 67 kcal/100 g sind sie aber immer noch kalorienarm. Der Wassergehalt ist mit rund 80 % recht hoch. Wertvoll sind die Ballaststoffe, die vor allem in der Schale zu finden sind, aber auch in den Kernen. Der Gehalt an B-Vitaminen und Vitamin C ist sehr hoch, zudem enthalten Weintrauben Folsäure, Mineralstoffe wie Magnesium und Kalium und das Spurenelement Mangan. Ihre Schale punktet darüber hinaus mit sekundären Pflanzenstoffen wie Polyphenolen, Resveratrol und Anthozyanen. Diese sind auch im vergorenen Traubensaft, sprich im Wein (besonders im Rotwein) zu finden.
Übrigens besitzen vor allem die häufig verschmähten Traubenkerne sehr wertvolle Inhaltsstoffe, wie die OPC (oligomere Proanthozyanidine) – das sind Flavonoide, die als besonders wertvolle Antioxidantien bekannt sind – sowie Gerbstoffe.

EINKAUFEN UND LAGERN

Hierzulande sind regionale Trauben von August bis Oktober erhältlich. Im Supermarkt das ganze Jahr über aus südlichen Ländern, die haben allerdings lange Transportwege hinter sich und sind oft mit Spritzmitteln behandelt – ideal sind daher Weintrauben aus dem Bio-Anbau. Achten Sie beim Einkauf auf alle Fälle auf pralle Beeren und grüne Stängel – und Ihrer Gesundheit zuliebe auf eine Traubensorte mit Kernen.

Trauben sind nicht lange lagerfähig; kurzfristig können Sie sie im Gemüsefach des Kühlschranks aufbewahren. Einfrieren ist nicht geeignet. Getrocknete Trauben finden Sie als Rosinen im Handel, sie unterscheiden sich aber in Geschmack und Konsistenz erheblich von frischen Weintrauben. Wenn Sie Rosinen kaufen, greifen Sie am besten zu ungeschwefelten, die sind verträglicher.

ZUBEREITEN

Nehmen Sie die Trauben rechtzeitig aus dem Kühlschrank, da sie ihr Aroma erst bei Zimmertemperatur entfalten, und waschen Sie sie erst kurz vor dem Verzehr, weil sie rasch verderben. Trauben eignen sich bestens als Beilage für Käse und Salate, für Nachspeisen, Gelees und Traubentorten. Rosinen sind in Kuchen und im „Studentenfutter" beliebt. Gesund und vitaminreich ist auch Traubensaft.

ALLES GUTE AUS DEN KERNEN

Besonders konzentriert finden sich heilkräftige Stoffe im Traubenkernextrakt – diesen gibt es in Apotheken oder Reformhäuser als Pulver oder Kapseln zum Einnehmen. Das wertvolle Traubenkernöl, reich an Vitamin E, Lecithin und Linolsäure, wird ebenfalls aus den Kernen gewonnen.

Des Weiteren gibt es Traubenkernmehl, das zum Brotbacken, für Süßwaren und zum Binden von Soßen verwendet wird.

SO WIRKEN WEINTRAUBEN

Überreich an Gesundheit ist der Verzehr der frischen Trauben: für den Darm, fürs Herz, für Knochen, Nerven und für den Genuss. In vielen Kulturen gilt auch Wein als gesundes Genuss- und Stärkungsmittel – allerdings in Maßen genossen.

WIE VIEL WEIN DARF'S SEIN?

Männer: maximal 1–2 Gläser Wein (30 g Alkohol) pro Tag
Frauen: maximal 1 Glas Wein (20 g Alkohol)
Empfohlen wird zudem, 2 Tage in der Woche auf Wein zu verzichten.

DEN DARM IN SCHWUNG BRINGEN

Frische Weintrauben sind ein probates Mittel gegen Darmträgheit. Verantwortlich dafür sind die Ballaststoffe, vor allem in ihren Schalen und auch in den Kernen. Zudem enthalten Trauben viel Wasser, was zusätzlich verdauungsfördernd wirkt. Durch den hohen Kaliumgehalt und die Fruchtsäuren wird der Harnfluss beschleunigt; der Körper kann so besser entgiften. Bei einer Blasenentzündung müssen Sie viel trinken, um die Bakterien und Giftstoffe so schnell wie möglich auszuschwemmen, hier ist Traubensaft eine super Unterstützung: Sie nehmen Flüssigkeit zu sich, die obendrein noch durch enthaltene Anthozyane und Mineralstoffe entzündungshemmend und ausscheidungsfördernd wirkt. Aber bitte hierzu noch zusätzlich Wasser trinken.

TRAUBENKUREN

Ideal zum Entschlacken und Entgiften und eine wunderbare Herbstdiät bei Übergewicht ist diese einfache Kur mit Weintrauben in drei Varianten. Positiver Nebeneffekt: Der Darm wird gereinigt und entsäuert.

Nur Trauben: Essen Sie für mindestens 2 Tage (maximal 1 Woche) nur Trauben, nichts anderes. Anstelle einer Mahlzeit verzehren Sie 500 g Trauben. Verzichten Sie in dieser Zeit auf Kaffee und Milch, idealerweise trinken Sie Kräutertee.

Trauben und leichte Kost: Wer nicht ganz auf gewohnte Speisen verzichten möchte, kann über den Tag verteilt 1–1,5 kg Trauben essen und dazu eine reduzierte Kost zu sich nehmen.

Saftkur: Stehen keine frischen Trauben zur Verfügung, können Sie als Alternative täglich 1–1,5 l Traubensaft, mit 2 l Mineralwasser gemischt, trinken – ergänzend dazu eine leicht bekömmliche Kost. In diesem Falle bitte auf eine gute Qualität des Saftes achten, also 100 % Fruchtanteil oder sogenannten „Muttersaft" wählen.

STÄRKT KNOCHEN, VENEN UND SCHILDDRÜSE

Weintrauben enthalten Mangan. Dieses Spurenelement ist notwendig für den Knochenaufbau und die Bildung von Knorpelgewebe und kann beispielsweise Osteoporose vorbeugen. Zudem spielt Mangan eine Rolle bei der Bildung von Schilddrüsenhormonen. Wenn bei der Schilddrüse mit ihrem äußerst komplizierten Stoffwechsel eine Funktion aufgrund eines Mangels an einem „Baustoff" ausfällt, kann der ganze Schilddrüsenhormonhaushalt aus den Fugen geraten und zur Über- oder Unterfunktion führen. Ferner festigen die vor allem in den roten Trauben oder im roten Traubensaft enthaltenen Flavonoide und Mangan das Bindegewebe – gut zur Vorbeugung von Krampfadern. Machen Sie doch ab und zu eine Traubensaftkur!

NUR DIE NERVEN BEHALTEN!

Der Zuckergehalt in Trauben ist relativ hoch, die Hälfte liegt als Fruchtzucker vor. Dieser sorgt für einen langsamen Anstieg des Blutzuckerspiegels und ist deshalb gerade als Beigabe im Frühstücksmüsli oder als Zwischenmahlzeit sehr gut geeignet, um das Gehirn lang anhaltend mit Energie zu versorgen. Mit einem ausgeglichenen Blutzuckerspiegel bleibt die geistige Fitness erhalten. Übrigens: Rosinen haben das Vierfache an Kalorien und sind deshalb optimale Energielieferanten im „Studentenfutter", um die geistige Leitungsfähigkeit aufrecht zu erhalten und Müdigkeit zu vertreiben. Die in den Traubenkernen enthaltenen Substanzen, aber auch das Resveratrol und die Anthozyane in den roten Traubenschalen, wirken stark antioxidativ, also zellschützend. Außerdem wird die Gefäßdurchblutung im Gehirn verbessert. Es gibt Untersuchungen, die darin einen direkten Zusammenhang mit der Vorbeugung von Alzheimer sehen. Die gleichen positiven Wirkungen werden übrigens dem moderaten Genuss von Rotwein zugeschrieben, da die Wirkstoffe der Traube in den Wein übergehen.

WEIN FÜRS HERZ

Wein, eines der ältesten Getränke der Menschheit, wurde schon immer als Stärkungs- und Heilmittel gepriesen. Langzeitstudien besagen, dass Länder mit Weintrink-Tradition eine deutlich niedrigere Rate an tödlichen Herz-Kreislauf-Erkrankungen zu verzeichnen haben – bei moderatem Weinkonsum versteht sich!

Verantwortlich gemacht werden dafür vor allem die sekundären Pflanzenstoffe in den roten Traubenschalen, wie Anthozyane und Resveratrol (deshalb wird Rotwein grundsätzlich als heilkräftiger angesehen als Weißwein). Diese Inhaltsstoffe bewirken einen besseren Blutfluss und damit eine bessere Sauerstoffversorgung der Zellen. Die sekundären Pflanzenstoffe senken zudem das „böse" LDL-Cholesterin und erhöhen das „gute" HDL-Cholesterin (Seite 34) – zum Schutz vor Schlaganfall und Herzinfarkt. Resveratrol steht momentan im Mittelpunkt von weiteren Forschungen, es ist ein natürliches Fungizid, das die Trauben vor Pilzbefall schützt und als krebshemmendes Mittel eine große Rolle spielt. Zudem forschen Wissenschaftler intensiv nach weiteren Zusammenhängen zwischen Weingenuss und anderen Erkrankungen, beispielsweise Krebs und Alzheimer. Hier gibt es Hinweise, dass der regelmäßige moderate Genuss auch von Weißwein ähnlich positive gesundheitliche Auswirkungen hat wie Rotwein – genaue Ergebnisse stehen aber noch aus.

AUCH IM LAUB STECKT VIEL KRAFT

Rotes Weinlaub (von einer speziellen roten Färbertraube) hilft bei Venenerkrankungen und Krampfadern. Wird Trockenextrakt aus Rotem Weinlaub (aus der Apotheke oder Reformhaus) eingenommen, lindert das Ödeme und Spannungsgefühle in den Beinen. Vor allem die Flavonoide und der rote Pflanzenfarbstoff sind für die Abdichtung der Blutgefäße verantwortlich. Mittlerweile gibt es diverse Salben, Cremes und Kapseln mit Weinlaubextrakt zur äußeren und inneren Anwendung bei Venenerkrankungen.

Weintrauben-Rezepte

Grünkohl-Trauben-Salat

Dieser Salat enthält viele verdauungsfördernde Trauben, ergänzt werden sie durch mineralstoffreichen Grünkohl – gut für die Augen, die Blutbildung und das Herz.

FÜR 4 PERSONEN
» 400 g Grünkohl, in mundgerechte Stücke gezupft
» 200 g kernlose Weintrauben, halbiert
» 50 g Haselnüsse, grob gehackt
» je 2 EL Haselnuss- und Olivenöl
» 2 EL Zitronensaft
» 2 EL Apfelessig
» 1 TL Honig
» Salz, Pfeffer
» 50 g Parmesan

—• Den Grünkohl kurz blanchieren, in Eiswasser abschrecken und gut abgetropft auf einer Salatplatte anrichten. Trauben und Nüsse darüberstreuen.

—• Für das Dressing beide Öle, Zitronensaft, Essig, Honig, Salz und Pfeffer verquirlen, abschmecken und über den Grünkohl träufeln. Der Salat darf gern ein bisschen durchziehen, so wird er aromatischer und weicher. Zum Schluss den Parmesan darüberhobeln.

Roter Traubensaft

Ideal zur Pflege der Gefäße und Venen: Wer 3 Wochen lang täglich 1 Glas von diesem Saft trinkt, kann Krampfadern und Besenreisern vorbeugen.

FÜR ETWA 500 ML
» 2 kg blaue Weintrauben, Stiele sorgfältig entfernt
» 100 g Zucker
» evtl. 10 g Zitronensäure oder Einmachhilfe

—• Die Trauben in einen Kochtopf geben und mit einem Kartoffelstampfer grob zerdrücken. Mit 500 ml Wasser aufgießen und ungefähr 10 Minuten köcheln lassen, dabei immer wieder umrühren. Danach die Fruchtmasse durch ein feines Sieb abseihen, eventuell – je nach Maschenweite des Siebes – das Sieb zuvor mit einem sauberen Tuch auslegen.

—• Den so gewonnenen Saft mit dem Zucker vermischen und noch einmal aufkochen. Zur längeren Haltbarkeit Zitronensäure oder Einmachhilfe zusetzen. Den heißen Saft in saubere, ausgekochte Flaschen füllen und abkühlen lassen. Dunkel und kühl aufbewahrt etwa 1 Jahr haltbar.

Frischer Früchtetee mit Trauben

Tee einmal anders – fruchtig und besonders gewürzt.

FÜR ETWA 1 LITER
» 1 Handvoll Weintrauben, klein geschnitten
» 1 Apfel, ohne Kerngehäuse klein geschnitten
» 2 Kapseln Kardamom
» 1 TL Fenchelsamen
» 1 TL Zitronensaft

—• Trauben- und Apfelstücke in eine Teekanne geben, Gewürze mörsern und hinzufügen. Alles mit 1 l kochendem Wasser übergießen. 15 Minuten ziehen lassen, den Zitronensaft hinzugeben und abseihen. Bei Bedarf süßen und schluckweise trinken.

Trauben-Flammkuchen

Dieser feine Flammkuchen reinigt von innen und regt die Verdauung an, auch durch die Portion frischer Gartenkräuter.

FÜR 2 PERSONEN
FÜR DEN TEIG:

- » 250 g Mehl
- » 1 TL Zucker
- » 1 EL Olivenöl
- » Salz
- » 8 g Hefe

FÜR DEN BELAG:

- » 1 rote Zwiebel, in Ringe geschnitten
- » 100 g Weißkohl, in feine Streifen geschnitten
- » 1 EL Olivenöl
- » Salz, Pfeffer
- » 100 g Bergkäse, gerieben
- » 400 g weiße oder rote Weintrauben, halbiert
- » 2 EL fein gehackte Majoranblätter
- » 1 EL fein gehackte Rosmarin- oder Thymianblätter

—• Mehl, Zucker, Öl und Salz mischen, die Hefe hineinbröckeln und mit ungefähr 100 ml lauwarmem Wasser 10 Minuten lang kneten. Den Teig zugedeckt etwa 30 Minuten gehen lassen. In der Zwischenzeit Backofen auf 200 °C Ober-/Unterhitze vorheizen.

—• Zwiebelringe und Kohlstreifen in Öl andünsten, mit Salz und Pfeffer abschmecken.

—• Den Hefeteig nach dem Gehen noch einmal auf einer bemehlten Arbeitsfläche durchkneten, in sechs Stücke teilen und zu dünnen Fladen ausrollen. Auf ein mit Backpapier belegtes Blech legen. Jeweils mit dem geriebenen Käse bestreuen und darauf die Kohl-Zwiebel-Mischung geben. Im vorgeheizten Backofen ungefähr 10 Minuten backen, dann die halbierten Trauben auf den Fladen verteilen und mit den Kräutern bestreuen. Nochmal 4–5 Minuten bei gleicher Temperatur weiterbacken.

Trauben-Flammkuchen

Trauben-Kosmetik

Das in den Weintrauben und auch im Saft enthaltene Magnesium sowie die Polyphenole entspannen die Haut bei äußerlicher Anwendung; die Polyphenole verlangsamen den Alterungsprozess der Haut.

- » 200 ml weißer Traubensaft
- » 1 Handvoll weiße Weintrauben (ohne grüne Stiele)

Kompresse: Ein Baumwolltuch, z.B. ein Stofftaschentuch, in Traubensaft tränken und vorsichtig ausdrücken. Das Tuch für 5–10 Minuten auf das Gesicht legen. Das sorgt für entspannende Erfrischung.
Maske: Weintrauben pürieren und den Brei auf Gesicht und Dekolleté verteilen. Nach 15 Minuten mit lauwarmem Wasser abwaschen. Bei regelmäßiger Wiederholung bleibt die Haut frisch und jung.

Zucchini, leckeres Sommergemüse

Zucchini liebt das mediterrane Klima, ist bei eigenen Anbauversuchen unkompliziert – und in der Küche ist sie angesichts ihrer Vielfältigkeit sowieso ein Hit. Aber Vorsicht: Wenn sie bitter schmeckt, kann sie auch gesundheitsschädlich sein.

Zucchini Cucurbita pepo

DIE PFLANZE

Zucchini werden oft als kleine Schwester des Kürbis bezeichnet, gehören sie doch zur selben Gattung und beide sind Familienangehörige der Kürbisgewächse. Ursprünglich stammen Zucchini aus Nordamerika. Die Mexikaner haben sie schon vor 7000 Jahren in allen möglichen Formen und Farben angepflanzt. Typischerweise sind sie grün, es gibt aber auch gelbe und weiße Varianten oder grün gestreifte. Die Form variiert von kugelförmig bis länglich.

DAS IST DRIN

Zucchini bestehen zu 94 % aus Wasser und haben nur 19 kcal/100 g. Da ist nichts drin? – Von wegen! Nicht zu unterschätzen sind ihre Mineralstoffe wie Natrium, Kalium und Calcium und die Spurenelemente Eisen, Jod und Selen. Auch Eiweiße und Kohlenhydrate sind vorhanden, wenn auch nur in geringen Mengen, sowie Apfelsäure. Verfügbar sind zudem die Vitamine A, C und E, Betacarotin sowie Ballaststoffe.

EINKAUFEN UND LAGERN

Zucchini ist ein typisches Sommergemüse. Von Juni bis Oktober stammen sie häufig aus heimischen Gärten. Aber auch im Rest des Jahres können Sie Zucchini aus den Hauptanbaugebieten Spanien, Italien und Marokko bekommen – auch in Bio-Qualität. Die optimale Größe für die Verwendung in der Küche haben Zucchini bei einer Länge von ungefähr 15 cm und 200 g. Dann sind sie besonders schmackhaft und auch vitaminreich. Achten Sie beim Einkauf auf eine intakte und feste Schale. Bei kühler Lagerung halten sie ein paar Tage.

ZUBEREITEN

Sie können Zucchini roh, gebacken, gegrillt, gebraten und als Suppe essen. Solo haben sie wenig Geschmack. Sie profitieren von starken Geschmackspartnern und lassen sich gut mit anderen Gemüsesorten wie Tomaten und Auberginen kombinieren sowie mit Ziegenfrischkäse, Champignons, reichlich mediterranen Gewürzen oder Hackfleisch. Die Schale bitte mitverwenden, denn dort sitzen die wertvollen Inhaltsstoffe – vor allem Magnesium, Vitamin E und Betacarotin. Entfernen Sie nur unschöne Schadstellen, den Stielansatz und die Spitze.

SO WIRKEN ZUCCHINI

Das beliebte Sommergemüse ist von unserem Speiseplan nicht mehr wegzudenken, die Zucchini hat in den letzten Jahren einen richtigen Siegeszug angetreten. Typische Heilrezepte gibt es wenig, dafür etliche Zubereitungsformen für eine leckere Sommerküche: leicht bekömmlich, säurearm (aber mit wertvoller Apfelsäure), dafür basisch und gut geeignet für Diät-, Kinder- und Schonkost.

SCHLANKMACHER

Zucchinifrüchte sind besonders kalorienarm und enthalten viel Wasser. Beim Abnehmen sind sie deshalb Ihre Verbündeten, ganz ähnlich wie Gurken: Durch die ausgewogene Zusammensetzung von Mineralstoffen und Ballaststoffen unterstützen Zucchini Ihren Körper dabei, überschüssiges Wasser aus dem Gewebe auszuscheiden – Entschlackung und Entgiftung sind die Folge, und auch das Herz wird dann entlastet. Bei einer Diät oder Fastenkur gehört die Zucchini deshalb mit auf den Speiseplan.

GUT FÜR DIE AUGEN

In der Zucchini ist Betacarotin, das sogenannte Provitamin A, enthalten, es wird im Körper zu Vitamin A umgewandelt. Vitamin A beeinflusst hauptsächlich die Sehfähigkeit bei Nacht und während der Dämmerung positiv. Generell wird die Sehfähigkeit durch den regelmäßigen Genuss von besonders betacarotinhaltigen Gemüsesorten wie Möhren, Spinat und eben auch Zucchini gestärkt.

BITTE BEACHTEN

Schmecken Zucchini bitter, sollten Sie sie unbedingt wegwerfen. Ursprünglich bildeten die Kürbisgewächse, also auch Zucchini, giftige Bitterstoffe, die sogenannten Cucurbitacine, um die Früchte zu schützen. Diese Bitterstoffe wurden zwar weggezüchtet, aber in Stresssituationen, beispielsweise bei Trockenheit und Hitze, greifen Pflanzen manchmal auf ihr altes Schutzmuster zurück. Auch durch Rückmutationen und Kreuzungen mit dem Zierkürbis im eigenen Anbau können wieder Bitterstoffe entstehen (deshalb ist es auch ratsam, keine selbst gewonnenen Kürbis- oder Zucchinisamen auszusäen, sondern jedes Jahr Samen oder Setzlinge im Fachhandel zu kaufen). Größere Mengen an diesen Bitterstoffen rufen schwere Magen-Darm-Probleme hervor bis hin zu einer heftigen Lebensmittelvergiftung. Falls eine Zucchini deutlich bitter schmeckt – wegwerfen!

IMMUNSTÄRKUNG

Der Gehalt an Vitaminen und Mineralstoffen in der Zucchini ist zwar nicht extrem hoch, trotzdem leistet das einfach zuzubereitende Gemüse seinen Beitrag zur Immunstärkung, damit Ihnen Krankheitserreger wie Erkältungsviren, Pilzinfektionen, aber auch Entzündungen durch Bakterien nichts anhaben können. Unterstützend wirken vor allem die Spurenelemente Jod und Selen.

KURBELT DIE BLUTBILDUNG AN

Wertvoll ist der recht hohe Anteil an Eisen in der Zucchinifrucht. Vegetarier können besonders durch Kombinationen von eisenhaltigen Gemüsegerichten wie Mangold oder Linsen mit Zucchini einem Eisenmangel entgegenwirken.

Mein Tipp: Fügen Sie dem Gericht etwas Vitamin C hinzu oder trinken Sie einfach 1 Glas Orangensaft oder einen sonstigen vitaminreichen Saft dazu, dann wird die Eisenresorption deutlich erhöht und die Blutbildung angekurbelt.

Zucchini-Rezepte

Ausgebackene Zucchiniblüten

Eine besondere Delikatesse: Das macht was her, wenn Gäste kommen und ist dazu noch gesund.

FÜR 4 PERSONEN
- » 10–15 Zucchiniblüten
- » 100 g Mehl
- » 100 g Milch
- » 1 Ei
- » 1 EL Olivenöl
- » Salz
- » Frittieröl zum Ausbacken

FÜR DIE FÜLLUNG:
- » 1 kleine Zucchini, fein gewürfelt
- » 3 Tomaten, fein gewürfelt
- » 1 Knoblauchzehe, gepresst
- » Olivenöl
- » Salz, Pfeffer

Von den Zucchiniblüten die Stängel abschneiden.

Aus Mehl, Milch, Ei, 1 EL Olivenöl und etwas Salz einen Ausbackteig zubereiten. Die Zucchiniblüten im Teig wenden. In einer Pfanne reichlich Frittieröl erhitzen, die Zucchiniblüten darin goldgelb ausbacken. Auf Küchenpapier abtropfen lassen.

Die Zutaten der Füllung kurz in Olivenöl andünsten und mit Salz und Pfeffer abschmecken. Entweder in die ausgebackenen Zucchiniblüten füllen oder dazu servieren.

Zucchinipuffer

Ein tolles Rezept für Zeiten der Zucchinischwemme im Garten. Einfach in der Zubereitung, lecker und kalorienarm.

FÜR 2 PERSONEN
- » 2 Zucchini, grob zerkleinert
- » 4 Eier
- » 4–6 EL Semmelbrösel
- » 2 EL geriebener Käse, z.B. Gouda oder Tilsiter
- » 1 Stängel frische Petersilie
- » evtl. weitere Gartenkräuter nach Belieben
- » Salz, Pfeffer
- » 2 EL Öl

Alle Zutaten (außer das Öl) entweder im Mixer oder in einer Schüssel mit dem Zauberstab pürieren. Mit Salz und Pfeffer abschmecken. Falls die Masse zum Kneten noch etwas zu weich ist, mehr Semmelbrösel hinzugeben.

Die Zucchinimasse zu flachen Puffern formen und in Öl von beiden Seiten goldbraun braten. Dazu passt ein frischer Gartensalat mit Tomaten.

Zucchinipuffer

Zucchini-Knäcke-Kuchen

Für Schleckermäuler: Die Vitamine der Zucchini sind hier mal in süßer Form verpackt! Zudem ist dieser Kuchen – durch Mandeln und Knäckebrot statt Mehl – auch für Menschen mit einer Glutenunverträglichkeit geeignet.

FÜR 1 GROSSE KASTENFORM
» 200 g Mandeln
» 100 g Roggenknäckebrot
» 300 g Zucchini, püriert oder gerieben
» 2 TL Zitronensaft
» 5 Eier
» 180 g Zucker
» 1 Päckchen Backpulver
» ½ TL Zimt
» ½ TL Nelkenpulver
» ½ TL Kardamompulver
» 1 TL Butter

Mandeln und Knäckebrot im Mixer oder mit dem Zauberstab fein zerkleinern. Zucchini und Zitronensaft hinzugeben, vermengen und beiseite stellen.

Backofen auf 200 °C Ober-/Unterhitze vorheizen. Die Eier trennen und das Eiweiß zu Eischnee schlagen. In einer extra Rührschüssel Eigelbe mit dem Zucker schaumig rühren. Die Zucchini-Knäckebrot-Mischung hinzugeben, außerdem die Gewürze und das Backpulver; dann alles gut vermischen. Zum Schluss den Eischnee unterheben.

Teig in eine gebutterte Kastenform füllen. Im vorgeheizten Backofen 50–60 Minuten backen.

Zucchini-Augenpflege

Sie kennen Gurkenscheiben auf den Augen? Probieren Sie es einmal mit Zucchini! Auch sie machen müde Augen wieder klar.

» Zucchini, in Scheiben geschnitten

Die Zucchinischeiben auf die geschlossenen Augen legen und entspannen. Bei Bedarf frische Scheiben nachlegen, um die kühlende Wirkung voll auszunutzen.

Zucchini süß-sauer

Mit diesem Rezept können Sie die Zucchini bis zum nächsten Sommer konservieren.

FÜR 4–5 SCHRAUBGLÄSER À 200 ML
» 1 kg Zucchini, in etwa 1,5 cm dicke Stifte geschnitten

FÜR DEN SUD:
» 500 ml Weinessig
» 200 g Rohrzucker
» 1 TL Salz
» 1 TL Curry
» 1 Prise schwarzer Pfeffer
» 1 Lorbeerblatt

Die Zutaten für den Sud mit 500 ml Wasser zum Kochen bringen. Die Zucchinistifte dazugeben, 3 Minuten mitkochen und dann noch 3 Minuten ziehen lassen. Heiß in Gläser füllen, bis sie ganz voll sind. Sofort mit dem Deckel verschließen. Hält dicht verschlossen bis zu 1 Jahr.

Immun-Kick-Smoothie

Dieser Smoothie hilft durch seinen hohen Vitamin-C-Gehalt und die wertvollen Spurenelemente Eisen und Selen bei der Infektabwehr.

FÜR 2 PERSONEN
» 2 kleine Zucchini, grob zerkleinert
» 1 Apfel, grob zerkleinert
» 1 Pfirsich, alternativ anderes Obst der Saison, grob zerkleinert
» 2 Stängel Petersilie, grob zerschnitten
» 2 TL Zitronensaft
» 100 ml Orangensaft

Alle Zutaten samt etwa 100 ml Wasser in einen Mixer geben und fein pürieren. Je nach gewünschter Konsistenz mehr Wasser oder Saft zugeben.

Zwiebeln, lassen Tränen fließen

Sie ist eine sagenumwobene Knolle: Im Mittelalter glaubte man, dass die Zwiebel Unheil, Krankheiten und auch böse Mächte von Haus, Menschen und Tieren fernhält. Deshalb wurden in Haus und Hof Zwiebeln zum Schutz aufgehängt.

Speisezwiebel *Allium cepa*

DIE PFLANZE

Die Zwiebel, ein Lauchgewächs, gilt als eine der ältesten Kulturpflanzen. Sie ist mit dem Lauch (Seite 118) verwandt.

DAS IST DRIN

Bekannt ist die Zwiebel vor allem für ihre schwefelhaltigen Aminosäuren Allicin und Alliin. Beim Schneiden verwandelt sich das Alliin mithilfe eines Enzyms in Allicin, was für den typisch aromatisch-scharfen Geruch verantwortlich ist. Des Weiteren enthält sie wertvolle Flavonoide (Quercetin), Polyphenole und viele ätherische Öle. Zudem Vitamine der B-Gruppe, Vitamin A und reichlich Vitamin C, außerdem Mineralstoffe, u.a. Kalium, Calcium und Selen. Der Kohlenhydratanteil ist gering, allerdings haben mildere Zwiebelsorten, beispielsweise die roten Zwiebeln, etwas mehr Zucker. Beachtlich ist der hohe Wasseranteil mit rund 90 % in der Knolle.

EINKAUFEN UND LAGERN

Zwiebeln sind das ganze Jahr über erhältlich, da sie sich gut lagern lassen. Im eigenen Garten werden Zwiebeln idealerweise an einem schönen Sonnentag geerntet, dann haben sie die meisten Inhaltsstoffe, und trocken geerntet halten sie auch länger. Bewahren Sie Zwiebeln gut getrocknet und kühl an einem dunklen trockenen Ort auf. Zu einem Zopf gewunden oder in einer Reihe gebunden und aufgehängt, sind sie von allen Seiten gut belüftet und dekorativ noch dazu – so aufbewahrt sind sie ein paar Monate haltbar. Auf keinen Fall in einem geschlossenen Gefäß oder im Kühlschrank lagern! Kontrollieren Sie Zwiebeln regelmäßig auf weiche Stellen, dann haben sich womöglich Keime gebildet – werfen Sie diese Exemplare weg. So lange die Zwiebeln fest sind, sind sie genießbar. Zwiebelreste, die bei der Zubereitung übrig bleiben, bewahren Sie am besten in einer Frischhaltedose im Kühlschrank auf. Aber bitte gut verschlossen: Zwiebelgeruch geht leicht auf andere Lebensmittel über.

ZUBEREITEN

Die Zwiebel ist vor allem als Gewürzpflanze bekannt. Sie können sie kochen, braten oder dämpfen. Am heilkräftigsten ist sie allerdings, wenn Sie sie roh essen, beispielsweise im Salat oder auf Butterbrot. Schneiden Sie die Zwiebeln möglichst erst kurz vor der Zubereitung mit einem scharfen Messer klein, damit sich die aromatischen Inhaltsstoffe nicht verflüchtigen. Gegart verliert die Zwiebel etwas von ihrer Schärfe und damit auch an Inhaltsstoffen. Verwenden Sie aber die Garflüssigkeit mit, können Sie einen Teil der gesunden Allicine, die darin übergegangen sind, retten.

SO WIRKEN ZWIEBELN

Mit Zwiebeln haben Sie zu jeder Zeit ein Heilmittel aus der Küchenapotheke zur Verfügung – mit wenig Aufwand und geringen Kosten, denn Zwiebeln sind stets vorrätig, nicht teuer, aber sehr wirksam. So wirksam, dass sie 2015 zur Heilpflanze des Jahres gewählt wurden und in der Schulmedizin zur „Vorbeugung altersbedingter Gefäßveränderungen" eingesetzt werden. Und zu vielem mehr!

SCHÜTZT VOR HERZINFARKT UND SCHLAGANFALL

Die schwefelhaltigen Substanzen der Zwiebel optimieren die Sauerstoffversorgung und den Blutfluss und hemmen die Blutgerinnung, weshalb Zwiebeln Thrombose vorbeugen können – beides wesentlich für die Herz-Kreislauf-Gesundheit. Mit ihren zusätzlich blutdruck- sowie cholesterinsenkenden und entzündungshemmenden Eigenschaften reduziert eine an Zwiebeln reiche Ernährung (etwa 1 mittelgroße Zwiebel pro Tag) das Herzinfarkt-Risiko. Zwiebel gilt als Jungbrunnen!

Gegarte Zwiebeln haben eine weniger starke Wirkung als rohe, da beim Garen viele der Schwefelstoffe verloren gehen – deshalb rohen Zwiebeln den Vorzug geben.

FÜR DIABETIKER

Das Heilkräftigste – die Schwefelstoffe und die Flavonoide (Quercetin) – befindet sich im reichhaltigen Saft der Zwiebel. Zwiebelsaft unterstützt die Regulierung des Blutzuckerspiegels bei Diabetikern, wie Forscher festgestellt haben: Rohe Zwiebeln senken den Blutzuckerspiegel und unterstützen blutzuckersenkende Medikamente. Vermutlich haben Schwefelstoffe und Flavonoide zusammen eine insulinähnliche, zumindest insulinunterstützende Wirkung und reduzieren die Blutzuckerwerte, die Blutfette und die reaktiven Sauerstoffradikale. Diabetiker sollten aus diesem Grund einmal täglich eine halbe bis eine ganze rohe Zwiebel essen.

BEI HUSTEN UND GRIPPE

Seit Langem setzt man in der Volksmedizin Zwiebelsaft bei Husten und Bronchitis mit gutem Erfolg ein: Zwiebeln bringen das Sekret zum Fließen und erleichtern das Atmen. Seriöse Untersuchungen weisen auf krampflösende, antiasthmatische sowie hustenreizlindernde und schleimhautabschwellende Eigenschaften der Zwiebel hin und empfehlen Erkältungspatienten Zwiebelsaft. Die Schwefelverbindung Allicin besitzt antivirale und antibiotische Eigenschaften und wirkt laut neueren Studien zusammen mit den Fructanen gegen Influenza-A-Grippeviren. Deshalb gilt in Grippezeiten: Zwiebelgerichte essen und genießen!

ZWIEBELHEILKRAFT VON AUSSEN

Bekannt sind Zwiebelpäckchen bei schmerzhafter Mittelohrentzündung – eine Anwendung, die alle Eltern kennen sollten. Die abschwellenden, keim- und entzündungshemmenden Wirkungen der Zwiebel lindern nachhaltig und schnell den Schmerz.

Bekannt ist auch, dass Zwiebelextrakt, Zwiebelfrischsaft oder das mehrmalige Bestreichen mit einer Zwiebelhälfte die Wund- und Narbenheilung unterstützt, und zwar aufgrund seiner antiproliferativen (übermäßiges Wachstum hemmenden), bakteriziden und regenerationsfördernden Eigenschaften. Mittlerweile gibt es Zwiebelsalben aus der Apotheke, zum Teil mit ergänzenden Wirkstoffen, die erfolgreich zur Narbenpflege eingesetzt werden. Auch bei Insektenstichen, Furunkeln, Hühneraugen oder Frostbeulen lindert äußerlich angewendeter Zwiebelfrischsaft: den rohen Saft auf die entsprechende Stelle träufeln bzw. ein Zwiebelstückchen auflegen.

ZWIEBELN HELFEN KREBS VORBEUGEN

Zu den wichtigsten Polyphenolen der Zwiebel zählt das Flavonoid Quercetin mit u. a. antikarzinogenen Eigenschaften (in roten Zwiebeln zusätzlich entzündungshemmende und gefäßschützende Anthocyane).

Mehrere Studien haben sich mit den krebsvorbeugenden Eigenschaften von Zwiebeln beschäftigt. Die Resultate: Schon eine halbe Zwiebel pro Tag kann das Risiko von Magenkrebs reduzieren, außerdem von Krebserkrankungen im Mund- und Rachenraum und von Eierstockkrebs. Eine aktuelle Studie untersuchte die wirksamsten Gemüsesorten zur Vorbeugung bei Bauchspeicheldrüsenkrebs: Nach Sauerkraut und Brokkoli sind es gekochte Zwiebeln. Es können also auch Menschen, die rohe Zwiebeln weniger gut vertragen, vom vorbeugenden Effekt profitieren: Viermal pro Woche Zwiebeln im Gemüse, zusammen mit Zitronensaft, entfalten den schützenden Effekt. Und bitte beachten: Die Polyphenole befinden sich vor allem in den äußeren Zwiebelschichten, daher vorsichtig schälen.

Zwiebel-Rezepte

Wärmende Zwiebelsuppe

Mit dieser Suppe halten Sie Ihre Gefäße jung, können den Blutdruck und den Blutfettspiegel regulieren – und dabei genießen.

FÜR 4 PERSONEN
» 500 g Zwiebeln, in feine Ringe geschnitten
» 2 Knoblauchzehen, fein gehackt
» 40 g Butter
» 30 g Mehl
» 1 l Gemüse- oder Fleischbrühe
» 250 ml Weißwein
» Salz, Pfeffer
» 4 Scheiben Brot
» 100 g geriebener Käse, z.B. Gruyère

Zwiebeln und Knoblauch in einem großen Topf in Butter anrösten, mit Mehl bestäuben und unter Rühren 5 Minuten anschwitzen lassen. Mit Brühe und Wein ablöschen, immer wieder umrühren und etwa 20 Minuten bei kleiner Hitze kochen lassen. Mit Salz und Pfeffer abschmecken.

Backofen auf 200 °C Ober-/Unterhitze vorheizen. Die Rinde von den Brotscheiben abschneiden, Brot toasten. Die getoasteten Scheiben in eine ofenfeste Suppenschüssel (alternativ eine hohe Auflaufform) geben, mit der Suppe übergießen und den geriebenen Käse darüberstreuen. Die Suppe im vorgeheizten Ofen 10 Minuten überbacken.

Anti-Erkältungstee

Zwiebelsirup oder Zwiebelhonig

Beide lösen bei Bronchialerkrankungen hervorragend den Schleim und schmecken überraschend gut. Der Sirup ist milder als der Honig und auch für Kinder gut geeignet. Die Portionen am gleichen Tag aufbrauchen, nicht aufheben.

FÜR DEN SIRUP:
» 1 kleine Zwiebel, klein gehackt
» 2 EL dünnflüssiger Honig

Die Zwiebelwürfel mit ½ Tasse Wasser langsam aufkochen, etwas abkühlen lassen und den Honig zugeben. Nach 30 Minuten abgießen und 3–5 Teelöffel davon einnehmen.

FÜR DEN „HONIG“:
» 2 EL Zwiebel, klein gehackt
» 2 EL dünnflüssiger Honig

Zwiebel und Honig vermengen und in einem verschlossenen Glas ziehen lassen. Die sich nach 1–2 Stunden bildende Flüssigkeit teelöffelweise einnehmen.

Anti-Erkältungstee

Früher tranken vor allem Kutscher diesen Tee, damit sie von Erkältungen verschont blieben. Er wirkt auch heute noch zur Vorbeugung, vor allem in der nassen und kalten Jahreszeit.

FÜR EINE TAGESRATION
» 2 Zwiebeln, in Scheiben geschnitten
» 10 g Fenchelsamen, gemörsert
» Honig
» Zitronensaft

Die Zwiebelscheiben in 500 ml Wasser 15 Minuten lang kochen lassen. In der Zwischenzeit 2 Tassen Fencheltee aufbrühen und etwa 7 Minuten ziehen lassen. Fenchel- und Zwiebeltee jeweils abseihen und mischen. Mit etwas Honig und Zitronensaft nach Belieben abschmecken.

Über den Tag verteilt immer wieder einen Schluck warmen Tee (Thermosflasche oder portionsweise aufwärmen) trinken.

Narbenbalsam

Diese Salbe ist ideal zur Narbenpflege: Sie desinfiziert, pflegt und sorgt dafür, dass das Narbengewebe geschmeidig bleibt.

FÜR 1 DOSE À ETWA 150 ML
» 10 ml Zwiebelsaft (aus dem Reformhaus), alternativ 1 Zwiebel
» 100 ml Johanniskrautöl
» 10 ml Beinwelltinktur
» 10 g Bienenwachs

Wer keinen fertigen Zwiebelsaft hat, stellt diesen zuerst her: Die Zwiebel in kleine Würfel schneiden, mit wenig Wasser – die Zwiebelwürfel dürfen gerade bedeckt sein – erhitzen. 5 Minuten köcheln lassen, danach durch ein Tuch abseihen, Flüssigkeit auffangen.

Das Johanniskrautöl erwärmen, die Beinwelltinktur und den Zwiebelsaft hinzufügen und etwa 10 Minuten lang rühren. Das Bienenwachs hinzugeben, weiter rühren, bis es sich aufgelöst hat. Masse in saubere Döschen abfüllen. Erst mit dem Deckel verschließen, wenn der Balsam erkaltet ist.

Zur Narbenpflege regelmäßig eincremen. Die Salbe ist im Kühlschrank etwa 3–4 Wochen haltbar.

Grippeschutz-Honigbrot

Dieses feine Honigbrot macht jedem Erkältungsvirus den Garaus und schützt sogar die Gefäße.

FÜR 1 PERSON
» 1–2 Scheiben Brot
» Butter
» 2–4 EL guter Honig
» 1 Knoblauchzehe, gepresst
» ½ Zwiebel, in feine Ringe geschnitten
» frischer Thymian

Das Brot dünn mit Butter bestreichen, den Honig daraufstreichen. Gepressten Knoblauch und Zwiebelringe reichlich auf dem Honigbrot verteilen, zum Schluss mit Thymian bestreuen.

Zwiebelpäckchen bei Ohrenschmerzen

Eine warme Zwiebelauflage zur Schmerzlinderung und Entzündungshemmung. Besonders auch für Kinder geeignet.

» 1 Zwiebel, geviertelt

Die einzelnen Zwiebelschichten voneinander lösen und mit der Wölbung nach oben auf ein Taschentuch oder Küchenpapier legen. Das Ganze so zu einem Päckchen falten, dass eine Seite nur mit einer Papierschicht bedeckt ist. Anschließend das Päckchen mit der flachen Hand platt drücken, damit etwas Saft austritt.

Zur besseren Verträglichkeit das Zwiebelpäckchen erwärmen: entweder zwischen zwei Wärmflaschen oder auf einen Kochtopf mit heißem Wasser einen umgedrehten Deckel platzieren und darauf das Päckchen legen. Es darf nicht zu heiß werden, da es ansonsten unangenehm auf der Haut ist.

Das erwärmte Zwiebelpäckchen mit der einlagigen Papierseite auf das schmerzende Ohr legen. Darauf ein warmes Tuch oder einen Waschhandschuh legen, mit einem Stirnband oder einer Mütze fixieren. Den Wickel ungefähr 30 Minuten am Ohr lassen, danach entfernen und das Ohr weiterhin warm halten. Die Schleimhäute schwellen ab, die Schmerzen und der Druck im Ohr lassen nach.

Service

Glossar der Wirkstoffe

KOHLENHYDRATE

» **Ballaststoffe**, auch Faserstoffe genannt, sind Gerüst- und Stützsubstanzen der Pflanzen, die im Darm Wasser an sich binden und für eine Zunahme des Stuhlvolumens sorgen, sodass Darmbewegung und Verdauung angeregt werden.
» **Fruchtzucker** (Fructose) ist ein Einfachzucker, der natürlicherweise in Obst und Gemüse enthalten ist; liefert Energie.
» **Glucose** (Traubenzucker) ist ein Einfachzucker; liefert schnelle Energie für den Körper.
» **Inulin** gehört zu den Ballaststoffen und ist ein Mehrfachzucker. Es sorgt für die Ansiedlung gesunder Lakto- und Bifidobakterien im Darm und beeinflusst dadurch das Darmmilieu positiv, zudem wirkt es sättigend, ohne den Blutzuckerspiegel zu erhöhen, und ist deshalb sehr gut für Diabetiker geeignet.
» **Pektin** ist ein Ballaststoff und Mehrfachzucker, der als Quellstoff sehr gut Wasser binden kann und damit für die Verdauung wertvoll ist.
» **Raffinose** ist ein schwer verdaulicher Dreifachzucker, der Blähungen verursachen kann.
» **Saccharose** (Rohrzucker, Rübenzucker) ist ein Doppelzucker und dient als Energiereserve.
» **Sorbit** ist ein Zuckeralkohol und natürlicherweise in Steinobst enthalten. Es dient zum Süßen von Diätlebensmitteln; da es zum Verstoffwechseln kein Insulin benötigt, ist es für Diabetiker geeignet.
» **Stachyose** ist ein Dreifachzucker und unverdaulich, kann deshalb zu Gasentwicklung im Darm führen.
» **Zellulose** ist ein Faserstoff, gehört zu den Ballaststoffen und ist nur schwer verdaulich. Sie hat gute Wasserbindungseigenschaften und macht vor allem satt, was eine Gewichtsreduktion unterstützt.

FETTSÄUREN

» **Alpha-Linolensäure** ist eine mehrfach ungesättigte Fettsäure und gehört zur Gruppe der Omega-3-Fettsäuren. Sie sorgt u. a. für die Elastizität der Zellmembranen (damit wichtig für eine intakte Haut) und der Gefäße.
» **Gamma-Linolensäure** ist eine dreifach ungesättigte Omega-6-Fettsäure. Sie ist wichtig für den Zellstoffwechsel und die Entzündungshemmung, insbesondere bei Hauterkrankungen wie Neurodermitis.
» **Linolsäure** ist eine wichtige Omega-6-Fettsäure und wertvoll für die Regulation des Wasserhaushalts in der Haut, was eine wichtige Schutzfunktion darstellt.
» **Omega-3-Fettsäuren und Omega-6-Fettsäuren** sind als mehrfach ungesättigte Fettsäuren u. a. für den Zellstoffwechsel, die Hormonbildung und die Entzündungshemmung notwendig. Beide ergänzen sich sehr gut und sind für den Körper in einem ausgewogenen Verhältnis wichtig.

EIWEISSE (PROTEINE) UND AMINOSÄUREN

- **Aminosäuren** sind die Grundbausteine für die Eiweiße (Proteine). Im Gegensatz zu Kohlenhydraten und Fetten enthalten sie Stickstoff, das für die Bildung von Gewebe, Muskeln, Haut und Haaren notwendig ist.
- **Arginin** ist eine Aminosäure für den Muskelaufbau, das Immunsystem und die Fettverbrennung.
- **Asparagin** ist eine Aminosäure, die wichtig für die Entgiftung und die Blutreinigung ist. Es unterstützt den Leberstoffwechsel, den Abbau von Alkohol und befreit das Blut von schädlichen Stoffen, wirkt harntreibend.
- **Lysin** ist eine Aminosäure, die an der Bildung von Hormonen, Antikörpern und Enzymen beteiligt ist.
- **Phasin** ist eine Kombination aus Aminosäuren, die auch als Lektine bezeichnet werden. Phasin ist in hoher Dosis unverträglich und kann sogar tödlich sein. Es führt dazu, dass die roten Blutkörperchen miteinander verkleben, es kann zu Durchfall und Erbrechen kommen.
- **Tryptophan** ist eine Aminosäure, die an der Stabilisierung des Serotoninspiegels und an verschiedenen Stoffwechselvorgängen beteiligt ist.

MINERALSTOFFE UND SPURENELEMENTE

- **Bor** ist ein Spurenelement, das an Stoffwechselprozessen und am Knochenaufbau beteiligt ist.
- **Calcium** ist ein Mineralstoff, der dem Aufbau von Knochen und Zähnen dient.
- **Eisen** ist ein lebenswichtiges Spurenelement und Baustein für den roten Blutfarbstoff, wichtig für die Blutbildung und den Sauerstofftransport.
- **Jod** ist ein lebensnotwendiges Spurenelement, das als Bestandteil der Schilddrüsenhormone an vielen Stoffwechselvorgängen und am Wachstum beteiligt ist.
- **Kalium** ist ein Mineralstoff zur Regulierung des Wasserhaushalts; zudem ist er an der Weiterleitung von Nervenreizen, an Muskeltätigkeit und Blutdruckregulation beteiligt.
- **Kupfer** ist ein Spurenelement für die Blutbildung, das Immunsystem und die Nervenzellen.
- **Magnesium** ist ein wichtiger Mineralstoff für den Knochenaufbau, Wachstum und Zähne.
- **Mangan** ist ein Spurenelement, das als Bestandteil von verschiedenen Enzymen an vielen Funktionen beteiligt ist, beispielsweise am Knochenaufbau und bei der Aktivierung von Enzymen.
- **Natrium** ist ein bedeutender Mineralstoff für Muskel- und Nervenimpulse und den Wasserhaushalt.
- **Phosphor** ist zusammen mit Calcium ausschlaggebend für die Festigkeit von Knochen und Zähnen und bei der Energiegewinnung.

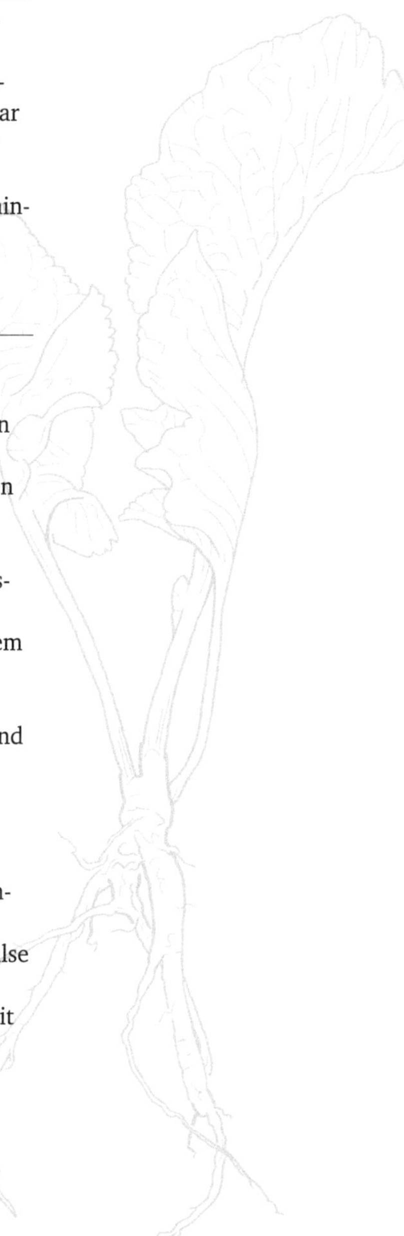

- **Selen** ist ein essenziell wichtiges Spurenelement, das zu den Antioxidantien zählt und den Körper vor freien Radikalen schützt.
- **Silicium** (Kieselsäure) ist ein Spurenelement, das extrem wichtig zur Stärkung des Bindegewebes, der Haut, Haare und Nägel ist.
- **Zink** ist ein wertvolles Spurenelement für das Immunsystem, die Haut und das Wachstum.

VITAMINE

- **Provitamin A** (Carotin) ist die Vorstufe des Vitamin A und wird im Körper zu Vitamin A umgewandelt.
- **Vitamin A** ist ein fettlösliches Vitamin und bedeutsam für den Aufbau von Haut und Knochen sowie für das Zellwachstum und zum Erhalt der Sehkraft.
- **Vitamin B_1** (Thiamin) ist ein wasserlösliches Vitamin, es ist wichtig für das Wachstum und das Nervensystem.
- **Vitamin B_2** (Riboflavin) ist ein wasserlösliches Vitamin, das die Heilung von Haut und Wunden unterstützt und an zahlreichen Stoffwechselvorgängen beteiligt ist.
- **Vitamin B_3** (Niacin) ist ein wasserlösliches Vitamin; es ist am Energiestoffwechsel, am Aufbau verschiedener Neurotransmitter wie Serotonin und anderen Stoffwechselvorgängen beteiligt.
- **Vitamin B_5** (Pantothensäure) ist ein wasserlösliches Vitamin und als Hauptbestandteil des Coenzyms A an vielen Stoffwechselvorgängen beteiligt, wie am Aufbau verschiedener Neurotransmitter und zur Unterstützung der Wundheilung.
- **Vitamin B_6** (Phyridoxin) ist ein wasserlösliches Vitamin, wichtig für das Nerven- und Immunsystem.
- **Vitamin B_9** (Folsäure) ist ein wasserlösliches Vitamin und bedeutsam für Schwangere (als Schutz vor einem Neuralrohrdefekt beim Kind). Des Weiteren ist die Folsäure an vielen Wachstumsprozessen beteiligt, z.B. an der Zellteilung und am Aufbau von Botenstoffen für die Nerven.
- **Vitamin B_{12}** (Cobalamin) ist ein wasserlösliches Vitamin. Es ist notwendig für die Blutbildung, wichtig für die Nerven und beteiligt am Energiestoffwechsel.
- **Vitamin C** (Ascorbinsäure) ist ein wasserlösliches Vitamin und vor allem zur Stärkung des Immunsystems und für den Zellschutz wichtig.
- **Vitamin K** ist ein fettlösliches Vitamin, das eine wesentliche Rolle bei der Blutgerinnung spielt.
- **Vitamin D** (Calciferol) ist ein fettlösliches Vitamin. Es ist beteiligt an vielen lebensnotwendigen Funktionen des Zellwachstums, wichtig für die Knochen und das Muskel- sowie Immunsystem. Es ist das einzige Vitamin, das der Körper mittels Sonnenlicht selbst herstellen kann.
- **Vitamin E** (Tocopherol) ist ein fettlösliches Vitamin; es ist bedeutsam für die Haut, den Zellschutz und als Antioxidans.

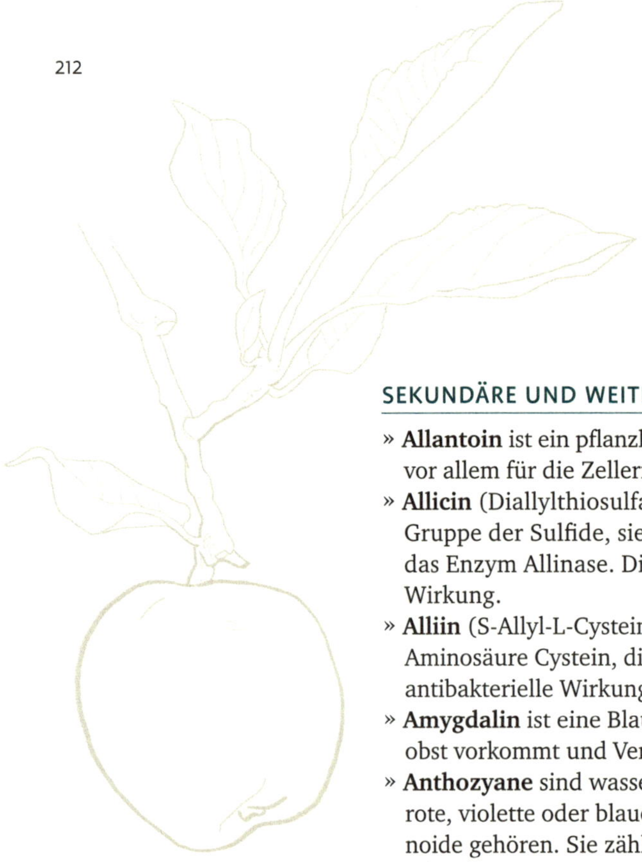

SEKUNDÄRE UND WEITERE PFLANZENSTOFFE

» **Allantoin** ist ein pflanzlicher Stoff (u. a. in Beinwell oder Schwarzwurzel), vor allem für die Zellerneuerung und Wundheilung wichtig.

» **Allicin** (Diallylthiosulfat) ist eine schwefelhaltige Verbindung aus der Gruppe der Sulfide, sie entsteht bei der Spaltung von Alliin durch das Enzym Allinase. Die Schwefelstoffe haben eine keimhemmende Wirkung.

» **Alliin** (S-Allyl-L-Cysteinsulfoxid) ist ein schwefelhaltiger Abkömmling der Aminosäure Cystein, die natürlich in Pflanzen vorkommt. Es besitzt eine antibakterielle Wirkung.

» **Amygdalin** ist eine Blausäureverbindung, die in den Kernen von Steinobst vorkommt und Vergiftungserscheinungen hervorrufen kann.

» **Anthozyane** sind wasserlösliche Pflanzenfarbstoffe, die der Pflanze eine rote, violette oder blaue Färbung verleihen und zur Gruppe der Flavonoide gehören. Sie zählen zu den kraftvollsten Antioxidantien (als Krebsschutz).

» **Apfelsäure** ist eine Verbindung aus verschiedenen Säuren, die wichtig für den Energiestoffwechsel sind und eine unterstützende Wirkung auf Antioxidantien haben.

» **Apiin** ist ein Flavonoid; wichtig für die Hormonproduktion.

» **Betain** ist ein vitaminähnlicher Mikronährstoff, der das Herz, die Blutgefäße und die Leber schützt. Es ist ein Oxidationsprodukt des Cholins.

» **Cholin** ist ein vitaminähnlicher Mikronährstoff; gut für Nerven und Gedächtnis.

» **Ellagsäure** ist ein Polyphenol und hat eine antioxidative Wirkung.

» **Erepsin** (Peptidase) ist ein Enzym, es spaltet Proteine (Eiweiße) in kleinere Bausteine auf und ist deshalb für die Verdauung wichtig.

» **Falcarinol** ist ein natürlich vorkommender ungesättigter Alkohol und hat krebsschützende Eigenschaften.

» **Flavonoide** sind eine Gruppe von sekundären Pflanzenstoffen, der viele Blütenfarbstoffe angehören, sie sind zuständig vor allem für den Zellschutz, wirken als Antioxidantien und sind zudem wichtig zur Stärkung der Gefäße und des Immunsystems.

» **Lactucarium** ist der Milchsaft des Kopfsalats, hat eine beruhigende Wirkung und kann in hoher Dosis giftig sein.

» **Lactucopikrin, Lactucin und Lactucerol** sind natürliche Bitterstoffe, die eine bedeutsame Rolle in der Verdauungsförderung spielen und generell auf den Körper stärkend wirken.

» **Lutein** (Xanthophyll) ist ein sekundärer Pflanzenstoff, der zu den Carotinoiden zählt. Es wirkt antioxidativ sowie vor allem schützend auf die Augenzellen und dient dem Erhalt der Sehkraft.

» **Lycopin** ist ein Carotinoid, das vor allem in der roten Tomate vorkommt. Es hat positive Wirkung auf den Cholesterinspiegel, ist entzündungshemmend und antioxidativ.

» **Melatonin** ist ein natürliches Hormon, das der Schlafförderung dient und einen positiven Einfluss auf die Zellerneuerung hat.
» **Myrosinase** ist ein pflanzliches Enzym, das Senfölglycoside in Glucose und Senföle spaltet.
» **Nitrat** ist ein Salz der Salpetersäure. Es wird mithilfe von Enzymen in der Mundhöhle in Nitrit umgewandelt. Nitrat an sich ist harmlos, kann aber in Form von Nitrit und Nitrosaminen für Säuglinge und Kleinkinder gesundheitsschädlich sein.
» **Oxalsäure** ist eine einfache Dicarbonsäure, eine organische Verbindung. Die Salze der Säure (Oxalate) können in hoher Konzentration zu einem Überschuss an Salzkristallen führen und Nierensteine und Calciummangel begünstigen.
» **Phthalid** ist ein ätherisches Öl, das für die Entspannung im Muskelgewebe sorgt.
» **Polyphenole** sind sekundäre Pflanzenstoffe und kommen in vielen Pflanzen vor. Sie werden hauptsächlich in Phenolsäuren und Flavonoide unterteilt. Sie wirken als Antioxidantien und dienen dem Schutz vor Herz-Kreislauf- und Krebserkrankungen.
» **Purine** sind organische Verbindungen, die für den Zellaufbau notwendig sind. Beim Abbau entsteht Harnsäure.
» **Quercetin** ist als bedeutsamstes Flavonoid wichtig als Radikalfänger und dient der Krebsabwehr.
» **Resveratrol** ist ein natürlicher Pflanzenstoff, der zu den Polyphenolen zählt und vor allem in den roten Weintrauben vorkommt. Es spielt eine Rolle beim Schutz vor Herz-Kreislauf-Erkrankungen und besitzt eine Anti-Aging-Wirkung.
» **Salicylsäure** ist ein natürlicher Pflanzenwirkstoff, der zum Schutz der Pflanze dient und im Körper eine schmerzlindernde, fiebersenkende und entzündungshemmende Wirkung hat. Synthetisch bekannt als Inhaltsstoff von Aspirin.
» **Saponine** sind in Pflanzen natürlich vorkommende Glykoside, auch Seifenstoffe genannt. Durch ihre große Strukturvielfalt wirken sie auf unterschiedlichste Weise; z.B. entzündungshemmend, schleimlösend, auswurffördernd, stoffwechselfördernd, keimwidrig uvm.
» **Senfölglycoside** (Glucosinolate) sind schwefelhaltige Verbindungen, die vor allem eine antibakterielle Wirkung haben.
» **Serotonin** ist ein Botenstoff, der stimmungsaufhellend wirkt und einen Einfluss auf das zentrale Nervensystem hat.
» **Solanin** ist eine schwach giftige Verbindung, die in Nachtschattengewächsen vorkommt.
» **Terpene, Myristicin und Carvon** sind Bestandteile ätherischer Öle und haben vor allem eine keimwidrige Wirkung.
» **Zeaxanthin** ist wie Lutein ein sekundärer Pflanzenstoff, ein Carotinoid, das wichtig zum Erhalt der Sehkraft ist.

Zum Weiterlesen

BÜCHER

» Bächle-Helde, Bernadette; Bühring, Ursel (2019): **Heilsame Wickel und Auflagen** 2. Auflage, Verlag Eugen Ulmer, Stuttgart

» Bänziger, Erica (2011): **Das goldene Buch der Walnuss** Hädecke, Weil der Stadt

» Béliveau, Richard; Gingras, Denis (2010): **Krebszellen mögen keine Himbeeren. Nahrungsmittel gegen Krebs.** Goldmann, München.

» Bühring, Ursel (2020): **Alles über Heilpflanzen. Erkennen, anwenden, gesund bleiben** 5., komplett aktualisierte und erweiterte Auflage, Verlag Eugen Ulmer, Stuttgart

» Bühring, Ursel (2014): **Heilpflanzenrezepte. Die besten aus der Freiburger Heilpflanzenschule** Verlag Eugen Ulmer, Stuttgart

» Bühring, Ursel (2020): **Lehrbuch Heilpflanzenkunde. Grundlagen, Anwendungen, Therapie** 5., komplett aktualisierte und erweiterte Auflage, Verlag Haug, Stuttgart

» Bühring, Ursel (2021): **Blütenküche. Essbare Schönheiten sammeln und genießen** Verlag Eugen Ulmer, Stuttgart

» Bühring, Ursel (2016): **Heilpflanzen-Kuren. Körper und Seele pflegen und gesund erhalten** 2. Auflage, Verlag Eugen Ulmer, Stuttgart

» Elmafda, Ibrahim et al. (2019): **Die große GU Nährwert Kalorien Tabelle** Gräfe und Unzer, München

» Elmadfa, Ibrahim; Leitzmann, Claus (2019): **Ernährung des Menschen** 6. Auflage, Verlag Eugen Ulmer, Stuttgart

» Herrmann, Karl (2001): **Inhaltsstoffe von Obst und Gemüse** Verlag Eugen Ulmer, Stuttgart

» Höfflin-Rock, Bärbel (2020): **Wildkräuterküche** Verlag Eugen Ulmer, Stuttgart

» Kast, Bas (2018): **Der Ernährungskompass** Bertelsmann Verlag, München

» Leitzmann, Claus; Keller, Markus (2013) **Vegetarische Ernährung** 3. Auflage, UTB, Stuttgart

INFORMATIONEN IM INTERNET

PFLANZENBETONTE ERNÄHRUNG ALLGEMEIN

Deutsche Gesellschaft für Ernährung, auch Fachberichte: www.dge.de
Institut für **Ernährungsinformation:** www.ernaehrung.de
Slowfood, eine internationale Bewegung, die sich für faire Lebensmittel einsetzt: www.slowfood.de

INFORMATIONEN UND BEZUGSQUELLEN ZU AUSGEWÄHLTEN GEMÜSE- UND OBSTARTEN

Alte Apfelsorten: www.boomgardenshop.de
Äpfel, Birnen und weiteres Obst, auch Nüsse: www.fructus.ch
Streuobstwiesen, auf denen man sich bedienen darf: www.mundraub.org
www.kartoffel.de
www.kartoffel.ch

Zentrum der internationalen **Kartoffelforschung:** www.cipotato.org
www.spargel.de
www.topinambur-manufaktur.de
Tomaten: Lycocard-Forschungsprojekt: www.lycocard.com
www.walnuss.de

ÖKOLOGISCHE LANDWIRTSCHAFT

Zukunftsstiftung Landwirtschaft: www.zukunftsstiftung-landwirtschaft.de/saatgutfonds
Ökologische und wesensgemäße **Bienenhaltung:** www.mellifera.de
Gemeinnützige Gesellschaft für die kulturhistorische und genetische Vielfalt von Pflanzen und Tieren, auch **Bio-Saatgut:** www.prospecierara.de
Verein zur Erhaltung der **Nutzpflanzenvielfalt,** auch Bio-Saatgut: www.nutzpflanzenvielfalt.de
Dreschflegel, u. a. Bio-Saatgut: www.dreschflegel-saatgut.de
Bioland, der größte Verband ökologischer Erzeuger in Deutschland: www.bioland.de
Demeter, der älteste Verband für den Bio-Anbau in Deutschland, gilt als Ökopionier. Grundlagen sind die anthroposophische Weltanschauung von Rudolph Steiner und die bio-dynamischen Kriterien: www.demeter.de
Naturland-Vereinigung, einer der Bio-Verbände, in deren Mittelpunkt der ganzheitliche Ansatz steht: www.naturland.de

NATURSCHUTZ

Bund Naturschutz, setzt sich für die Erhaltung der Natur, und die Verwirklichung ökologischer Projekte ein: www.bund-naturschutz.de
Naturschutzbund Deutschland, eine nichtstaatliche Organisation, die sich vor allem konkreten Zielen des Naturschutzes im In- und Ausland zuwendet, etwa dem Schutz von Flüssen, Meeren, Wäldern, Pflanzen oder Tierarten: www.nabu.de

INHALTSSTOFFE

Bundeszentrum für Ernährung (BZfE), Kompetenz- und Kommunikationszentrum für Ernährungsfragen in Deutschland: www.bzfe.de
Vitamine-Ratgeber, alles rund um Vitamine, Spurenelemente, Mineralstoffe, Aminosäuren und Co.: www.vitamine-ratgeber.com
Verband für Unabhängige Gesundheitsberatung (UGB), informiert Verbraucher fachlich fundiert und unabhängig, veranstaltet Kongresse und Tagungen, bietet Aus- und Fortbildungsseminare an: www.ugb.de;
www.ugb.de/ernaehrungsplan-praevention
Apotheken-Rundschau, das Ratgeber-Magazin aus der Apotheke bietet Informationen zu Medizin, Krankheiten, Symptomen, Therapien sowie Naturheilkundliches zu Gemüse und Obst: www.apotheken-rundschau.de
Zentrum der Gesundheit, ein Internetportal mit ganzheitlichen Gesundheitsthemen, mit Hintergrundinformation zu Inhaltsstoffen und gesundheitlichen Wirkungen von Obst und Gemüse: www.zentrum-der-gesundheit.de
NetDoktor, ein Online-Gesundheitsportal, das medizinisches Wissen und Gesundheitsinformationen von Experten für Laien anbietet: www.netdoktor.de

SAISON-KALENDER FÜR OBST UND GEMÜSE

www.deutsches-obst-und-gemuese.de
www.regional-saisonal.de/saisonkalender
www.verbraucherzentrale.de/saisonkalender
www.oekolandbau.de

INFORMATIONEN ZU AUSGEWÄHLTEN KRANKHEITEN

Deutsche Diabetesgesellschaft
www.deutsche-diabetes-gesellschaft.de
Diabetesratgeber der Apotheken-Umschau: www.diabetes-ratgeber.net

Bund Deutscher Heilpraktiker
Bietet unter der Rubrik "Patienten" aktuelle und verständliche Informationen über Erkrankungen von A bis Z:
www.bdh-online.de

Schnell nachgeschlagen

Die Autorinnen

Ursel Bühring

1950 geboren, ist Heilpraktikerin, Krankenschwester, Natur- und Umweltpädagogin und als Dozentin zum Thema Heilpflanzen und Phytotherapie im In- und Ausland tätig. 1997 gründete sie die erste Heilpflanzenschule Deutschlands mit dem Ziel, das überlieferte Heilpflanzenwissen mit neuesten Erkenntnissen der Phytomedizin zu verbinden. Heute gibt sie ihr Wissen, ihre Erfahrung und ihre Begeisterung in Seminaren, auf Kongressen, in Büchern und digital in ihrer PhytoApp weiter.
Als Autorin konzipiert sie Lehr- und Praxisbücher mit handfestem, didaktisch aufbereitetem Wissen und naturheilkundlichen Tipps so, dass Lernen Freude macht. Längst ist ihr „Lehrbuch Heilpflanzenkunde" zum Standardwerk der Phytotherapie geworden und dient heute als Grundlage für den Phytotherapie-Unterricht.
Wissen soll allen Interessierten – Einsteigern und Fortgeschrittenen, Therapeuten und medizinischen Laien – zugänglich sein, deshalb vermittelt sie Fachwissen verständlich und auf hohem Niveau, gewürzt mit der Freude an der „heilkräftigen grünen Welt".

» www.ursel-buehring.de

Bernadette Bächle-Helde

1968 geboren, ist Kinderkrankenschwester, Fachfrau für Wickel und Heilpflanzen, Pflegepädagogin und Pflegewissenschaftlerin, außerdem Dozentin für naturheilkundliche Gesundheitsthemen. Gemeinsam mit Ursel Bühring schrieb sie das erfolgreiche Buch Heilsame Wickel und Auflagen (siehe Seite 214). Sie ist mit einem Bio-Winzer verheiratet und stellt im Familienbetrieb am Kaiserstuhl eigene Kräutertee-Mischungen her. Als Bauerngärtnerin ist sie experimentierfreudige Selbstversorgerin mit Obst und Gemüse.

» www.wein-helde.de

DANKE

Dieses Buch entstand über Jahre – schließlich essen wir seit Jahren mit Genuss gesund-buntes Bio-Grünzeugs, regional und saisonal. Der Entstehungsprozess ist ein bisschen so wie bei einem Kuchen, der seine genau abgewogenen Zutaten, sein Durchwalken und seine Zeit zum Reifen und Aufgehen braucht und zum Schluss seine Ruhe zum Auskühlen. So haben wir über die Jahre Informationen gesammelt: aus Büchern, Zeitschriften und vor allem durchs Ausprobieren. Genuss und Gesundheit war und ist unser Lohn.

Einen ganz herzlichen Dank an alle diejenigen, die durch Austausch, Anregungen und Fragen zur Idee und Ausführung dieses Buches beigetragen haben. Besonderen Dank an unsere Heilpflanzenkolleginnen, Kursteilnehmerinnen, insbesondere den Gemüse- und Bauerngärtnerinnen, Landfrauen, Selbstversorgerinnen und allen, die uns unterstützt haben. Danke an die Natur, die uns beschenkt mit ihrer Fülle an obergesunden Gewächsen.

Danke an alle um uns herum, die viel Geduld und Verständnis aufbringen mussten, wenn wir vor lauter „Buchschreiben“ zu sonst nichts kamen.

Einen besonders herzlichen Dank an den Verlag Eugen Ulmer, der dieses Projekt erst möglich gemacht hat, vor allem an unsere obergeduldigen „Rundum-Betreuerinnen“: Ina Vetter, die uns immer wieder guten Mut zusprach, uns Literatur zusteckte und Zeitgeschenke überreichte („Ihr braucht so lange, wie ihr eben braucht …“) und unserer Lektorin Antje Krause. Wie hat sie sich hineingekniet, Sprachliches geschliffen, hintergründige Fragen gestellt, auf Ungereimtheiten aufmerksam gemacht – damit ein so schönes Buch entsteht wie dieses. Euch beiden ganz herzlichen Dank!

BILDQUELLEN

Die **Fotos** im Innenteil und auf dem Umschlag stammen von **Sabrina Sue Daniels** (sabrinasue.de) mit Ausnahme der folgenden: Africa Studio/shutterstock.com: 83; Alex Sun/shutterstock.com: 195; Alexander Raths/shutterstock.com: 161; Bächle-Helde, Bernadette: 218 u.; botanikfoto/Friederike Take: 79; botanikfoto/Hans-Roland Müller: 51, 149, 153; botanikfoto/Steffen Hauser: 114, 169; dcwcreations/shutterstock.com: 59; Dionisvera/shutterstock.com: 43; ER_09/shutterstock.com: 75; Flora Press/BIOSPHOTO/Virginie Klecka: 60; Flora Press/BIOSPHOTO/Virginie Quéant: 8; Flora Press/Botanical Images: 7; Flora Press/Christine Ann Föll: 113; Flora Press/Ute Klaphake: 13; Flora Press/Visions: 61; Karen Kaspar/shutterstock.com: 123; Kostiantyn Kravchenko/shutterstock.com: 55; Lana1512/shutterstock.com: 141; margouillat photo/shutterstock.com: 37; Olha Sem/shutterstock.com: 30; sansa55/shutterstock.com: 140; Sarah Clark/shutterstock.com: 177; Shebeko/shutterstock.com: 127; Shulevskyy Volodymyr/shutterstock.com: 99; StockFood/Siffert, Hans-Peter: 65; Swellphotography/shutterstock.com: 199; Tatiana Volgutova/shutterstock.com: 69; tchara/shutterstock.com: 181, 193; Yulia von Eisenstein/shutterstock.com: 27; HYPERLINK "https://www.shutterstock.com/de/g/yuris" yuris/shutterstock.com: 119; Zeller, Susi: 218 o.

Die **Illustrationen** stammen von **Gerhard Junker**.

IMPRESSUM

Haftungsausschluss
Die in diesem Buch enthaltenen Empfehlungen und Angaben sind von den Autorinnen mit größter Sorgfalt zusammengestellt und geprüft worden. Eine Garantie für die Richtigkeit der Angaben kann aber nicht gegeben werden. Autorinnen und Verlag übernehmen keine Haftung für Schäden und Unfälle. Bitte setzen Sie bei der Anwendung der in diesem Buch enthaltenen Empfehlungen Ihr persönliches Urteilsvermögen ein.
Der Verlag Eugen Ulmer ist nicht verantwortlich für die Inhalte der im Buch genannten Websites.

Anmerkung zur Schreibweise (Gendering) der weiblichen, männlichen und unbestimmten Form: Ausschließlich aufgrund der deutlich besseren Lesbarkeit wird in diesem Werk auf die jeweilige Mehrfachnennung oder Anpassung der Schreibweise bestimmter Bezeichnungen verzichtet.

Bibliografische Information der Deutschen Nationalbibliothek
Die Deutsche Nationalbibliothek verzeichnet diese Publikation in der Deutschen Nationalbibliografie; detaillierte bibliografische Daten sind im Internet über http://dnb.d-nb.de abrufbar.

Wollgrasweg 41, 70599 Stuttgart (Hohenheim)
E-Mail: info@ulmer.de
Internet: www.ulmer-verlag.de
Lektorat: Ina Vetter, Antje Krause
Herstellung: Silke Reuter
Umschlagentwurf: red.sign, Stuttgart: Anette Vogt
Satz: red.sign, Stuttgart: Susanne Junker
Reproduktionen: time:ray, Jettingen
Druck und Bindung: Firmengruppe APPL, aprinta Druck, Wemding
Printed in Germany

FSC
www.fsc.org
MIX
Papier aus verantwortungsvollen Quellen
FSC® C004592

ISBN 978-3-8186-1371-6

Hier können Sie weiterlesen

Heilpflanzen für Kinder

Gesundheit aus der Natur.
Ursel Bühring, Helga Ell-Beiser,
Michaela Girsch. 2015. 286 Seiten,
163 Farbfotos, 55 Zeichnungen,
9 Tabellen, gebunden.
ISBN 978-3-8001-8358-6.

Wenn Kinder krank sind, eignen sich Heilkräuter besonders gut, um Kinder sanft, aber wirkungsvoll und nachhaltig durch die Krankheit zu begleiten. Fachkundigen Rat aus der Naturheilkunde gibt dieser umfangreiche Ratgeber. Vom Bauchraum über die Atemwege bis zur Haut sowie Kopf und Psyche: Jedes Kapitel enthält eine Vielzahl an Heilpflanzenrezepten, umfassende Hinweise auf pflanzliche Mittel aus der Apotheke, fundiertes und praktisch erprobtes Hintergrundwissen sowie hilfreiche Tipps. Die klaren Ratschläge der drei Autorinnen verdeutlichen zudem, wann es Zeit ist zum Arzt zu gehen. Eine vernünftige und praktische Ergänzung zur Schulmedizin und unentbehrlich für alle Eltern, die Kinderkrankheiten mit wirksamer Pflanzenheilkunde und bewährten Hausmitteln selbst behandeln wollen.

Behaglich gesund werden

Heilsame Wickel und Auflagen

Aus Heilpflanzen, Quark & Co. Bernadette Bächle-Helde, Ursel Bühring. 2., aktualisierte Auflage 2019. 144 Seiten, 80 Farbfotos, Klappenbroschur. ISBN 978-3-8001-0327-0.

Wickel tun einfach nur gut. Und: sie wirken! Um mit Wickeln einen Erfolg zu erzielen, ist es wichtig, die richtigen Kniffe zu beachten. Das nötige Know-how wird Ihnen mit diesem Buch an die Hand gegeben. Die Autorinnen zeigen Ihnen, bei welchen Beschwerden Sie welchen Wickel anwenden können, wie Sie ihn vorbereiten und was Sie beim Anlegen beachten sollten. Damit Sie selber, Ihre Kinder oder Ihre Enkel mit Wickeln auf natürliche und angenehme Weise gesund bleiben oder werden! Mit Porträts der Heilmittel und weiteren Genesungstipps.

Heilkraft für Körper und Seele

Heilpflanzen-Kuren

Körper und Seele pflegen und gesund erhalten. Ursel Bühring. 2. Auflage 2016. 192 Seiten, 111 Farbfotos, 30 Zeichnungen, gebunden. ISBN 978-3-8001-0814-5.

Die Heilpflanzenexpertin Ursel Bühring zeigt hier in einem einzigartigen Konzept, wie Sie mit Heilkräutern Ihre Gesundheit erhalten können. Monat für Monat stellt sie Kuren vor, die Leber und Nieren, Magen und Darm, Herz und Psyche, Haut und Harnwegen guttun und sie gesund erhalten. Verschiedene Möglichkeiten für jedes Organ, ob Tee aus gekauften oder selbst gesammelten Kräutern, ob Tinktur oder Fertigpräparat, bieten alltagstaugliche Anwendungen für alle. Extra: Kurenkalender für das ganze Jahr.